Maria Köllner

Die Lamafrau

Mit Mut in ein neues Leben

via nova
Verlag Via Nova

Maria Köllner

Die Lamafrau

Mit Mut in ein neues Leben

vianova
Verlag Via Nova

1. Auflage 2007

Verlag Via Nova, Alte Landstraße 12, 36100 Petersberg
Telefon: (06 61) 6 29 73
Fax: (06 61) 9 67 95 60
E-Mail: info@verlag-vianova.de

Internet:
www.verlag-vianova.de

Titelfoto: Vivien Venske
Gestaltung des Buchtitels: Marketing Design Service GmbH, Hamburg
Satz: typo-service kliem, 97647 Neustädtles
Druck und Verarbeitung: Fuldaer Verlagsanstalt, 36037 Fulda

ISBN 978-3-86616-072-9

Für meine Großmutter Elisabeth

Ihre Güte, ihre Liebe und ihr Glauben haben
meinen Mut für ein ganzes Leben wachsen lassen.
Davon möchte ich vielen Menschen abgeben.

Danke

meinem göttlichen Vater, meinen Freundinnen
und Freunden,
ohne die ich den oft schweren Weg nicht geschafft hätte.

Danke

meinem Verleger Werner Vogel;
Victoria und Beate für ihre Hilfe; wenn viele
Gedanken auch wie Federn vom Himmel fallen,
wird ein Buch doch auf der Erde geschrieben.

Inhalt

Teil I

Prolog

Das Leben ist ein Geschenk.

Weil wir lebendig sind, gehört es jedem von uns, unabhängig von Wohlstand, Gesundheit und Lebensumstände. Wir sollten es annehmen, statt nach dem „Warum" zu fragen, gegen die ständigen inneren und äußeren Widerstände anzugehen, Erwartungen zu haben und Rechtfertigungen für alles zu suchen; wir befinden uns auf einer Dauer-Übungsstrecke, weil der ganze Weg durch dieses Leben zugleich Aufgabe und Geschenk ist, nicht nur einige Abschnitte wie die Liebe, die Traumreise, der Ruhestand. Jeder Schritt – bis zur letzten Schwelle – hat eine Bedeutung in dem unendlichen Geschehen, das wir nicht verstehen.

Wir folgen unserer Bestimmung und begegnen auf unserem Weg durch immer neue Lebensräume dem Glück und der Traurigkeit, der Freude und dem Schmerz, dem Licht und dem Schatten. Wenn wir ständig nach Schatten Ausschau halten, sehen wir nicht das Licht und spüren nicht die Wärme. Wir verlieren die Richtung und geraten auf Wege, die wir nicht gehen wollten. Dabei verschwenden wir Energie und Zeit und viele wunderbare Möglichkeiten.

Enttäuschungen und Verletzungen, die, wie das Schöne, zu unserem Leben gehören, dürfen wir keine Macht einräumen; wir sollten nicht verbittert oder misstrauisch werden und vor allem unsere Empfindsamkeit bewahren. So sind wir offen für die Botschaften, Zeichen und die Liebe, die wir täglich erhalten. Mit Gelassenheit wird alles Erfahrene zu unserer inneren Weisheit und alles Neue annehmbar.

Wir sollten loslassen, was vorbei und nicht zu ändern ist. Angst vor der Zukunft hindert uns daran, die Gegenwart wahrzunehmen.

Die Kunst, jeden Tag als Geschenk zu erleben, besteht darin, mit Heiterkeit, Mut und Vertrauen in das Universum, alles, was geschieht – auch die kleinen Dinge am Wegrand – anzunehmen und dabei auf uns zu achten. So gelangen wir zur Wirklichkeit, die über die Grenzen der menschlichen Natur zum Überbewussten führt, zu einer tiefen glücklichen Ruhe.

Das ist für jeden erreichbar!

Mit einer großen Sehnsucht und Neugier machte sie sich auf den langen, mühsamen Weg durch das Leben, auf der Suche nach dem wirklichen Bewusstsein. Der Weg zur Lamafrau begann an einem Frühlingsmorgen:

Kapitel 1

Der Hund

Es war an einem Morgen im April – der Tag umarmte die Nacht – als die Lamafrau zur Welt kam.

In der Reihe ihrer Ahnen und Nachkommen kam sie auf diese Erde, als ein frischer Frühlingswind den Duft nach feuchter, fruchtbarer Erde und Blüten mit sich trug. Ihr Lebensweg war ihr mit allen Begegnungen, aller Freude und allem Leid bestimmt. Er begann – wie bei allen Menschen – mit kleinen Füßen und Blicken, die sich auf die Suche nach dem Leben machten, und einer Seele, in der die Sehnsucht und die Träume des Lebens noch ruhten. Diesen Wahrheit zu geben, begab sie sich auf einen weiten Weg. Das Vertrauen in eine Macht, die alles lenkt, auch jeden ihrer Schritte, musste sie erst lernen, ebenso wie das Erkennen, wer sie selbst war. Ihre Ungeduld half ihr nicht dabei, ebenso wenig wie ihre Wut. Aber ihr Mut und eine fröhliche Leichtigkeit, die ihr auch mitgegeben waren, wurden ihr eine Hilfe.

Es blieb eine Ahnung, dass sie in ihrer Familie nicht vorgesehen war. Die Eltern hätten nicht einmal sich selbst eingestanden, dass sie die Ankunft dieses vierten Kindes wenige Jahre nach dem Krieg überrascht hatte. Denn von den schweren Jahren mussten sie sich noch erholen. Vor allem der Vater, dem ein Eisenstück das Knie zersplittert und die Grausamkeiten seine junge Seele verletzt hatten.

Als sie geboren wurde, konnte die eine Schwester gerade erst stehen. Beide Schwestern verlangten die gleiche Liebe von den Eltern und begannen darum zu streiten. Dabei vergaßen sie miteinander zu spielen und zu reden, sogar, als sie schon erwachsen waren. Die Mutter wollte den Krieg vergessen und kaufte schöne Dinge. Einen Ring mit einem Stein, der nie aufhörte, in allen Farben zu glitzern, wenn das Licht darauf traf, trug sie noch, als ihre Finger vom Alter schon ein wenig steif waren. Ihren Ehering legte sie nie ab, auch als ihr Mann schon viele Jahre nicht mehr lebte. Ihre Ängste, die sie seit ihrer Kindheit hatte, wurden mit dem Alter nicht geringer. Überall sah sie Gefahren, sogar auf leeren Plätzen, über die sie nicht gehen konnte, und diese Ängste gab sie wie einen Ballast an ihre Kinder weiter.

Mit der jüngsten Tochter fuhren die Eltern öfter in die Ferien, wo sie in Hotels lebten, was sie nicht glücklich machte. Gern hätte sie in einem Zelt übernachtet, was nach Ansicht der Mutter zu gefährlich war.

Am liebsten spielte sie draußen, baute sich kleine Höhlen aus Zweigen und Moos oder Schneehäuser aus Eisstücken. Dort richtete sie sich ein und war glücklich. Nur fehlte ihr etwas Warmes, das ihr zuhörte und dem sie ihre Zärtlichkeiten geben wollte. Sie wünschte sich nichts so sehr wie einen Hund, mit dem sie durch die Felder und Wälder streifen konnte. Wenn man sich tief im Innern nach etwas sehnt, ist es manchmal wie die Erinnerung daran, was schon einmal zu einem gehört hat.

Sie bekam keinen Hund, weil er Schmutz in das Haus getragen hätte. So lebte der Hund in ihren Träumen. Mit ihm spielte sie und machte Spaziergänge in die Felder, die hinter dem Haus begannen.

Einmal in der Woche besuchte sie ihre Großmutter. Sie wohnte in derselben Stadt in einer Gasse an der Stadtmauer. Vom Haus aus konnte man über die Mauer in einen Park sehen, der zu einem Krankenhaus gehörte. Die Schwestern gingen in ihren langen Trachten darin spazieren oder arbeiteten in den Blumenbeeten. Manchmal saßen sie auf einer Bank und ruhten sich aus. Oft schaute sie in diesen Garten, von dem viel Ruhe ausging, und sie wünschte sich, auf dieser Bank zu sitzen. Viel später stellte sie sich eine Bank in ihren Garten, die lange leer stand, weil sie das Ausruhen erst lernen musste.

Ihre Großmutter hatte weiße Haare, schöne Hände und – Zeit. Sie erzählte ihr, was Blumen lieben, damit sie auch im Winter blühen, so wie die auf der Fensterbank im Wohnzimmer. Von der Großmutter lernte sie Gebete aus einem Buch und Gebete, die aus dem Herzen kommen. Wenn sie irgendwann traurig, einsam oder ratlos sein sollte, würden ihr diese „inneren Gespräche von der Seele an den Himmel“, wie die Großmutter die Gebete auch nannte, neuen Mut und Zuversicht geben. Noch verstand sie diesen Rat nicht, weil sie nicht einsam oder ratlos war, doch seit diesem Tag hängte sie jeden Abend an ihr Gutenachtgebet den Wunsch an, einen Hund zu bekommen.

Manchmal verreiste sie mit der Großmutter in einen kleinen Ort, der von weiten Wäldern umgeben war. Gemeinsam unternahmen sie Wanderungen und blieben vor hohen Bäumen und an klaren Bächen stehen, ohne zu reden, weil sie keine Worte brauchten. Abends erzählte die Großmutter aus ihrem Leben, und sie redete von ihren Träumen.

Wenn sie allein war, die Mutter in der Stadt einkaufte und der Vater arbeitete, träumte sie davon, eines Tages am Wald zu leben mit Hühnern und Gänsen, Hunden und Katzen und vielleicht sogar einem Lama. Diese Tiere gefielen ihr besonders. Von einer Reise nach Peru hatte ihr Vater Fotos und einen Poncho aus Lamawolle mitgebracht. Diesen Poncho besaß sie noch fast 50 Jahre später. Als ihr Lama „Sancho" eines Tages krank wurde, legte sie ihn für eine Nacht über seinen Rücken. Die Wärme und ihr Glauben halfen ihm, gesund zu werden.

Wenn der Hund draußen bleiben würde, meinten die Eltern eines Tages, könnten sie einen anschaffen. Sie hatten bemerkt, dass ihre Tochter oft traurig wirkte und nicht aufhörte, sich einen Hund zu wünschen. So bekam sie eines Tages einen jungen Hund. Sie hatte sich nie zuvor so sehr über irgendetwas gefreut. Sie überlegte, was ihre Eltern wohl umgestimmt haben könnte und ob ihre Bitte „bei den inneren Gesprächen" angekommen war.

Einmal in der Woche musste sie nach der Schule mit dem Fahrrad zum Schlachthof fahren, um Hundefutter zu holen. Trockenes Futter gab es damals noch nicht. Mittags, wenn sie die große Halle betrat, waren schon alle Tiere getötet und hingen in langen Reihen ohne Fell von der Decke herab. Sie schaute auf die Fliesen am Boden, während einer der Männer mit den weißen Schürzen ihren Futtereimer füllte. Sie versuchte, kaum zu atmen, weil ihr der Geruch Übelkeit verursachte. Wenn sie mit dem Eimer nach Hause radelte, musste sie an die Tiere denken, die nicht mehr aussahen wie wirkliche Tiere, die auf einer Weide grasen, weil die Menschen Fleischklumpen aus ihnen gemacht hatten, und sie hatte großes Mitleid mit den getöteten Tieren.

Fast jeden Tag streifte sie zusammen mit ihrem Hund, der schnell groß wurde, durch die Felder und Wiesen, bei Regen oder Schnee, Nebel oder Sonne, und sie war glücklich, besonders wenn der frische Wind wehte, den sie tief einatmete und mit sich nahm.

Einmal war sie mit dem Fahrrad unterwegs. Es war fast dunkel, als sie heimfuhr. Plötzlich wartete ein Mann am Weg, ein Fremder, nicht einer der Schäfer, mit denen sie sonst redete. Sie rollte auf ihn zu, der Hund lief achtlos vorbei. Da wandte sich der Mann ihr zu. Sie starrte sekundenlang auf etwas, das sie nie gesehen hatte. Es stach ihr in die Augen und in die

Seele. Stumm vor Schreck raste sie davon. Sie vergaß ihren Hund, der ihr kaum folgen konnte, und sie hörte nicht auf, in die Pedale zu treten, bis sie zu Hause war. Wie eine Schuld grub sich das, was sie erlebt hatte, in ihrem Innern ein. Darüber sprechen konnte sie nicht; es war auch niemand im Haus. Sie wollte nicht ständig daran denken, aber die Gedanken an diesen Moment ließen sie nicht los. Von dem Tag an wanderte sie nicht mehr hinaus in die Flure. Sie blieb im Garten, wo der Hund beim Toben auf dem Rasen Spuren hinterließ, was den Eltern nicht gefiel, oder sie ging auf den Straßen in der Nähe des Hauses entlang. Langsam verschwand jenes Bild aus ihrem Kopf, aber etwas Unangenehmes blieb, und ihre Offenheit gegenüber dem Leben war nicht mehr dieselbe.

Die Eltern ahnten nicht, warum ihre Tochter nicht mehr so fröhlich wie sonst und oft krank war. Sie gingen mit ihr zum Arzt, der meinte, die Rachenmandeln seien schuld daran. Die sollten in einer Operation entfernt werden. Das passierte dann auch, und nicht nur die Narbe tat danach noch lange weh.

Manchmal ging sie mit ihrem Vater und dem Hund in den Wäldern spazieren. Vor allem der Hund freute sich, endlich wieder frei zu sein. Er lief so weit, dass er in dem großen Wald nicht zu ihnen zurückfand. Sie riefen seinen Namen bis zum Dunkelwerden und suchten nach ihm, fragten überall, aber niemand hatte ihn gesehen. Nach fünf Tagen und fünf Nächten erfuhren sie, dass ein Hund auf der Bahnstrecke in dem großen Wald gegen einen Zug gelaufen sei. Er war sofort tot. Sie weinte um ihren Hund, bis sie keine Tränen mehr hatte, und ihre Augen brannten. Warum, fragte sie sich bei einem ihrer „inneren Gespräche", bekommt man einen Hund geschenkt, wenn er einem nach kurzer Zeit wieder weggenommen wird? Sie fand keine Antwort und betete eine Weile nicht mehr.

Die Eltern schlugen vor, einen neuen Hund anzuschaffen, aber sie hatte noch keinen Platz neben dem Schmerz, der ihr fremd war. Noch ahnte sie nicht, wie hart sie mancher Schmerz treffen würde, nicht nur der über den Verlust eines Hundes.

Manchmal träumte sie davon – nicht nur nachts – mit ihrem Hund über eine Wiese zu laufen; aber sie war froh, nie mehr in den Schlachthof gehen zu müssen.

1. Mutgedanke

Es ist mutig, daran zu glauben, dass uns eine höhere Macht bei jedem Schritt in unserem Leben begleitet.

Auch wenn wir Trauriges oder Schlimmes erleben, hilft sie uns, dies zu überwinden und neue Kraft zu finden. Jedes Leid, das wir durchleben, annehmen und an die Vergangenheit abgeben, macht uns stärker für den weiteren Weg in unserem Leben. Der Schmerz der Seele treibt so wie ein Stück Holz im Meer des Gestern davon, und wir gewinnen dadurch Kraft und Mut für uns und für andere.

Kapitel 2

Die Schule

Es kam der Tag, an dem sie in die Schule gehen durfte, und sie freute sich, da sie – wie fast alle Kinder – neugierig war, Neues zu lernen. Die Lehrerin erklärte den Mädchen und Jungen auch die Bedeutung der Buchstaben. Fügte man einige zusammen, ergaben sie ein Wort; aus vielen Worten entstanden Sätze und daraus Briefe, Zeitungen oder Bücher. Buchstaben, in welcher Sprache geschrieben oder gesprochen, das erkannte sie bald, sind wie Brücken. Sie verbinden Menschen und Entfernungen; sie tragen Botschaften über Jahrtausende; Worte können heilen, aber ebenso verletzen und zerstören.

Jeden Tag lernte sie einen neuen Buchstaben. Sie übte die Bögen, die hinauf und hinunter führen, bis sie immer besser schreiben konnte. Für ihre Schwester verfasste sie einmal ein Gedicht und beschrieb darin den Himmel beim Sonnenuntergang. Die Schwester freute sich über das Geschenk und meinte, sie könne gut dichten, aber in Wirklichkeit seien die Farben schöner. Da wurde ihr bewusst, dass es fast unmöglich ist, die Schönheit der Natur mit Worten darzustellen. Wenn ihr künftig eine Landschaft oder ein Baum besonders gut gefielen, nahm sie das mit ihren Sinnen und mit ihrem Herzen auf, und sie schrieb keine Gedichte mehr.

Noch ahnte sie nicht, dass das Schreiben, wenn auch nicht die Poesie, eines Tages ihr Beruf werden würde. Zu dem Zeitpunkt, als sie die Bedeutung der Buchstaben lernte und die Sprache entdeckte, war sie entschlossen, einmal eine Ärztin für Tiere zu werden. So wechselte sie nach vier Jahren in eine andere Schule, an der auch Latein unterrichtet wurde. In dem großen, ernsten Gebäude gab es für jedes Unterrichtsfach eine andere Lehrerin. Viele trugen graue Kostüme und Blusen, manche eine Krawatte dazu. Manchmal hatte sie das Gefühl, dass die Lehrerinnen ihre Schülerinnen nicht mochten.

Während des Unterrichts gingen ihre Gedanken zuweilen eigene Wege. Sie schaute aus dem Fenster und entdeckte weit entfernt hinter

Bäumen ein Gebäude. Sie sah darin ein Haus am Wald; ein Kiesweg führte darauf zu. In ihrer Phantasie pickten Hühner in der Erde; einige Ziegen knabberten an den Büschen, und ein großer Hund schlief vor der Haustür. Sie hatte eine Ahnung, dass dieses Leben in einer fernen Zukunft auf sie wartete. Ungern löste sie sich von diesem Anblick und fand, wenn sie angesprochen wurde, schwer zurück in die Gegenwart des Klassenraums, wo sie wenig für das Leben lernte.

Eines Tages geschah etwas Schlimmes: Mit ihrer Freundin hatte sie einen Reitunfall, als ihre Pferde bei einem Ausritt scheuten und auf eine Straße vor ein Auto rannten. Die Mädchen kamen verletzt ins Krankenhaus, wo sie viele Wochen bleiben mussten. Als sie zurück in die Schule kam, schienen sich ihre Mitschülerinnen in der Zeit ihrer Abwesenheit verändert zu haben. Sie standen in den Pausen zusammen und zeigten sich Fotos von Musikern mit ungewöhnlichen Frisuren, wie sie vorher niemand getragen hatte. Am Wochenende trafen sich die Freundinnen, hörten Schallplatten und tanzten dazu. Sie ging nicht zu diesen Treffen. Vielleicht, überlegte sie, würde sie etwas Wichtiges in ihrem Leben versäumen, aber sie war sich nicht sicher.

Ihre Töchter waren später überzeugt, dass dies so gewesen war, weil ihre Mutter keines der Konzerte und nicht einmal Diskotheken besucht hatte. Wenn sie ihnen erzählte, sie sei lieber mit ihrem Hund in den Wald gegangen oder habe Ausritte unternommen, schauten die Töchter sich an und zogen die Augenbrauen hoch.

Deshalb erzählte sie ihnen auch nicht, wie wichtig ihr diese Ausflüge waren, wenn sie in der Einsamkeit Antworten auf die vielen Fragen in ihrem Inneren und das Gleichgewicht ihrer Seele suchte. Wenn sie ihre Gedanken mit den Wolken ziehen ließ, fühlte sie neuen Mut und einige Male eine Nähe zu einer Vollkommenheit, die sie bei den Schulgottesdiensten oder sonntags im Dom und auch in der Predigt des Pastors nicht finden konnte. Denn dann wartete sie nur auf das Ende der Messen.

Nicht nur die Vertrautheit zu den Mitschülerinnen, auch das Interesse am Unterricht nahm ab. Lediglich ihr Vorhaben, eines Tages als Tierärztin zu arbeiten, ermutigte sie, jeden Morgen in die Schule zu gehen. Von diesem Vorhaben, das sie sich fest vorgenommen hatte, würde sie abweichen müssen. Das erfuhr sie schmerzlich, als sie einen befreundeten Landtierarzt einen Tag bei seiner Arbeit begleiten durfte. Den Vormittag verbrachten sie in einem Schweinestall, wo Ferkeln die Schwänze abgeknipst wurden, damit sie sich nicht gegenseitig anknabberten. Dieser Besuch im Stall war so abstoßend, dass der allein genügt hätte, ihren Berufswunsch aufzugeben. Ihre Wut wuchs beim nächsten Besuch in einem Stall mit Milchkühen, die kurz angekettet mit ihren Hinterhufen im Mist standen. Eine Kuh gab zu wenig Milch, darum war der Tierarzt gerufen worden. Einige Kälber waren in einem dunklen Teil des Stalles eng zusammengesperrt. Ein sehr kleines, das gerade erst geboren war, blökte unentwegt nach seiner Mutter. Im Stall antwortete monoton eine der angeketteten Kühe.

Der Besitzer ließ sich nicht auf eine Diskussion mit ihr über die Art der Tierhaltung in seinem Stall ein und bemerkte nur knapp, dass dies rentabel sei. Sie ballte die Fäuste in ihrer Tasche und schwieg, während ihr vor Wut die Tränen in die Augen stiegen, die sie zurückhielt.

Niemals wieder würde sie Kalbfleisch essen, das schwor sie sich nach diesem Besuch im Stall. Außerdem wollte sie keine Ärztin für Tiere werden. So hatte sie sich die Arbeit nicht vorgestellt. Es war ihr bisher nicht bewusst, wie gefühllos Menschen mit Tieren umgehen, um für sich einen Vorteil zu haben. Sie erkannte, dass sie die Einstellung vieler Tierhalter nicht ändern könnte und ihr Mitgefühl zu den Tieren sie traurig und zugleich wütend bei der Arbeit als Tierärztin machen würde.

In den nächsten Wochen hatte sie zwei Probleme: Das Kälbchen, das nach seiner Mutter geblökt hatte, ging ihr nicht aus dem Kopf – und sie wusste nicht mehr, wie ihre Zukunft aussehen würde. Wofür sollte sie weiter lernen? Als sie einen Aufsatz mit einer schlechten Zensur zurückbekam, was in dem Fach noch nie vorgekommen war, verließ sie – ohne sich abzumelden – den Unterricht. Weinend erzählte sie ihrer Großmutter, zu der sie gegangen war, von ihren Problemen in der Schule und den Erlebnissen mit dem Tierarzt. Nach dem Vorfall besuchte sie die Schule weiter, doch bis zum letzten Tag in der Gewissheit, hier nie glücklich gewesen zu sein.

Viele Wege in die Zukunft standen offen, doch sie wusste nicht, welchen sie gehen sollte. Da es um ihr Leben ging, fand sie schließlich die Antwort auch bei sich. Bei einem weiten Spaziergang hörte sie in sich hinein, was sie wirklich wollte: Klar festigte sich der Wunsch in ihrem Inneren, über Menschen und Tiere zu schreiben. Als sie nach Hause zurückkehrte, schrieb sie die Bewerbung für ein Volontariat bei der Lokalzeitung. Schon wenige Tage später bekam sie eine Zusage. Mit dieser

Entscheidung hatte sie einen „Hauptweg“ eingeschlagen, was sie keinen Tag lang bedauerte.

2. Mutgedanke

Es ist mutig, dem Leben mit Neugier zu begegnen und ständig dazulernen zu wollen.

So erkunden wir die innere und äußere Welt. Jede Erfahrung ist lehrreich und formt unsere Persönlichkeit. Wenn wir viele Möglichkeiten wahrnehmen und erforschen, erkennen wir auch, wenn wir auf einen falschen Weg geraten.

Dann sollten wir nicht die Augen verschließen und trotz des Irrtums weitergehen, sondern mutig, voller Vertrauen, einen anderen Weg suchen, auch wenn er anfangs unbequem scheint und wir umdenken müssen.

Kapitel 3

Die Zeitung

Sie konnte weder mit einer Schreibmaschine umgehen noch gut fotografieren, als sie sich zum ersten Mal an ihren Schreibtisch in der Redaktion setzte. Was sie mitbrachte, waren Neugier und die Freude am Schreiben. Zuversichtlich begegnete sie allem Neuen, den Kollegen und den Aufgaben, und so wurden die nächsten Monate die schönsten in ihrem bisherigen Leben.

Ihre erste Reportage, wenige Tage nachdem sie bei der Zeitung begonnen hatte, handelte von einer Hunderasse, den Bassets. Die Überschrift lautete: „Eine Badewanne auf Beinen“. Sie diktierte der Sekretärin den Text; der Chef verlangte nur kleine Veränderungen, und die Fotos waren passabel. Mehr noch als über das Lob ihrer Kollegen freute sie sich, dass ihr Bericht gedruckt in der Zeitung zu lesen war. Das richtete ihr in der Schule verlorenes Selbstbewusstsein auf, und sie bekam neue Freude am täglichen Leben.

Das kleine Team in der Redaktion mit den vier Redakteuren, deren Schreibtische eine große Fläche bildeten, wurde ihr vertraut wie eine zweite Familie. Jeder Tag war interessant: Sie durfte Pressekonferenzen besuchen, hatte Gelegenheit, Konzerte von der ersten Reihe zu erleben, und begegnete vielen Menschen wie Schauspielern, Politikern und sogar dem Bischof. Das Erlebte verarbeitete sie beim anschließenden Schreiben. Sie nahm an einem Schreibmaschinenkursus teil, lernte zu fotografieren, Fotos zu entwickeln und erfuhr bei Schulungen Interessantes über die Kunst des Schreibens.

Schon nach wenigen Wochen fuhr sie mit dem grünen VW-Käfer auf der Suche nach Geschichten und Fotomotiven durch den Landkreis. Dabei bekam sie Kontakt zu ungewöhnlichen Menschen, darunter auch Zirkusleute oder Sinti, die sie schon immer faszinierten, aber mit Distanz erlebt hatte. Nun saß sie mit ihnen in ihren Wohnwagen, wurde zum Essen eingeladen und hatte dabei ein fast vertrautes Gefühl, als habe sie einmal dazugehört.

Einige Begebenheiten, über die sie schrieb und Fotos machte, lehrten sie viel über das Leben und berührten ihre Seele. So die ungewöhnliche Geschichte, eines alten Ehepaares. Das Foto, das sie auf einem kleinen Bahnhof machte, wo sich die beiden alten Leute bei Schneetreiben innig umarmten, hatte sie lange aufbewahrt. Der Mann war nach fast 30 Jahren aus dem Krieg nach Hause zurückgekehrt. Seine Frau hatte auf ihn gewartet. Die Antwort auf die Frage, welche wunderbare Fügung die beiden Menschen endlich zusammengeführt haben könnte, bekam sie beim gemeinsamen Kaffeetrinken im Wohnzimmer des Ehepaares: Jeden Morgen beim Aufstehen und jeden Abend beim Zubettgehen habe sie gebetet, dass ihr Mann zurückkomme, erzählte die Frau. All die Jahre hatte sie den Glauben nicht aufgegeben, dass ihre Bitte erhört werde; der Vater im Himmel habe ihren Mann, der ihre erste und einzige Liebe war, endlich nach Hause geführt. Sie hatte als junge Frau nie den Mut gehabt, ihm das zu sagen. Als die Frau eines Tages schwer krank wurde, wusste sie, dass sie nicht sterben würde, bevor ihr Mann nach Hause zurückkehren würde und sie ihm endlich das sagen könnte, was sie bisher versäumt hatte. Als sie zusammen auf dem Sofa saßen, hielten sie sich an den Händen und sie brauchten keine Worte mehr. Nach dieser Begegnung wünschte sie sich, eines Tages einer ebenso innigen Liebe zu begegnen, die bis zur ihrem Lebensende dauern würde.

Wenige Wochen später, als sie allein in der Redaktion war, passierte ein schwerer Unfall, zu dem sie hinausfahren musste, und sie lernte zum ersten Mal andere, harte Seiten ihres Berufes kennen. Ein Auto war an einem Bahnübergang mit einem Zug zusammengestoßen. Der Pkw-Fahrer und mehrere Menschen in den zwei verunglückten Waggons wurden dabei tödlich verletzt. Während sie das Chaos an der Unfallstelle fotografieren musste und sich dabei an ihrer Kamera festhielt, wäre sie beinahe auf einen Schuh getreten, in dem noch ein Fuß steckte. Voller Grauen ging sie rückwärts, lief zum Auto und fuhr in die Redaktion zurück. Niemals, das schwor sie sich, wollte sie Reporterin werden, die über Sensationen berichten müsste.

Zwei Tage nach dem Zugunfall rief der Kollege einer großen Autozeitschrift an und fragte, ob sie ihm Fotos von dem Unfall zur Veröffentlichung schicken könnte, und bot ihr ein erstaunlich hohes Fotohonorar an. Sie wunderte sich über das Interesse und sprach mit ihrem Chef darüber. Er erklärte ihr, dass sich Menschen gern schreckliche und negative

Dinge ansehen, weil die eigene Situation daran gemessen leichter sei. Wenn man öfter Schönes und Positives in der Zeitung darstellte, würden sich vielleicht die Menschen daran orientieren, meinte sie vor. Der Chef, der sehr nett war, sagte, dass sie sicher Recht habe, aber Tageszeitungen mit schönen Bildern und positive Berichten würden sich nicht gut verkaufen. Er sah sie nachdenklich an und bemerkte, dass sie viel gelernt habe in den letzten Wochen, aber das richtige Leben werde sie wohl noch kennen lernen müssen.

Was es mit dem „richtigen Leben" auf sich hatte, sollte sie wenige Monate später erfahren, als sie in den Hauptsitz der Zeitung in eine größere Stadt versetzt wurde. Vom ersten Tag an hatte sie Heimweh, vor allem nach ihren Kollegen. Sie wurde einer Redakteurin zugeteilt, die für die Frauenseite zuständig war und die, bis auf kurze Anweisungen, nicht mit ihr sprach. Sie fühlte sich ein wenig überflüssig, fast so wie damals in der Schule, und die Stunden vergingen langsam. Aus dem Fernschreiber musste sie alle Nachrichten aussuchen, die für Frauen interessant sein könnten, und sie nach Themen wie Handarbeiten, Kochrezepte, Partnerschaftsfragen ordnen und der Kollegin auf den Schreibtisch legen. Die Konferenzen jeden Morgen waren das Interessanteste am Tag. Dabei erfuhr sie Ereignisse aus der ganzen Welt, bevor sie in der Zeitung veröffentlich wurden, und sie lernte die anderen Redaktionsmitglieder kennen. Ein Redakteur erinnerte sie an einen Mann von einem Plakat für Zigarettenwerbung. Etwa sieben Jahre später sollte dieser Kollege der Vater ihrer Tochter werden.

Der Chef kam immer etwas später und setzte sich dann mit Elan rittlings auf einen der Stühle. Eines Morgens schaute er sie eine Weile an, dass sie nicht mehr wusste, wo sie hinsehen sollte, und fragte sie, was für die Frauenseite vorgesehen sei. Sie wusste darauf keine Antwort, weil sie nur die Meldungen der Agenturen sortierte. Ihre Kollegin bemerkte, die Frage solle er besser an sie richten, da die Volontärin dafür nicht zuständig sei. Zwei Stunden später wurde sie telefonisch zum Chefredakteur gerufen. Sie ging durch das Vorzimmer an der Sekretärin vorbei durch die halb geöffnete Tür in sein Zimmer. Er stand in der Mitte des Raumes, und er erschien ihr sehr groß. Er schloss die Tür, legte den Arm um ihre Schulter und führte sie zu dem Stuhl vor seinem Schreibtisch. In der kleinen Redaktion zu Hause hatten ihre Kollegen sie oft in den Arm genommen. Jetzt fühlte sie eine Befangenheit. Der Chef fragte nach ihrer bisherigen Arbeit und ihren Zielen. Sie traute sich nicht zu sagen, wie eintönig ihre Tätigkeit sei, aber sie berichtete von ihrer bisherigen Redaktion – und dass sie gern zurückgehen würde. Er schien zu überlegen. Vielleicht sei es möglich, diesen Wunsch zu erfüllen. Darüber könnten sie an einem der nächsten Tage sprechen, zum Beispiel nach dem Sport, der für die Mitglieder der Redaktion organisiert wurde.

Sie ging zum Sport und hatte sich darauf gefreut, weil sie die Abende bisher allein in ihrem Zimmer verbracht hatte. Auf dem Nachhauseweg fuhr langsam ein Auto an ihr vorbei und hielt. Der Chef meinte aus dem Fenster, er würde sie nach Hause fahren und über die Rückkehr in ihre alte Redaktion reden. Darüber sprach er jedoch nicht, als sie neben ihm saß. Sie bat ihn, sie nach Hause zu bringen. Das tat er, fuhr jedoch sehr langsam, legte die Hand auf ihr Knie, und sie traute sich nicht, diese wegzuschieben. Vor der Haustür wollte sie schnell aussteigen, doch er zog sie heftig an sich. Dabei flüsterte er, dass sie sich wieder treffen sollten. Sie wusste keine Antwort, stotterte, sie müsse gehen, wand sich heraus, bedankte sich für das Fahren und ging atemlos auf ihr Zimmer.

Am nächsten Morgen hatte sie so ein unangenehmes Gefühl im Magen wie früher, wenn sie zur Schule gehen musste. In der Konferenz schaute sie auf den Boden, und bei jedem Anruf zuckte sie später zusammen. Abends dachte sie nach und überlegte, wenn so das richtige Leben aussähe, hätte sie wenig Freude daran. Wie ein Kokon umgab sie von nun an eine Hülle. Die verschloss ihr Lachen und ihre Fröhlichkeit, nicht aber ihre Neugier auf das Leben.

Zum ersten Mal nach längerer Zeit suchte sie wieder Rat bei „einem inneren Gespräch“. Eine Antwort fand sie nicht, aber eine Ruhe, die ihr gut tat.

Sehr froh war sie über die Nachricht wenige Tage später, dass sie für vier Wochen in einer kleinen Außenredaktion aushelfen sollte, weil ein Kollege erkrankt war. Endlich durfte sie wieder Reportagen schreiben und fotografieren. In der kleinen Stadt gab es eine Musikhochschule. Dort erfuhr sie bei zahlreichen Terminen viel Interessantes über Musik und über Menschen, deren Leben und Leidenschaft die Musik ist. Mit einer jungen Sängerin freundete sie sich an und bewunderte bei einigen Auftritten deren Stimme. Gern würde sie auch so wunderbar wie diese Freundin singen, vielleicht sogar noch lieber als schreiben, weil alle Gefühle, die Traurigkeit, aber auch die Freude zum Ausdruck kommen. Die

Sängerin erzählte ihr, dass jeder Mensch singen könnte, er müsste sich nur trauen.

Heimweh hatte sie nicht mehr. Sie wohnte in einer kleinen Pension am Wald. Jeden Tag vor der Arbeit lief sie hinaus und fand dabei auch den Weg aus ihrem Kokon. Vielleicht wäre sie dort geblieben, wenn sie geahnt hätte, was schon bald auf sie zukommen sollte, nachdem sie wieder in die Hauptredaktion zurückgekehrt war. Denn zum „richtigen Leben" gehört auch die Liebe, aber oft ist diese auch mit Leiden verbunden.

3. Mutgedanke

Es ist mutig, Erfahrungen in unserem Leben anzunehmen, die guten und die schlechten.

Wenn wir daraus lernen und nicht verbittert oder ängstlich werden, lassen sie uns reifen; gleichzeitig stärken sie uns auf dem weiteren Lebensweg.

Zu große Angst vor negativen Begegnungen schränken uns ein, und wir versäumen viele Möglichkeiten, die dieses Leben bietet.

Kapitel 4

Die Liebe

Die Liebe zwischen Mann und Frau war ihr, als sie nach einigen Wochen zurück in die Hauptredaktion kam, noch fremd. Sie liebte ihre Eltern und die Großmutter, die Tiere, die Natur, die Bäume und – wenn sie sehr glücklich war – etwas, das höher und leichter war als der Frühlingswind. Diese seltenen Momente erlebte sie für sich allein in der Stille der Natur und es war, als wenn Sonnenstrahlen sie warm durchströmten. Das geschah zufällig, da sie keine Erfahrung hatte, zu diesen Dimensionen des Bewusstseins zu gelangen. Anregung dazu fand sie in keinem Lehrbuch, ebenso wenig wie ihr Menschen begegneten, die sie durch Meditation oder Inspiration dahin geführt hätten. So dauerte es viele Jahre und Abweichungen, bis sie die Richtung zur Erkenntnis und ihrem Selbst fand. Vielleicht, überlegte sie, könnte man das wirkliche Glück auch in einer großen Liebe finden.

Der einzige Austausch mit einem Menschen, der ihr bei der Suche nach dem Sinn des Lebens bisher hilfreich erschien, war der mit ihrer Freundin; doch glaubte sie zu diesem Zeitpunkt deren Liebe verloren zu haben. Denn diese hatte sich mit ihrem künftigen Mann in den Süden des Landes auf einen Hof im Allgäu, wo sie mit ihren Kindern und vielen Tieren lebte, ohne Kontakt zu ihr, entfernt. Es war, als habe sie eine lange Reise angetreten, von der sie erst nach mehreren Jahren zurückkehrte. Ohne ihre Freundin fühlte sie sich oft ratlos und allein, denn sie konnte sich niemandem anvertrauen.

Nach der Rückkehr in die Stadt bekam sie einen Schreibtischplatz in einem großen Redaktionsraum, wo mehrere Kollegen die tägliche Zeitungsausgabe vorbereiteten. Sie war zuständig für den Veranstaltungskalender, für die Gottes- und Notfalldienste. So verlief die Zeit ohne besondere Ereignisse, bis zu dem Tag, an dem es zu einer ungewöhnlichen Begegnung kam. Es war auf einem Redaktionsfest, als der Kollege, der sie an den Mann auf der Zigarettenwerbung erinnerte, zum Tanzen aufforderte. Sie fühlte sich geborgen in seinen Armen. Am nächsten Morgen fand sie einen Zettel auf ihrem Schreibtisch.

Die Frage nach einem Treffen, in schöner Handschrift, trug dieses kleine Stück Papier und das ergab sich nach der Arbeit. Dabei redeten sie miteinander, und ihre Gefühle begannen sich zu umschmeicheln, was ihr gut tat und zugleich beunruhigend war. Sie hatte noch nicht viel zu erzählen, und er wollte nicht zu viel erzählen. Zehn Jahre war er ihr an Erlebtem voraus. Das wollte er zurücklassen und mit ihr neu beginnen. Während ihres ersten Tanzes hatte er es für sich beschlossen.

Noch vorsichtig, sich bei Spaziergängen und langen Gesprächen erforschend, gingen sie aufeinander zu und ihre Seele begann sich in seine zu verflechten, bis ihre junge Liebe verletzt wurde. Nachdem sie von einem Kollegen gehört hatte, dass der Mann, den sie zu lieben begann, seine Familie verlassen hatte, suchte sie den Weg aus der noch fremden Gefühlswelt, doch er spann sie mit der Überlegenheit des Erfahrenen wie in einem Netz ein. Ihre Selbstvorwürfe nahmen ihr die Unbekümmertheit, aber nicht die Liebe, die ihr die Eltern wie einen Makel vorwarfen. Darunter litt sie und unter dem Graben, der sich zwischen ihnen auftat und ein Gespräch verhinderte. Diese Ratlosigkeit trieb sie zu ihm, und er hielt sie fest. So kamen sie zusammen.

Er zog in andere Stadt mit einem großen Hafen und drängte sie, ihm zu folgen. In ihrem Inneren wusste sie, das war die falsche Richtung, aber sie war in eine Strömung geraten, die sie mitzog. Zur Umkehr war es zu spät. Einige Unterschiede hatte sie erkannt, wie, dass er das Stadtleben vorzog und sie eher die Naturnähe mochte, doch die gestand sie sich nicht ein. So hörte sie nicht auf ihre innere Stimme; sie wurde seine Frau, und sie fanden ein gemeinsames Zu Hause am Rande der Stadt, wo er bis spät in die Nacht und oft an den Wochenenden arbeitete.

Anfangs überlegte sie, ob sie vielleicht doch in dem Haus aus ihrem Traum lebte, denn da gab es in der Nachbarschaft Schafe und Pferde, einen Wald in der Nähe und eine Feuerstelle im Haus – und seine Bilder. Das waren große Fotos von seiner Stadt, wo er aufgewachsen war, wo seine Mutter lebte und wohin er sich zurücksehnte, sodass er in dem Haus nie wirklich zu Hause sein konnte. Wenn sie nicht arbeiteten, fuhren sie gemeinsam dorthin, und es lag nicht an der hohen Mauer, dass sie sich hier eingeschlossen fühlte.

Nach sieben Jahren zogen sie mit ihrer kleinen Tochter, die in demselben Jahr geboren wurde, in dem ihre Großmutter starb, in die Stadt hinter der Mauer, um hier zu leben. Sie hörte nicht auf zu weinen während der Fahrt, weil sie lieber geblieben wäre, aber sie hatte nicht den Mut dazu. Dann hielten sie vor dem Haus, wo sie künftig wohnen würden. Zurück in seiner Heimat tauchte er in sein Leben ein, das er vermisst hatte, und schien sie beinahe zu vergessen, während sie sich auf den langen Spaziergängen mit ihrer kleinen Tochter über Ufer- und Waldwege mit der Stadt versöhnte. Auch schrieb sie wieder für eine Zeitung.

Dann öffnete sich ein neuer Pfad in ihrem Beruf, als sie für einen befreundeten Fernsehkollegen einen Filmbeitrag verwirklichte und bald darauf einen zweiten. Anders als beim Schreiben arbeitete sie mit einem Team, mit dem sie das Gesehene, wie Farben, Formen und Bewegungen, einfing, diese anschließend am Schneidetisch ordnete und ihnen mit Musik einen Rhythmus verlieh. Der Text dazu war eine Beschreibung zum Bild, knapp und klar, anders als ihr Schreiben sonst. Diese Arbeit machte ihr Spaß, doch einen dritten Auftrag lehnte sie ab, denn sie konnte nicht länger bleiben. Den Hinweis dazu bekam sie von einem Nachbarmädchen; es kam oft zum Spielen mit ihrer Tochter und eines Tages fragte es, warum sie ihr Lachen verloren habe. Sie schaute das Mädchen an, und sie wusste, es war nicht nur ihr Lachen, sondern sie begann, ihre Träume und sich selbst zu verlieren.

Ihre Tochter nahm sie mit und die Wehmut über die verlorene Liebe, die erst nach einer langen Weile erlosch. Sie erinnerte sich an das alte Ehepaar, das sich nach 30 Jahren Trennung wieder gefunden hatte. Das Geschenk einer einzigen Liebe war ihr nicht gegeben. Doch den Glauben an die Liebe hatte sie nicht verloren.

Sie zog zurück in die Gegend, wo sie zuvor gewohnt hatte, und mietete ein kleines Haus mit einem Garten. Weil alles seine Zeit hat, ahnte sie nicht, wenn sie im Herbst die Nüsse unter dem Walnussbaum auf dem unbewohnten Nachbargrundstück sammelte, dass sich hier – fast 20 Jahre später – ihr Traum erfüllen würde. Was nur einen Steinwurf entfernt von ihr lag, war noch nicht greifbar, und sie musste auf ihrem Weg noch viele Hindernisse überwinden, äußere und innere.

4. Mutgedanke

Es ist mutig, eine Gemeinsamkeit zu beenden, wenn das Glück und die Liebe verlorenen gegangen sind, auch wenn das eine schmerzhafte Entscheidung ist. Vertrautes, das bisher zu unserem täglichen Leben gehörte, lässt sich nicht einfach abschütteln. So fühlen wir uns danach verloren und auch unsicher. Wir haben Angst vor dem Neuen und Ungewohnten. Doch dem ersten Schritt aus der Gewohnheit folgt der zweite, und dabei werden wir sicherer und selbstbewusster und gelangen auf den Weg, der uns bestimmt ist. Wenn wir erkennen, dass wir keinen anderen Menschen für unser Leben verantwortlich machen können, werden wir die Verantwortung für uns und unsere eigene Entwicklung selbst übernehmen.

Kapitel 5

Der Abschied

Anfangs litt sie unter dem Verlust der Gewohnheiten und der verlorenen Liebe, und sie zweifelte, ob der Schritt richtig gewesen war. So dauerte es eine Weile, bis sie in dem neuen Leben ankam. Ein ungewohnter, innerer Frieden rechtfertigte die Entscheidung, vertrieb den Zwiespalt und gab Raum für neue Ideen. Sie erfuhr die Hilfsbereitschaft von Freunden, die ihr beim Einrichten des neuen Zuhauses halfen. Sie konnte nichts dafür geben als ihre Freundschaft und ihren Dank. Dabei lernte sie, dass Annehmen schwieriger ist als Geben.

Sie schrieb wieder, vorwiegend abends, wenn die Tochter schlief. Auch begann sie, für einen regionalen Fernsehsender kleine Filme zu realisieren – und sie fand ihr Lachen wieder. Wenn ihre Eltern zu Besuch kamen, die nie aufgehört hatten, ihre Tochter zu lieben, zog sie in eine kleine Kammer unter dem Dach des Hauses, vor dem eine große Buche stand. Vom Bett aus schaute sie durch das Fenster in die Blätterkrone; es war, als schlafe sie in einem Baum, und sie fühlte sich dem Himmel nahe. Wenn sie jemals ein Haus bauen würde, sollte es ein Fenster im Dach haben, träumte sie.

Bis zu der Nacht, als die Sterne über ihr glitzerten und der Mondschein durch dieses Fenster fiel, sollten sehr viele Tage und Nächte vergehen.

Sie trieb eine Zeitlang dahin im Auf und Ab des Alltags, der freiberuflichen Arbeit und der Verpflichtungen, der Begegnung mit befreundeten Menschen und der Natur. Noch hatten sich das Vertrauen in eine höhere Macht und der Glaube an die eigene Kraft, über die jeder verfügt, nicht gefestigt und so und nahm sie die Hand an, die sich ihr ausstreckte.

Was zwei Menschen anzieht, kann eine Bewegung sein, die Stimme oder etwas anderes. Ihm gefiel, wie sie schrieb. Das sagte er ihr, als sie vor seinem Schreibtisch saß, und sie freute sich über das Lob. Sie suchte seinen Rat in einer rechtlichen Frage, womit er sich beruflich beschäftigte, und es wurde ein langes Gespräch. Er fragte, ob sie etwas für ihn schreiben könne. Danach trafen sie sich einige Male wieder. Bei einem

Spaziergang an einem kleinen Fluss sah sie ihn an und jede Einzelheit, sogar die Farbe seiner Jacke prägte sich ihr für immer ein. Wenn sie geglaubt hatte, nie wieder lieben zu können, keimte in diesem Moment, so zufällig wie ein Samenkorn, das auf die Erde fällt und aufgeht, eine neue Liebe.

Nachdem der kleine Fluss, wo diese Liebe begonnen hatte, gut zehn Jahre durch die Wiesen und den Rhythmus der Jahreszeiten geflossen war, kam sie zurück und warf ihren goldenen Ehering, der in zwei Hälften geteilt war, in seine Strömung. Eine alte Frau hatte ihr dazu geraten, weil der Abschied von einer Liebe so leichter würde. Der Ring, der keiner mehr war, sank auf den Grund und blieb dort liegen, nicht aber die Trauer über seinen Tod. Denn so leicht lässt sich die nicht fortspülen.

Er hatte, nachdem sie zusammengekommen waren, viele Ideen, die sie mit ihm teilte, auch wenn es oft nicht ihre waren. Sie verstanden gemeinsam zu lachen, zu reisen – und sie hatten viele Freunde, vielleicht zu viele, denn manchmal vergaßen sie dabei, bei sich zu sein. Er ließ ihr die Freiheit für ihre Ausflüge in die Natur und für ihre Arbeit, und manchmal begleitete er sie. Einmal sogar bis in das kälteste Tal der Schweiz, wo sie einen Film über die hervorragenden Uhrmachermeister drehte. Er hatte sich die Zeit genommen, von der er nicht viel hatte, während sie die Kunst, die Zeitmessung in feinster Mechanik und edlen Materialien darzustellen, erfuhr. Sie bekam eine Achtung vor der Hingabe und dem Können der Meister, doch keinem war es bisher gelungen, eine Uhr zu konstruieren, die immer läuft. Das würde wohl nie einem Menschen gelingen, meinte einer der genialen Meister. Doch dann fand sie, nur einen Tag später an der Wand eines alten Hauses, eine Uhr, die nie stehen bleibt. Sie zeigte gerade die Mittagsstunde auf ihrem Zifferblatt an, wohin der Himmel das Sonnenlicht geschickt hatte.

Diese Uhr wird immer weitergehen, wie der Rhythmus des Tages und der Jahreszeiten. Ihr wurde das vergebliche Bemühen der Menschen bewusst, eine Uhr zu bauen, deren Zeiger sich ewig drehen, und sie erkannte, es gibt über allem den Einen, durch den die Sonne aufgeht und untergeht, die Blumen in jedem Frühling wieder blühen und wir leben.

Ihre kleine Tochter war inzwischen zu einem jungen Mädchen von 14 Jahren herangewachsen, da wurde die Schwester geboren. Beide Mädchen liebten sich vom ersten Moment an, wie sich nicht alle Schwestern lieben. Ihr Dasein beglückte den Vater von der Stunde ihrer Geburt an und die nachfolgenden acht Jahre wie nichts anderes in seinem Leben. Er trug die kleine Tochter auf seinen Schultern durch die Straßen von New York und durch den Sand am Meer. Er las ihr Geschichten vor und streichelte zärtlich ihre Wange. Er lief mit ihr um die Wette und zeigte ihr seine Jahrbücher aus den USA, wo er ein Jahr als Schüler gewesen war. Er lachte mit ihr und – weinte acht Jahre später über den Schmerz, nicht länger mit ihr leben zu dürfen. Diese Tränen behielt er für sich, weil er seine Gefühle nicht zeigen wollte. Die Krankheit verleugnete er bis zum letzten Atemzug. So war er nicht bereit, Abschied von den Menschen zu nehmen, die er liebte.

Es war, als schickte der Tod seine Vorboten, ehe er ihn mit sich nahm. Erst starb ihr Vater; dann ging einer seiner Brüder, den sie besonders geliebt hatten, weil er in seinem Geist ein Kind geblieben war, und wenig später folgte sein älterer Bruder. Bei den Abschiedsworten in der Kirche weinten alle um den Verstorbenen und um den letzten der drei Brüder, der die Trauerrede hielt, während sein Blick im dem schmalen Gesicht schon auf das andere Ufer gerichtet war. Eine Operation hatte den Krebs entfernt, doch eine Kralle war in ihm geblieben, die nach seinem Körper griff. Die Schmerzen hüllten ihn ein und legten sich wie eine Schale um ihn, wohin auch sie und ihre Liebe keinen Zugang fanden. In seinen letzten drei Tagen und drei Nächten wehrten sich sein Körper und sein Geist, das Leben verlassen zu müssen. Bevor ein letzter Atemzug ihn von der Last seines kranken Körpers befreite, fanden sich ihre Hände zum Abschied, und sie entließen sich in ihre unterschiedlichen Welten.

Unschlüssig, in welche Richtung sie gehen sollte, tauchte der Traum ihrer Kindheit auf; diesen Weg dorthin – in ein neues Leben und zu sich selbst – wollte sie mit Mut – Schritt für Schritt gehen …

5. *Mutgedanke*

Es ist mutig, den Weg aus der Trauer zu finden.

Wenn wir den Schmerz zulassen und dabei unseren Mut und unsere Zuversicht nicht verlieren, öffnen sich viele Türen des Lebens. Jeder Schritt – bis zur letzten Schwelle – hat seine Bedeutung in einem unendlichen Geschehen, auch wenn wir es nicht begreifen.

Wir folgen unserer Bestimmung, die weit über unser Leben hinausführt.

Teil II

Der neue Weg

Und jedem Anfang wohnt ein Zauber inne,
der uns beschützt und der uns hilft zu leben.[1])

Kapitel 1

Der Zirkus

… Schritt für Schritt näherte ich mich der Zeltöffnung auf dem Zirkusplatz. Sie führte ins Dunkle, wie in eine Höhle. Kleine Staub- und Strohpartikel tanzten hinaus ins Sonnenlicht, als wollten sie mich hineinlocken. Meine Neugier, in das geheimnisvolle Innere einzutauchen, wuchs. Ich hörte mein Herz klopfen. Einige Sekunden stand ich unschlüssig vor der Entscheidung, umzukehren und alles so zu lassen, wie es war – oder dem Unbekannten zu begegnen.

Ich ahnte, jeder weitere Schritt würde mein Leben, das ich zurzeit einordnen konnte, verändern. Mit meinen Töchtern lebte ich seit einer Weile ohne Klaus. Sein Weggehen nach der schweren Krankheit hatte ihn von schweren Lasten, nicht nur den körperlichen, befreit. Er hatte den letzten Schritt über die Schwelle in eine andere, lichte Welt geschafft, und die Mühen des Alltags und des Geldverdienens, die täglichen Auseinandersetzungen, die Gefahren, Ängste, Tränen, Schmerzen hinter sich gelassen, gegen die sich unser Glück oft schwer durchsetzen muss. Mein Leben ohne Klaus begann zu einer Gewohnheit zu werden, wie unsere gemeinsame Zeit als Paar. Diese Zeit, auch wenn jeder oft für sich beschäftigt war, gab es nicht mehr und nichts konnte sie zurückholen oder ersetzen. Als der erste Schmerz des Verlustes nachließ, sah ich neben meiner Trauer die Chance für einen Neubeginn und ein Leben, nach dem ich mich immer gesehnt hatte. War es die Suche nach Geborgenheit, die ich zuweilen als Kind entbehrt hatte, oder nach einer anderen Wirklichkeit, die sich wie ein Regenbogen über den grauen Alltag spannt? Wie ein Durst, der ständig wuchs, war der Wunsch nach Veränderung in mir. Jetzt sah ich mich nicht als Betrachtende, die auf ein Bild schaut; ich befand mich inmitten der Szenerie, die keine Kulisse, sondern mein Leben war.

Der Weg dahin würde über diesen Hof führen, vorbei an den pickenden Hühnern, dem schlafenden Hund, dem Lama. Dieser Ahnung wollte ich Gewissheit geben. Der Moment zum Aufbruch war gekommen. Das erkannte ich an diesem Morgen vor dem bunten Zirkuszelt.

Ich holte tief Luft, nahm meinen Mut zusammen und tauchte in die Finsternis des Zeltes ein. Für einen Moment sah ich nichts. Meine Augen mussten sich erst an die Dunkelheit gewöhnen.

Gleich am Eingang des Tierzeltes standen einige Ponys eng nebeneinander angebunden; ihre runden Hinterteile ähnelten Brötchen auf einem Blech. Ich ging daran vorbei zum hinteren Teil des Zeltes, das mit einem Eisengitter abgetrennt war. Ein wenig erinnerte die bunt zusammengewürfelte Tiergruppe an die Arche Noah: Ein Esel döste mit hängenden Ohren, drei Ziegen reckten neugierig ihre Hälse und meckerten; ein Alpaka starrte mit riesigen Augen und halb offenem Maul ins Leere; zwei Miniponys kauten auf Strohhalme; drei Hängebauchschweine gruben die Einstreu um und – das Lama ruhte auf seinen angewinkelten Beinen.

Wenn die Gedanken stillstehen und wir nicht alles, was uns begegnet, in Erfahrung- und Meinungsschubladen einordnen, öffnen sich uns neue Bewusstseinsbereiche. Beim Anblick des schwarzweißen Lamas sah ich mich an einer Tür in meinem Leben angekommen, die zu neuen Räumen führte. Mein äußeres Leben mit meinen Kindern, den Freunden und der Arbeit sollte keine Änderung erfahren, vielmehr war es ein Ankommen in mir, dem Menschen, der ein Teil des Universums ist, wie jeder Baum, jeder Wind und alles, was existiert.

Das Tier lag gelassen hinter dem Gitter, nicht ahnend – weil es die Fähigkeit des Denkens nicht besitzt – dass diese Besucherin, die anders roch als die Leute vom Zirkus, es mitnehmen würde in eine Freiheit, die es erst kennen lernen musste.

Ich hatte mir zuvor gut überlegt, warum es ein Lama sein sollte, denn natürlich schafft man sich so ein Tier nicht wie einen Wellensittich an. Im Fernsehen hatte ich eine Dokumentation über einen Bauern in Tirol gesehen, der eine große Herde von Lamas als Trekkingtiere für seine Gäste hielt. Das war interessant. Es musste ja nicht eine Herde sein, die ich zu uns in die Nordheide holen wollte, aber ein oder zwei Tiere würden mir gefallen. Außerdem sind Lamas genügsame Weidetiere, die weniger aufwendig in der Haltung sind als Pferde, die wir viele Jahre lang gehalten hatten.

Auf dem Pachtland mit den Wiesen, kleinen Wällen und vielen Bäumen hinter unserem Haus, wo früher unsere Pferde gegrast hatten, könnten sich die Tiere wohl fühlen, überlegte ich mir. Das Grundstück, das einige Nachbarn bei Spaziergängen mit ihren Hunden als Durchgang zum Wald nutzten, begann zu verwildern. Als ich den Zaun ausbesserte und den Hundebesitzern den Weg versperrte, erfuhr ich ihren Unmut. Doch ich schaffte, was für mich bisher ungewohnt war, Grenzen zu setzen, ohne mich zu rechtfertigen. Dieses Land sollte nun eine andere Bestimmung bekommen; dafür hatte ich es übernommen.

„Tag! Was wollen Sie denn hier?", fragte mich einer der Männer vom Zirkus, in Arbeitskleidung und mit einer kalten Zigarette im Mundwinkel, die beim Sprechen auf und ab wippte. Er hatte mich wohl beobachtet und war mir in das Zelt zu den Tieren nachgegangen. Ich zuckte zusammen, wollte mein Erschrecken aber nicht zeigen und entgegnete mit einer Frage:

„Ist das Lama zu kaufen?"

„Das müssen Sie den Chef fragen."

„Und wo finde ich den?"

„Hinten in dem großen Wagen direkt am Zelt."

„Sagen Sie, wie heißt dieses Lama?"

„Ich glaube Max."

„Max? Das passt so gar nicht. Aber, dann ist es wohl männlich?"

„Isses wohl."

„Ich such mal den Chef."

Und ich machte mich auf die Suche nach dem Direktor. Der Platz war aufgeweicht vom Regen. Ich stapfte zu dem größten Wagen, stieg auf die erste Stufe der Eisenrosttreppe und klopfte an die Tür. Eine schlanke, dunkelhaarige Frau mit einem Baby auf dem Arm öffnete; der Duft von gebratenen Zwiebeln wehte mir entgegen, und ich verspürte plötzlich Hunger, eher nach warmer Gemütlichkeit als nach Bratkartoffeln.

„Kann ich den Chef sprechen?", fragte ich.

Die Frau sah mich an und schien mich nicht einordnen zu können. Vielleicht. dachte sie, ich sei von einer Behörde oder eine Tierärztin. Ihre Mimik zeigte keine Regung.

„Rico", rief sie, ohne sich umzudrehen, „da will dich jemand sprechen."

Der Zirkusdirektor trat in die Tür, und die Frau machte ihm Platz. Rico füllte mit seinem kräftigen Oberkörper, der in dem weißen Achselhemd sehr athletisch wirkte, den Türrahmen aus.

„Was kann ich für Sie tun?", fragte er von oben. Die Zirkusleute sind auf eine eigene Art freundlich und doch distanziert.

„Haben Sie ein Lama zu verkaufen?"

Ich sah zu ihm hoch.

„Tja, was wollen Sie denn ausgeben?“

Das war fast ein Ja.

„Können wir nicht zusammen hingehen?“

„Eigentlich habe ich keine Zeit. Wir haben bald Vorstellung. Aber, warten Sie. Ich komme mit.“

Auf dem kurzen Weg vom Wagen zum Zelt erzählte ich, dass ich ein großes Grundstück hätte, einen Stall und er sich gern alles anschauen könne. Sein Lama würde es wirklich gut haben. Ich spürte, es interessierte ihn nicht.

„Tja“, meinte er wieder, „eigentlich wollen wir kein Tier verkaufen, aber …“

„Aber“, ich ließ ihn nicht ausreden, „bei den vielen Tieren kommt es doch auf ein Lama auch nicht an. Oder tritt es auf?“

„Das nicht, aber in der Tierschau sehen sich die Leute gern das Lama an.“

Das Lama „Max“ lag noch immer wiederkäuend auf der dünnen Strohschicht. Ich war sicher, dass es bald bei mir sein würde. Zu dem Zeitpunkt wusste ich wenig über Lamas, ob sie spucken, beißen oder treten, und es war mir auch egal. Dieses Lama wollte ich aus dem kleinen Gehege herausholen und es über unsere Weide laufen sehen.

Einige Monate später nahm ich an einem Lamaseminar teil, erfuhr Wissenswertes über Neuweltkameliden und lernte neue Menschen kennen, darunter auch ein Ehepaar aus den Anden.

Zunächst wollte ich den Zirkusdirektor zum Verkauf seines Lamas überreden. Aber so spontan sind Zirkusleute nicht.

„Ich muss das erst mit meinem Bruder besprechen“, meinte er und musterte mich von oben bis unten.

Ich ahnte seine Gedanken: „Was will sie mit einem Lama?“

„Was soll es denn kosten?“, unterbrach ich ihn in seinen Überlegungen.

„Darüber muss ich nachdenken. So ein Lama hat seinen Preis. Wie viel wollen Sie denn ausgeben? Was halten Sie übrigens davon, wenn Sie die drei Hängebauchschweine auch mitnehmen? Die buddeln hier alles kaputt.“

„Die Schweine?“ Mein Blick fiel auf die grunzenden, braunen Viecher, die mit ihren feuchten Rüsselnasen das Stroh hin und her schoben.

Das größte war besonders hässlich, mit dicken Wülsten im Gesicht, die die Augen zusammendrückten. Dazu hatte es einen Stiernacken und trockene graue Haut mit wenigen harten Borsten auf dem Rücken. Dagegen war „Max“ mit seinen großen Augen, dem weichen Fell – auch wenn darin Heu und Popkorn klebten – schön und erhaben wie eine Sphinx.

Als die drei Schweine später bei uns lebten und ihr freundliches Verhalten eine Bereicherung wurde, erkannte ich, wie unwichtig das Aussehen ist, das durch die Willkür des Menschen verformt worden war. Für sich hatte er diese Wesen so verzüchtet, dass ihre Bäuche nicht nur mit zunehmendem Alter, sondern auch ihre Bauchlappen über den Boden schleifen. So treten sie darauf, und jeder Schritt ist mit Schmerzen verbunden. Deshalb musste ich „Susi“, das größte der drei Schweine, knapp drei Jahre später von ihrem schweren Körper erlösen und wünschte ihr zum Abschied, sie möge im nächsten Leben als Schmetterling zur Welt kommen oder als Gazelle mit der wunderbaren Leichtigkeit der Bewegungen, wie die Natur sie ihren Lebewesen schenkt. Bei dem ersten fast angeekelten Anblick in diesem Zirkuszelt wäre der Gedanke, dass ich eines Tages um die Dickste von ihnen weinen würde, absurd. Aber alles im Leben ändert sich, sogar die Gefühle zu Hängebauchschweinen.

„Denken Sie doch mal über den Preis nach“, meinte ich etwas eindringlicher zu dem Zirkusdirektor, und schließlich murmelte er was von 1000 Euro. Mit so viel hatte ich nicht gerechnet.

„Mh“, sagte ich, „das ist aber ganz schön teuer.“

„Aber die Schweine kriegen Sie auch noch dazu.“

„Die will ich gar nicht. Könnte das Lama mal aufstehen?“

Er nahm eine Forke und tippte Max durch das Gitter mit dem Stiel leicht an. Das Lama erhob sich widerwillig, hinten zuerst, und schluckte ein paar Mal. Es war der Größte in diesem Gehege und überragte alle.

Ich wollte den Hals mit dem weichen, dicken Fell streicheln, aber das Tier wich zurück.

„Wir haben bald Vorstellung“, meinte der Zirkusdirektor und blickte zum Ausgang.

„Sie können sich’s ja auch noch mal überlegen, und ich spreche mit meinem Bruder.“

„Ich habe mich schon entschieden“, sagte ich und hielt ihm meine Hand hin. Er schaute darauf, bevor er sie ergriff und sagte: „Arbeiten können Sie jedenfalls.“

„Ja, ich habe Ziegen zu Hause, und früher hatten wir Pferde."

Ich empfand die Bemerkung fast als Anerkennung. Wie oft bemühe ich mich vergebens, meine Hände zu pflegen, denen man die Arbeit bei den Tieren ansieht und die nicht zu meinem Outfit passen, wenn ich in der Stadt Termine habe oder eingeladen bin. Die Bemerkung des Zirkusmannes ließen mich später, als ich noch einmal darüber nachdachte, erkennen, welches Wunderwerk unsere Hände sind. Wie selbstverständlich nehmen wir alle phantastischen Fähigkeiten hin vom Tasten, Fühlen, Berühren, Greifen, Arbeiten, Heilen, Beten bis zum Darstellen von Kunst wie das Musizieren, Malen, Tanzen, Formen und noch viel mehr. Statt unnötige Zeit mit der äußeren, künstlichen Verzierung der Hände zu vergeuden, sollten wir entdecken, was unsere Hände alles können, wenn wir den Geist weg vom Ernst des Lebens auf Wanderschaft in die Kreativität und Phantasie schicken.

Nach dem Händedruck zwischen dem Zirkusdirektor und mir war der Kauf des Lamas besiegelt.

„Einverstanden!", meinte ich, „wann bringen Sie das Lama?"

„Bevor wir weiterfahren, so in drei Tagen."

„Ich bleibe noch einen Moment hier. Meiner Tochter würde ich gern das Lama zeigen. Ich muss sie nur kurz anrufen."

„Wie alt ist Ihre Tochter?"

„Also ich habe zwei, eine kleinere und eine ältere."

„Sind die so hübsch wie ihre Mutter?"

„Viel, viel besser", ich stotterte ein wenig, weil ich auf dieses Kompliment nicht vorbereitet war und wir nicht gewohnt sind, Nettigkeiten anzunehmen.

Plötzlich schien Rico es nicht mehr so eilig zu haben.

„Mein Bruder sucht eine Frau."

„Also, meine große Tochter ist 28, und sie ist wirklich hübsch."

„Wenn Sie das Lama bringen, ist meine Tochter sicher auch da", meinte ich und spürte dabei ihre Missbilligung, die später auch nicht ausblieb.

„Tschüs dann. Vielleicht kommen Sie ja in die Vorstellung. Dann sagen Sie meiner Schwägerin an der Kasse Bescheid", verabschiedete sich Rico und verschwand aus dem Zelt.

Ich wählte die Handynummer meiner Tochter Vicky.

6. Mutgedanke

Es ist mutig, neue Türen zu öffnen und unbekannte Räume zu betreten, unsere Angst zu überwinden und uns auf Neues, Ungewohntes einzulassen. Wir verpassen viele neue Chancen und Möglichkeiten in unserem Leben, wenn wir uns nicht trauen.

Kapitel 2

Das Pferd

„Kannst du bitte sofort kommen?“, rief ich aufgeregt laut in mein Handy.

„Mama, ich sitze am PC und arbeite“, klang es leicht gereizt zurück.

„Das kann ich mir denken, aber vielleicht kannst du kurz eine Pause machen und …“

„Wo bist du? Warum soll ich gerade jetzt kommen?“

„Ich bin im Zirkus, und ich brauche deinen Rat.“

„Im Zirkus? Keine Mutter von allen meinen Freundinnen und Freunden ruft aus dem Zirkus an und bestellt ihre Kinder dahin; worum geht es überhaupt?“

Insgeheim musste ich meiner Tochter Recht geben, nur hatte ich gedacht, dass sie sich daran gewöhnt hatte, dass ihre Mutter sich nicht immer so verhält, wie man es von Frauen in ihrem Alter erwartet.

Meine Vorliebe für Zirkusse kannten meine Töchter inzwischen, obwohl es nicht die Vorstellungen sind, zu denen es mich hinzieht. Es ist diese eigene Welt der Zirkusleute mit ihren Tieren. Wenn es so etwas gibt wie ein anderes Leben vor dem jetzigen, dann hat meines vielleicht im Zirkus stattgefunden. Das scheint eine Erklärung, die sich zwei Jahre später bestätigte, für diese Vorliebe, die immer wieder einen Widerspruch in mir hervorruft, weil ich bei fast jedem Besuch auf einem Zirkusplatz ebenso empört wie traurig darüber bin, unter welchen Zwängen und räumlicher Enge die meisten Tiere leben müssen. Etliche der Männer, gerade die Aushilfen aus allen möglichen Ländern, gehen oft nicht zimperlich mit den Tieren um, was ich immer wieder erlebt und kritisiert habe. Viel konnte ich nicht erreichen, aber so manches Mal wurden an heißen Sommertagen die leeren Eimer mit Wasser gefüllt oder ein Tier wurde aus der Sonne in den Schatten gebracht.

Der Zirkus mit der Akrobatik, den Clowns und den Tierdressuren gehört seit jeher zu uns Menschen. Er hat eine uralte Tradition, und doch sind es Lebewesen, die ebenso wie wir Schmerzen und Angst empfinden.

Die Zirkustiere und die unzähligen anderen „Nutztiere“, an denen sich der Mensch auf verschiedenste und oft grausame Art bereichert, sind uns ausgeliefert. Sie haben keine andere Wahl.

In die Monotonie eines besonders freiheitsliebenden Lebewesens, in einen Panther, hat sich Rainer Maria Rilke mit seinem Gedicht „Der Panther“[2]) mit einer fast übernatürlichen Sensibilität hineinversetzt.

„Ich habe ein Lama gefunden. Ich will es dir zeigen und deine Meinung dazu hören“, erklärte ich meiner Tochter.

„Also, hast du es endlich. Kannst du das nicht allein entscheiden?“

Ich hatte mich entschieden. Aber es liegt in der Natur der Menschen, sich mitzuteilen und Entscheidungen durch andere bestätigen zu lassen. Ich war sicher, meiner Tochter würde dieses schöne Tier gefallen, doch ich brauchte die Zustimmung von jemand, der mir Mut machte, mich auf das Abenteuer mit allen Konsequenzen einzulassen. Meine Freundinnen konnte ich nicht fragen; sie wären kompetentere Ratgeberinnen beim Kauf eines neuen Abendkleides als eines Lamas.

„Bitte“, bat ich einschmeichelnd, „tu mir diesen einen Gefallen und komm .“

„ Diesen einen Gefallen!“, machte sie mich nach, „aber es ist gut. Ich komme schon.“

Seit Klaus nicht mehr bei uns ist, hat Victoria als die Ältere eine andere Stellung in unserer kleinen Familie eingenommen. Es ist ein neues Vertrauen zwischen uns entstanden. Wir sind ein Team bei der Arbeit und im Leben, aber vor allem, wenn es um Johanna, ihre 14 Jahre jüngere Halbschwester, geht, sind wir wie ein Paar, nur bin ich immer der konservative Teil.

Diese beiden Schultern, an die sich Johanna anlehnt, haben ihr einen Halt gegeben, den Verlust des Vaters leichter zu nehmen.

Zufrieden, dass ich einen kleinen Teil meiner Entscheidung an Vicky abgeben und meine Freude mit einem anderen Menschen teilen würde, wandte ich mich wieder dem Lama zu, das mich nicht beachtete, während die Ziegen mit den Vorderbeinen den Zaun hochstiegen und mir ins Gesicht hauchten. „Wie kann man nur ‚Max‘ heißen, wenn man so aussieht wie du?“, sprach ich das Lama an, „wenn du zu mir kommst, wirst du es schön haben, ganz viel Gras und Platz und einen eigenen Stall.“ Ich zählte ihm auf, was ich zu bieten hatte. Das Lama sah unter seinen weißen langen Augenwimpern durch mich hindurch ins Nirgendwo. Sein

Leben war hier in diesem Zirkus. Es kannte die Geräusche und Gerüche und ist – wie alle Tiere – ohne Erinnerungen an die Vergangenheit oder Hoffnungen an eine bessere Zukunft.

Die Schweine gruben mit ihren Rüsselnasen das Stroh systematisch um und bedrängten das Lama. Es wich zurück. Ich ging in die Hocke und versank eine Weile im Betrachten der Tiere.

Diese Momente des Innehaltens und meine Freude darüber sollten später in meinem oft unruhigen Tagesablauf und das Wahrnehmen der Tiere in ihrer Natürlichkeit sollten später die kostbarsten Augenblicke in meinem Leben werden. Sogar die Hühner wurden meine Lehrmeister, von denen ich den Sinn des Lebens und einen Frieden erfuhr, der uns alle umgibt. Wie wenig Platz gab es für diese Tiere hier im Zirkuszelt, die sich gegenseitig auf die Füße traten; und keines hatte die Möglichkeit, sich zurückzuziehen. Wieder packte mich diese Wut, wenn ich eine Ungerechtigkeit erlebe. Gern hätte ich das Gitter geöffnet und allen Tieren den Weg nach draußen auf die sonnige Wiese geöffnet.

Mein Handy klingelte.

„Wo bist du?“, fragte Vicky, „ich stehe vor dem Zirkus.“

„In dem langen, blauweiß gestreiften Zelt ganz hinten bei dem Lama.“

Wenige Augenblicke später kam sie mit energischen Schritten die Stallgasse entlang.

„Das ist lieb von dir, dass du gekommen bist“, begrüßte ich sie und mir war schon bewusst, dass meine Bitte egoistisch war.

„Da ist es“, sagte ich und zeigte auf das Lama.

„Es ist ja wirklich hübsch. Was ist es denn?“ Sie musterte es, und ihre Miene hellte sich auf.

„Ich glaube ein Hengst, so heißt das wohl bei Lamas, oder?“

„Sollten wir nicht lieber eines von den Pferden nehmen? Dann könnten wir wenigstens wieder reiten.“

„Du weißt doch, dass ich nie mehr reite, seit mein ‚Nobody‘ gestorben ist.“

„Es ist wirklich schön, vor allem mit diesen weißen Zeichnungen, und es ist sehr groß. Aber warum musste ich extra kommen?“

„Ich wollte dich fragen, ehe ich mich entscheide und – der Bruder von dem Zirkusdirektor wollte dich übrigens auch gern kennen lernen.“ Als ich das ausgesprochen hatte, wusste ich, dass es falsch war.

„Mama, du bist manchmal unerträglich. Ich gehe jetzt.“

„Schrei bitte nicht so, das ist ja peinlich."

„Du bist peinlich mit deinen verrückten Ideen."

„Die drei Hängebauchschweine sollen wir übrigens auch bekommen", sagte ich, da jetzt sowieso alles egal war.

„Das ist nicht dein Ernst."

„In unserem Stall ist Platz genug, und draußen haben sie einen großen Auslauf. Hier haben alle Tiere zusammen viel weniger Platz."

„Na ja, du solltest dir gut überlegen, was du tust. Ich muss jetzt los, kommst du mit?"

Wir gingen gemeinsam zurück und fuhren in unterschiedliche Richtungen los. Johanna wollte ich von der Schule abholen, die sich in der Nähe befindet, und ihr das Lama zeigen.

„Du bist ja pünktlich heute", meinte sie erstaunt, als ich mit laufendem Motor vor ihrer Schule wartete.

„Ich wollte noch kurz mit dir am Zirkus vorbeifahren. Ich habe nämlich ein Lama gefunden."

„Toll", freute sie sich, „wann kriegen wir es?"

„Das weiß ich auch noch nicht genau, in ein paar Tagen. Wir müssen erst noch den Stall fertig bauen."

Als wir zu dem Gehege kamen, lag das Lama wieder an derselben Stelle. Ein kleiner Junge mit struppigen Haaren spielte an dem Gitter und fuhr mit einem Stock daran hin und her.

„Ich spiele Gitarre", meinte er.

„Sind die süß", freute sich Johanna über die Schweine, die nahe am Zaun im Stroh stöberten, bevor sie das Lama wahrnahm.

„Die sollen wir übrigens auch haben, sogar umsonst."

„Wirklich Mama? Wie toll."

„Aber ich finde sie schrecklich hässlich."

„Überhaupt nicht; schau sie dir doch mal genau an."

„Guck doch erst mal das Lama an", drängte ich in meiner gewohnten Ungeduld.

Der kleine Junge hörte mit dem „Gitarrespielen" auf und kletterte flink wie ein Äffchen über den Zaun, der dreimal so hoch wie er selber war.

„Die hatten Babys, und die sind alle erfroren", erzählte er und setzte sich seitlich auf eines der Schweine, das laut quietschend losraste, wobei der Kleine rückwärts ins Stroh fiel und laut lachte.

Meine Tochter berührte der Tod der Ferkel. Sie meinte: „Das ist ja schrecklich. Gut, dass wir sie nehmen. Jetzt schau sie dir doch einmal genau an."

Ich ging in die Hocke und sah in die Gesichter der Schweine. Johanna hatte Recht. Das waren drei drollige Gesellen und auf ihre Art schön. Ein Hängebauchschwein kann nun mal nicht wie ein Bambi aussehen. Warum müssen wir immer so schnell urteilen und Vergleiche anstellen? Nicht nur, was Hängebauchschweine angeht.

„Weißt du, wie alt das Lama ist?", fragte ich den kleinen Jungen.

„Sechs Jahre", sagte er, ohne zu überlegen.

„Sechs? Woher weißt du das?"

„Weil ich weiß, wann es geboren wurde."

„Wie alt bist du?"

„So viel", sagte der Kleine und hielt eine Hand mit vier ausgestreckten Fingern in die Höhe. Den Daumen hatte er angewinkelt. Johanna und ich schauten uns an und mussten lächeln über den selbstbewussten „Rechenkünstler".

„Trittst du auch im Zirkus auf?", fragte ich ihn.

„Klar. Bei den Akrobaten mache ich den Salto in der Luft, und mein großer Bruder fängt mich auf."

Er blickte ganz ernst dabei.

„Johanna, was meinst du, wollen wir das Lama nehmen?"

„Und die Schweine", lenkte sie ein.

Zu Hause rief ich gleich einen befreundeten Tischler an und überredete ihn, den Stall fertig zu bauen. Schon am nächsten Morgen kam einer seiner Männer, und ich half ihm, die Bretter für die Wände anzunageln und eine alte Tür einzubauen, die ich im Schuppen gefunden hatte. Wir sägten sie durch; danach konnte man den oberen Teil separat öffnen, wie eine Klöntür. Mein Freund Theo brachte mir Stroh und Heu, und er fragte nicht, warum ich mir ein Lama anschaffen wollte und ob ich mich nicht überfordern würde in meiner schwierigen Situation nach Klaus' Tod. Weil er ein guter Freund ist, dachte er das sicher nicht einmal, sondern er bot mir seine Hilfe an. Ich streute den Stallboden ein und genoss es, endlich wieder das Rascheln des frischen Strohs zu hören, dabei den Duft von reifen Kornfeldern zu riechen. Die körperliche Arbeit hatte ich in den letzten Jahren vermisst, wie auch die Begegnung mit den Tieren. Klaus war begeisterter Golfspieler. So war ich ihm oft auf den Rasen vieler

Golfplätze gefolgt und hatte die freie Zeit dort verbracht, wo er sich wohler gefühlt hatte als ich mich.

Die Vorbereitungen für die Anschaffung des Lamas waren mit einer Beschäftigung verbunden, die mich fort vom Schreibtisch und PC nach draußen lockte. Die Bewegung ließ mich meine Muskeln spüren. Ich atmete tief in meine Lungen, und in meinem Kopf formten sich dabei neue Ideen und Pläne. Und – es kamen Erinnerungen an „Nobody", meinen schwarzbraunen Traberwallach, der mich ein Vierteljahrhundert durch mein Leben begleitet hatte. Mit manchen Tieren ist es wie mit guten Freunden. Sie gehören zu uns, sie bereichern uns, und ohne sie wäre unser Leben ärmer, und manche sind ungewöhnlich.

„Nobody" war fünf Jahre alt und ein „Niemand", als ich ihn zum „Schlachtpreis", dem Wert seines Gewichtes, gekauft hatte. Er hatte keinen Namen, keinen Besitzer und niemanden, der sich für ihn verantwortlich fühlte.

Als viel versprechendes Rennpferd war er als Jährling von Hamburg nach Frankfurt verkauft worden, wo er sich beim Training am Hinterbein verletzt hatte. „Miravan", wie ich später seinen Namen herausfand, wurde zwar gesund, aber als Rennpferd war er nie mehr einzusetzen. So wurde er als Reitpferd „umfunktioniert" und an eine Reiterin nach Norddeutschland verkauft. Sie stellte ihn in einen Reitstall unter, kam einige Male und dann nie wieder. Einige Tage stand der hübsche dunkelbraune Traber im Stall, daraus wurden Wochen und Monate, sein glänzendes Fell wurde stumpf, seine Muskulatur schwächer und sein Blick, der nur noch die Stallwände kannte, müde. Inzwischen verhandelten Anwälte darüber, wer für die Stall- und Futterkosten aufkommen sollte. Niemand dachte an das Elend dieses jungen Pferdes, das in die hinterste, dunkelste Box gestellt wurde und kleine Futterrationen bekam. „Den kannst du billig kriegen", sagte mir der Stallmeister. In seinem Stall hatte ich eine Reitbeteiligung gesucht und dabei dieses vergessene Pferd entdeckt. Ich konnte den Stallmeister schließlich überreden, das Vorhängeschloss an der verrosteten Kette aufzuschließen. Als ich das Pferd, das mir wie ein Schatten folgte, am Halfter auf die Stallgasse führte, kamen mir vor Wut und Mitleid Tränen. Wackelig und kraftlos, kaum in der Lage, einige Schritte zu gehen, ohne Lebenswillen, stand das erst fünf Jahre alte Pferd breitbeinig auf der Stallgasse. Ich streichelte über sein verklebtes Fell, und ich wusste in diesem Moment, wir gehörten zusammen. Dass dies für das nächste Vierteljahrhundert sein würde, ahnte ich nicht.

„Ich möchte ihn kaufen“, sagte ich mutig, denn Geld für den Pferdekauf hatte ich als Jungredakteurin mit geringem Einkommen nicht. Doch man kam mir entgegen, um endlich die Streitereien und Kosten um dieses Pferd zu beenden, und so zahlte ich „Nobody“, dem ich diesen Namen gab, in mehreren Raten ab. Anfangs lächelten andere Pferdebesitzer im Verein mitleidig über mich und mein struppiges Pferd, das ein wenig an ein Muli erinnerte. Wir unternahmen kleine Spaziergänge in die Natur, die das Pferd schnell erschöpften. Ich flüsterte ihm in sein Ohr, während ich neben ihm ging und immer wieder seinen Hals streichelte: „Du schaffst es.“

Im ersten Sommer schickte ich „Nobody“ zur Erholung auf eine große Weide und brachte ihm täglich zusätzlich Kraftfutter. Mein Tierarzt, der mir ein väterlicher Freund war, half mir, das vernachlässigte Tier aufzupäppeln. Ganz allmählich bekam „Nobody“ mehr Kraft, sein Fell glänzte wieder, und in seine Augen kehrte der Lebenswille zurück. Wann immer er mich im Stall und auf der Weide erblickte, begrüßte er mich mit einem freudigen Wiehern und kam mir entgegen.

Allen, die uns belächelt hatten, wollte ich beweisen, was ich für ein wunderbares Pferd hatte. So nahmen wir ein Jahr später an einer einfachen Prüfung bei einem Turnier teil. Die Schleife, die wir für den dritten Platz bekamen, habe ich viele Jahre aufbewahrt. Bei der Ehrenrunde im Galopp klopfte ich den Hals meines Pferdes und wünschte mir, dieser Ritt zum Radetzkymarsch würde nie aufhören. Unendlich viele wunderbare Ausritte in die Natur haben wir gemeinsam erlebt. Im Winter ging er – als Traber – mit großer Freude vor dem Schlitten, und beide Töchter haben auf seinem Rücken das Reiten gelernt. Vor allem öffnete mir unsere Vertrautheit die Sensibilität von Pferden auf einer neuen Ebene. Seine freien Bewegungen im Dahingaloppieren auf der Weide wirkten wie ein Tanz voller Lebensfreude und das Ruhen im Stehen war von einer tiefen Selbstvergessenheit.

Die letzten Jahre befand sich sein Stall gegenüber von unserer Küchentür. Wenn ich die Tür öffnete, begrüßte er mich mit einem tiefen, sanften Wiehern. Im hohen Pferdealter von 29 Jahren hatte mein „Nobody“ beschlossen, dass es genug des Lebens sei, und war eines Morgens nicht mehr aufgestanden. Er war nicht krank, nur seine Beine waren ein wenig steif und die Zähne schlecht. Als er auch nach Stunden nicht mehr auf die Beine kam, ließ ich den Tierarzt kommen, der ihn einschläferte. Als mein altes Pferd seinen letzten Atemzug tief und ruhig tat, seinen Kopf in meinem Schoß gebettet, konnte ich ihn schwer loslassen auf seinen letzten Ritt, zu dem er mich nicht mitnahm. Benommen stand ich auf und ging in den Wald, unsere gewohnte Strecke entlang, die „Nobody" und ich so viele Male gemeinsam gegangen waren, langsam im Schritt, während er an den Gräsern und Büschen naschte, und auch oft im leichten Galopp, den Frühlingswind in seiner Mähne und in meinem Gesicht.

Klaus fand mich zwei Stunden später an einem Baumstamm hockend, weinend, frierend – es war Mitte November – und leer. „Kleines", sagte er sanft, „hast du vergessen, dass wir heute in die Toskana fliegen wollen? Komm mit." Liebevoll führte er mich nach Hause, und ich konnte nicht aufhören, stumm um mein Pferd zu trauern. Die Tränen liefen einfach weiter, auch später im Flugzeug, wo ich aus dem Fenster in Nebel sah. Als wir landeten, blendete mich die Sonne, und ich war bereit, meinen „Nobody" gehen zu lassen, in der Gewissheit, irgendwann wird mir sein Wiehern entgegenklingen.

Beim Vorbeifahren am Zirkusplatz sah ich in den nächsten Tagen, wie die Männer das große Zelt abbauten, und ich besuchte noch einmal den Direktor. Das Geschäft am Vorabend war nicht gut gelaufen, und entsprechend schlecht war die Stimmung. Sein Versprechen schien er vergessen zu haben.

„Sie hatten mir doch das Lama versprochen."

„Gut, dass Sie mich erinnern. Wir können es morgen bringen."

Ich beschrieb ihm den Weg und zeigte in die Richtung, wohin er fahren müsste.

„Da sind doch nur Bäume."

„Das täuscht, dazwischen stehen auch Häuser. Wir sind das letzte Haus ganz hinten am Wald, wo die Straße aufhört."

7. Mutgedanke

Es ist mutig, Entscheidungen zu fällen. Wenn wir überzeugt sind, dass die Entscheidung richtig und gut ist, sollten wir alle Bedenken überwinden, dazu stehen und bereit sein, die Konsequenzen zu tragen.

Kapitel 3

Das Lama

Ein großes, klappriges, altes Postauto kam am nächsten Tag vorgefahren. Ich hörte das Gerumpel schon von weitem, und das Gelb leuchtete mir entgegen. Ich lief zum Tor und öffnete den Weg zur Weide.

„Ihr könnt bis zum Stall fahren“, rief ich aufgeregt Rico und seinem Beifahrer zu. Ich schaute über ihre Schultern in das fensterlose Innere des Lieferautos. Von den Tieren war nichts zu sehen.

„Habt ihr das Lama?“, rief ich.

„Ja, und die Schweine.“

Sie fuhren bis zum Stall, stiegen aus und öffneten die hintere Wagentür. Es war dunkel in dem Wagen. Der weiße Kopf mit den großen Ohren des liegenden Lamas wirkte wie aus Stein gemeißelt. Platz zum Stehen hätte das Tier in dem Fahrzeug auch nicht gehabt; aber wie es seiner Wesensart entspricht, hatte sich das Lama der Enge angepasst. Rico befestigte ein Seil an das Halfter an seinem Kopf und zog daran. Das Lama stand langsam auf und trat gebückt vor. Im Hintergrund ruschelten und grunzten die Schweine. „Max“, den ich von nun an „Sancho“ nannte, sprang elegant von der Ladefläche, streckte draußen den Hals und schaute ruhig in die Runde, wobei er durch seine schmalen Nasenlöcher tief die frische Luft einzog.

„Kann ich ihn halten?“, fragte ich Rico. Der Zirkusdirektor drückte mir das Führseil in die Hand.

„Komm, du bist jetzt hier zu Hause“, lockte ich das Lama und es folgte mir. Ich ging eine kleine Runde, drehte mich ständig um und konnte mich nicht satt sehen. Ich hatte mein Lama. Ein Glücksgefühl überkam mich, dass ich fast geweint hätte. Da standen wir beide auf der Weide: Dieses Zirkuslama und ich, und ich war gerade dabei, mir nach fast fünf Jahrzehnten den Traum meiner Kindheit zu erfüllen – und es erklang kein Tusch; nicht einer der Freunde oder Zirkusleute kam auf die Idee zu gratulieren. Warum auch? Bis ich fand, was ich mir erhofft hatte, sollte noch eine Weile vergehen, denn das Lama war nicht die Garantie für das ersehntes Glück, sondern die erste Stufe einer Leiter.

„Tun Sie es erst mal in den Stall“, meinte Rico in diesem Moment und holte mich zurück in die Gegenwart. „Sancho“ wollte nicht durch die Tür gehen. So ging ich vor und lockte ihn, indem ich Hafer und Apfelstücke im Futtertrog mit der Hand durchrührte.

„Dem geht's ja nicht schlecht hier“, meinte der zweite junge Mann, den ich bisher kaum wahrgenommen hatte.

„Das ist mein Vetter Arthur“, stellte Rico ihn vor. Arthur trug ein schwarzes T-Shirt, und die muskulösen Arme waren doppelt so dick wie meine Oberschenkel.

„Mein Vetter ist Feuerschlucker und Schlangenbeschwörer“, sagte Rico.

Vicky, die doch gekommen war, Ursel, meine Freundin und Vermieterin, und einige Freunde guckten staunend auf ihn. Er verschränkte seine Arme, die dadurch noch kräftiger wirkten.

„Wollen wir die Schweine holen?“, fragte er, „sollen die auch in den Stall?“

„Ja, zum Lama“, meinte ich.

Die beiden Männer waren zum Wagen gegangen, und Arthur kam mit einem grunzenden Hängebauchschwein auf dem Arm zurück. Jetzt verstanden wir, warum Rico den muskulösen Feuerschlucker mitgebracht hatte. So bestaunten wir alle nicht nur die neuen Tiere, sondern auch die Kraft des Zirkusmannes.

„Sind das Sauen oder Eber?“, fragte ich.

„Zwei Sauen und ein Eber. Der ist allerdings kastriert.“

„Kastriert?“, fragte ich, „aber was ist denn mit den Ferkeln, die erfroren sind?“

„Ferkel?“, überlegte Rico, „Ferkel hatten die nie.“

„Ach so“, meinte ich und schaute Johanna an, die nichts dazu sagte. Der kleine Zirkusjunge hatte uns bei dem Besuch wohl „einen Bären aufgebunden“.

„Wollt ihr etwas trinken?“, fragte ich die Zirkusleute, aber die drängten zum Aufbruch, weil sie einen Tag später in einer anderen Stadt gastierten.

Ich ging mit Rico ein Stück zur Seite, um das Lama zu bezahlen. Arthur hatte inzwischen aus dem Auto ein abgegriffenes Schulheft geholt, in dem Fotos und vergilbte Zeitungsartikel eingeklebt waren. Sie zeigten ihn mit seinen Schlangen und einer riesigen Flamme, die aus seinem Mund schwoll.

„Wenn ihr mal einen Feuerschlucker braucht, wir treten auch privat auf", meinte er und schwang sich wie ein Held auf den Beifahrersitz des klapprigen Postautos. Sorgfältig schloss ich die Pforte hinter dem gelben Wagen.

Ich schüttete noch ein wenig Heu auf, gab den Schweinen Futter, und nach und nach verabschiedeten sich alle. Nur Johanna war geblieben. Eine Weile wollten wir gemeinsam bei den Tieren sein.

„Morgen lassen wir „Sancho" auf der Weide laufen, ja?", fragte meine Tochter, die beobachtete, wie das Lama durch die obere Türöffnung nach draußen schaute und dabei von einem Fuß auf den anderen trat.

„Natürlich, und die Schweine auch", antwortete ich. Gemeinsam gingen wir zurück ins Haus.

Als ich Johanna abends einen Gutenachtkuss gab, sah sie mich nachdenklich an.

„Wie gut, dass wir die Schweine genommen haben."

„Warum?"

„Damit sie mit ihren Nasen in der Erde graben können."

„Du hast Recht, Schweine müssen graben, und Kinder müssen jetzt schlafen. Gute Nacht, meine Kleine", sagte ich.

„Gute Nacht, Lamamama."

Lamamama … klang es in mir nach, und ich musste lächeln.

Leise schloss ich die Tür. Es war ein schöner Abend, der den Tag in warmen Farben verabschiedete. Durch die Küchentür ging ich hinaus zu den Tieren, die nach den Aufregungen des Tages schliefen; so hielt ich mich zurück. Ich wollte sie nicht stören, wusste aber nicht, wohin mit mir. So suchte ich meine Feuerstelle auf, die ich auf dem ehemaligen Reitplatz in der Nähe des Stalles aus Feldsteinen gebaut hatte. Mit einigen trockenen Ästen zündete ich ein kleines Feuer an. Zum Glück hatte ich eine Schachtel Streichhölzer in der Jackentasche; wäre ich ins Haus gegangen, um welche zu holen, hätte ich den Weg nicht noch einmal in die Dunkelheit gefunden.

Kleine, helle Flammen züngelten an den Ästen hoch und nagten sich in das Holzscheit, das ich darauflegte. Zu meinem Leben gehören – im Haus und im Garten, Feuerstellen, wo fast täglich ein Feuer brennt, das mich wärmt und entspannt. So saß ich auf dem Holzklotz davor, durchlebte in Gedanken den Tages; eingehüllt von der Dunkelheit der Nacht und gewärmt von dem Feuer fühlte ich mich geborgen und empfand eine Art Vorfreude, ohne genau zu wissen worauf.

Als nächstes, so überlegte ich mir, wollte ich mehr über „Neuweltkameliden“ erfahren, wie die Tiergruppe heißt, zu der auch mein Lama gehört. Mir war wichtig, ihm nicht nur die neue Freiheit zu geben, sondern „Sancho“ auch artgerecht zu halten. Über Pferde und Hunde hatte ich im Laufe der Jahre im Umgang mit ihnen viel erfahren, aber über Lamas fand ich wenige Informationen.

Es sind die Zufälle, wenn es die gibt, die mich nur wenige Wochen später beim Einkaufen einen ausgelegten Flyer finden ließen, wo ein Lamaseminar auf einem Hof, nur einige Kilometer entfernt, angeboten wurde. Natürlich ging ich dort hin und lernte andere Lamahalter und Experten kennen, erfuhr viel Wissenswertes, das ich an „Sancho“ weitergeben konnte. Ein Lamahalter, dem ich ein Foto vom ihm zeigte, war so begeistert, dass er ihn nach dem Seminar bei mir anschaute. Er lobte seine Größe, die Farbe, das Wesen, und als er vorschlug, ihn als Deckhengst für zwei seiner Stuten einzusetzen, war ich stolz. „Mein Zirkuslama, ein gefragter Hengst“, musste ich denken. Dennoch lehnte ich ab, als ich hörte, dass er mehrere Wochen auf dem anderen Hof bei den Stuten bleiben müsste, was wieder mit Transportieren und einer fremden Umgebung für ihn verbunden war. Außerdem gibt es inzwischen immer mehr Lamas auch bei uns, von denen nicht alle das Glück haben, einen großen Auslauf und gute Besitzer zu finden.

8. Mutgedanke

Es ist mutig, ungewöhnliche Schritte auf dem Weg in das Glück zu wagen; dies dann auch wahrzunehmen und sich zu bemühen, dass es größer und größer wird.

Kapitel 4

Der Zaun

Der nächste Tag war ein Sonntag. Beim Wachwerden hatte ich dieses schöne Gefühl, das ich von meiner Kindheit kannte, wenn ich neue Schuhe bekommen hatte. Dabei spielte die „Anschaffung" eine geringere Rolle als die Freude über das Neue, das nun zu mir gehörte. Am Abend stellte ich das Paar unter mein Bett und am nächsten Morgen erinnerte ich mich, da war etwas zum Freuen, aber es fiel mir nicht sofort ein, was es war. Ähnlich erging es mir an diesem Sonntag. „Das Lama", sagte ich mir wacher werdend. Wie es die erste Nacht im neuen Stall verbracht hatte? Ich schaute auf meinen Wecker; es war kurz nach sechs. Zu früh zum Aufstehen für sonntags, doch an diesem Morgen hielt mich nichts im Bett. Schnell streifte ich meine „Stallsachen" über, die Johanna verachtet, weil keine der anderen Mütter so etwas trägt. Im ehemaligen Pferdestall neben dem Haus fütterte ich die beiden Ziegen „Rosalinde" und „Edeltraut", die noch im Stroh lagen und sich über den frühen Besuch wunderten. Ich holte Futter und einige Äpfel aus dem Stall und ging damit zu den neuen Tieren auf das angrenzende Pachtland.

Schon von weitem setzte sich „Sanchos" weißer Kopf gegen die Dunkelheit des Stalles ab. Er reagierte nicht auf meine Begrüßungsworte. Menschen, die ihn ansprachen und berühren wollten, war er im Zirkus gewohnt. Die neue Umgebung zog seine Aufmerksamkeit auf sich. Starr blickte er in die Weite. Die drei Schweine grunzten und standen schwerfällig auf. Im Laufe der nächsten Monate und Jahre lernte ich, ihre Laute zu verstehen. Wenn ich sie ansprach, antworteten sie mit einem zufriedenen Grunzen. Als ich mich der Stalltür näherte und die Hand vorsichtig hob, wich „Sancho" zurück und duckte den Kopf. Seine Augenlider zuckten wie bei einem Kind, das Angst hat, geschlagen zu werden.

„Sanchos" stolze Haltung ging verloren; er wirkte fast unterwürfig. Ich füllte das Futter in seinen Trog und sofort begann er, gierig zu fressen. Den drei Schweinen verteilte ich die angefeuchteten Haferflocken in ihre Schüsseln am Boden. Sie schlürften und schmatzten mit Genuss und schoben mit ihren Nasen einen großen Teil des Inhalts über den Rand ins Stroh. Den vier neuen Hofbewohnern schmeckte es, und ich sah ihnen zufrieden zu. „Sancho“ hatte sein Futter in wenigen Minuten verzehrt und begann von hinten, über die Schweine gebeugt, von deren Ration zu naschen. „Susi“, die Größte, grunzte unwillig und dreht sich um.

Warum sollte ich sie nicht raus lassen? Was könnte passieren? Alles ist eingezäunt, machte ich mir Mut und öffnete die Stalltür. Ich bedauerte, dass niemand mit mir diesen Augenblick teilte. „Sancho“ schritt ohne Hast aus dem Stall. Die Schweine trotteten behäbig hinterher. Sicher war es das erste Mal nach langer Zeit, dass sich ihnen eine Tür öffnete und sie frei waren. Sie blieben vor dem Stall stehen und zogen die Luft durch ihre unterschiedlichen Nasen ein. Die Schweine hoben ihre feuchten, runden Rüssel, an denen noch einige Reste der Haferflocken klebten. Sehen können sie fast nichts, weil die Augen von den Fettfalten zugedrückt sind. Mich faszinierte ihre Sicherheit, mit der sie losmarschierten, ohne gegen ein Hindernis zu laufen. In „Sanchos“ großen, dunklen Augen versank die Umgebung. Von seinem Blick mit einer unergründlichen Tiefe ging seit meiner ersten Begegnung eine besondere Faszination aus. Je nach Lichteinfall spiegelt sich die Welt in einem Blauschwarz seiner Pupille wider, und man schaut hinein wie in einen tiefen Brunnen. Bei den Begegnungen und Meditationen mit meiner Buche in dem nahe liegenden Laubwald sah ich wenige Monate nach Klaus’ Tod, wenn ich mit geschlossenen Augen an dem Stamm lehnte, ein ähnliches Auge, dunkel beruhigend. Eine Erklärung dafür fand ich nicht.

Eine Weile stand das Tier wie erstarrt in der neuen Umgebung. Ich wagte kaum zu atmen. Dann drehte es den Kopf langsam nach links und nach rechts und – unerwartet hoppelte „Sancho“ staksig los, krümmte den Rücken wie ein Wildpferd, machte einige Bocksprünge und galoppierte über den ehemaligen Reitplatz. Meine Freude über diese Ausgelassenheit vertrieb die Sorge, er könnte den Zaun nicht erkennen und dagegen laufen. „Sancho“ bog den Hals nach unten zwischen die Vorderbeine und schlug mit den Hinterbeinen wie ein Pferd aus. Er wurde immer schneller und ausgelassener, und ich jubelte innerlich. So hatte ich es mir vorgestellt.

Ich stand an einen Baum gelehnt, lächelte und beobachtete mein Lama. Mitten in der Bewegung stoppte es und scharrte an einer sandigen

Stelle mit seinen zehenartigen Hufen, ging in die Knie und wälzte sich darauf im Staub. Einen Moment blieb es reglos liegen, um plötzlich aufzuspringen und mit den Hinterbeinen auskeilend loszurennen. Es kostete Bewegungen aus, für die im Zirkusgehege kein Platz gewesen waren. Am Zaun zu unserem Garten blieb „Sancho" stehen, sah zum Haus hinüber und stieß einen leisen, klagenden Ton aus, fast wie von einem Vogel, den er in kurzen Abständen wiederholte. Dann begann „Sancho" am Zaun auf und ab zu gehen, erst im Schritt, dann im Trab, wie ein eingesperrtes Tier, das im Käfig hin und her läuft, als gäbe es nur diese Begrenzung. Aber „Sancho" war frei. Ich stellte mich ihm in den Weg, um ihn von seinem Zwang zu befreien. Das ruhelose Tier machte einen Bogen um mich und setzte seine Tour wie aufgezogen fort.

„Vielleicht möchte er zu den Ziegen", überlegte ich und ging zu dem etwa 50 Meter entfernten Stall, um „Edeltraut" und „Rosalinde", meine beiden Ziegen zu holen, die mir neugierig folgten. Längst hatten sie erkannt, dass sich ein neues Lebewesen auf ihrer Weide befand, und es neugierig beobachtet. Sie folgten mir vorsichtig durch die Pforte, drängten nicht wie sonst und behielten das fremde Tier im Auge. „Sancho" unterbrach seinen Lauf, ging auf die Ziegen zu, nahm ihren Geruch in einiger Entfernung auf und begab sich wieder auf seinen Trampelpfad. Ich erkannte, dass ich mich oft ähnlich verhalte, wenn ich mich in eine Ansicht oder in ein Vorhaben „verrannt" habe. Dann erkenne ich nicht die anderen Möglichkeiten, die sich ergeben, wenn ich innehalten und mich besinnen würde. Vielleicht war es diese Erkenntnis, die mich in diesem Moment wütend machte, darum trieb ich „Sancho", in die Hände klatschend und laut rufend, vom Zaun fort. Er machte eine Galopprunde über die Weide, um am gegenüber liegenden Zaun einen neuen Pfad auszutreten. Ich war enttäuscht.

„Warum rennst du am Zaun auf und ab?", rief ich ungeduldig, ohne nachzudenken, dass ein Tier, vor allem ein sensibles wie ein Lama, eine Zeit des Ankommens braucht. „Sancho" hatte eine neue Freiheit bei mir, zwei Hektar Land, grüne Weiden, kleine Hügel, Wald und Auslauf, aber er war entwurzelt, hatte seine Gewohnheiten und Zugehörigkeit verloren. Der Zirkus war seine Heimat gewesen. Dort hatte er sich an den Gerüchen orientiert, an den Stimmen, den anderen Tieren, auch an der Enge seines Geheges. Falls es so etwas wie Abschiedsschmerz bei Tieren gibt, dann hatte mein Lama das an diesem Sonntagmorgen.

Wenn sich unsere Erwartungen nicht erfüllen, sind wir enttäuscht und haben Zweifel. War es richtig, das Lama und die Schweine aus ihrer vertrauten Umgebung zu holen? Ich hatte auch Verantwortung für sie übernommen und mir bei meiner beruflichen Anspannung neue Pflichten aufgeladen. Außerdem würden sich zusätzliche Kosten durch das Futter und für den Tierarzt ergeben. Hatte ich das bedacht? Gerade fing ich an, meinen Traum leben zu wollen, den Hof mit Tieren zu besiedeln, da schien mich mein Mut zu verlassen. Überall sah ich Probleme.

Noch mit „Sanchos“ melancholischem Klageton im Ohr machte ich mich auf den Weg über die Weide und ging zu meinem 400 Meter entfernt liegenden Holzhäuschen. Mein „Neue-Schuhe-Gefühl“ hatte mich längst verlassen. Ich wollte Walli im Allgäu anrufen, ihr von den Neuigkeiten berichten und mir Trost holen, aber dafür war es zu früh an diesem Morgen. Walli schläft gern ein wenig länger, außerdem war sie sicher müde von der Arbeit im Krankenhaus. Schon vor der Tür hörte ich das Telefon klingeln, und ich wunderte mich, wer mich anrief. Es war Ursel, meine Vermieterin und langjährige Freundin:

„Ich habe dich schon gesucht. Dein Lama läuft hier am Zaun ständig hin und her.“

„Ich weiß, ich kann es auch nicht ändern“, antwortete ich leicht gereizt.

„Deinen Schweinen habe ich Wasser hingestellt. Aber waren es gestern nicht drei? Ich habe heute nur zwei gesehen.“

„Ja sicher, vielleicht ist eines irgendwo im Garten. Ich komme gleich und suche es.“

Ich stellte den Herd ab, wo ich Teewasser aufgesetzt hatte, und ging zurück, um nach den Schweinen zu sehen. Weit brauchte ich nicht zu gehen. Ich sah, wie „Harry“, der Eber, außerhalb des Zaunes über das Feld marschierte. Ich rief ihn, aber er reagierte nicht. Er lief wenigstens nicht am Zaun hin und her, das war auch ein Vorteil. Wahrscheinlich hatte er eine undichte Stelle im Zaun entdeckt und war nach draußen gelangt. Festhalten konnte ich den kugelrunden Burschen nicht, und so trippelte er auf seinen kurzen Beinen weiter in Richtung Straße. Ich sah „Harry“ schon in einen Verkehrsunfall verwickelt. Dabei war er nicht einmal versichert.

„Es ist besser, gleich die Polizei zu verständigen“, dachte ich mir, ging ins Haus zurück und rief die Polizeiwache an.

„Mir ist ein Tier entlaufen“, sagte ich, nachdem ich meinen Namen genannt hatte.

„Dann melden Sie das am besten gleich dem Tierheim. Ist es ein Hund oder ein Pferd?“

„Ein Schwein, ein Hängebauchschwein.“

„Ein Schwein? Gut, ich benachrichtige die Kollegen. Wie war noch Ihr Name?“

Ich wiederholte ihn.

„Wie der Rechtsanwalt?“

„Ja, das war mein Mann.“

„Den kannte ich gut“, meinte der Beamte, „und Sie haben ein Schwein?“, fragte er. Das passte wohl nicht in seine Vorstellungen von einer Anwaltswitwe.

„Ja, drei, aber eines ist gerade entlaufen, weil es noch fremd ist. Aber es ist harmlos, auch wenn es lange Hauer hat.“

„Wenn wir etwas hören, melden wir uns. Dann passen Sie mal gut auf die anderen auf.“

Inzwischen war es fast 9 Uhr, und ich wählte Wallis Nummer im Allgäu. Sie war gleich am Telefon.

„Walli, ich habe ein Lama vom Zirkus.“

Walli hatte lange vor mir das verwirklicht, wovon ich immer geträumt hatte: Einen Hof im Allgäu mit Ziegen, Haflinger-Pferden, Eseln, Katzen, Hunden, Gänsen. Da ihr Mann den Lebensunterhalt verdiente, konnte sie sich um die drei Kinder und die Tiere kümmern, und das genoss sie mit ihrer besonderen Lebensfreude. Bei unserem ersten Wiedersehen nach vielen Jahren sog ich diese Idylle ein. Wir ritten zusammen aus, und Vicky, die knapp sechs Jahre alt war, hoppelte auf einem Esel hinterher. Walli und ich kriegten bei diesem Anblick einen Lachanfall und wir konnten uns kaum auf den Pferden halten. Nach dem Ausritt gab es ein herrlich deftiges Essen und selbst gemachten Apfelmost. Wir saßen in ihrem duftenden Bauerngarten, sahen auf die Alpen, hörten die Geräusche der Tiere, genossen unser Beisammensein und lachten immer wieder bei der Erinnerung an unsere Jugenderlebnisse, die wir aufblätterten wie ein zerlesenes Lieblingsbuch.

Inzwischen sind ihre Kinder erwachsen. Nach der Krankheit ihres Mannes, der sich davon nie richtig erholte, mussten sie ihren Hof verkaufen. Walli arbeitete wieder in ihrem alten Beruf als medizinische Assistentin in der Klinik. Sie mieteten ein uriges Holzhaus, in dem sie zu einem Zeitpunkt starb, gerade als ich begann, den Traum meiner Kindheit zu verwirklichen.

„Ein Lama, wie schön, das hätte ich auch gern gehabt“, sagte sie mit einer eigentümlichen Traurigkeit.

„Wie sieht dein Lama aus?“, fragte Walli.

„Bildschön, schwarzweiß“, begann ich zu schwärmen und lenkte dann etwas betroffen ein, „ aber zur Zeit rennt es wie aufgezogen am Zaun hin und her.“

„Das gibt sich. Es ist noch fremd bei dir und kann noch nichts mit seiner Freiheit anfangen. Du musst ein bisschen Geduld haben.“

Dieser Zuspruch und dieses Verständnis, das Walli immer für mich hatte, waren wohltuend.

„Wann kommst du das Lama ansehen, und damit wir wieder lachen können?“, fragte ich und hatte Sehnsucht nach meiner Freundin.

„Bestimmt bald.“

„Walli, dein „ bestimmt bald“ kenne ich. Wann?“, wollte ich sie festlegen, was mir nie gelungen ist.

„Du weißt doch, dass ich hier schlecht wegkomme, alle brauchen mich.“ Sie lenkte mich mit einer Frage ab:

„Was ist übrigens mit der Baugenehmigung für dein Häuschen. Gibt es etwas Neues?“

Nachdem die Miete für die eine Haushälfte bei Ursel, wo ich mehr als zehn Jahre mit Klaus gelebt hatte, für Johanna und mich kaum noch erschwinglich war und ich mich nach einer räumlichen Veränderung sehnte, hatte ich mich bemüht, mein kleines Holzhäuschen auszubauen. Leider ohne Erfolg, da sich das Haus im Landschaftsschutzgebiet befand.

„Ich habe erst mal so etwas wie eine Ablehnung, jedenfalls vorläufig. Aber ich werde es weiter versuchen.“

„Du wirst es sicher schaffen, wenn du es willst.“

Ich glaubte fest daran, dass ich es schaffen würde, aber es war ein Weg mit Hindernissen und vielen Behördengängen.

„Ja, natürlich will ich. Nur der ganze Bürokratismus ist so schwierig. Jetzt muss ich Schluss machen. Jemand ruft im Garten nach mir, tschüs Walli.“

„Ade, Mariachen“, sagte sie. Niemand sonst nannte mich so. Es war wie ein Streicheln.

Karina, meine Nichte, die auf dem Grundstück neben meinem Gartenhaus wohnt, stand vor der Tür, doch nicht allein. „Harry“ hatte sie eine Hundeleine um den Bauch geknotet und hielt den unwillig grunzenden Eber energisch fest.

„Das ist sicher dein Schwein“, sagte sie in ihrer trockenen, humorvollen Art.

„Danke Karina. Super, dass du ihn eingefangen hast“, meinte ich erleichtert und gemeinsam trieben wir „Harry“ zurück in den Stall.

„Sancho“ lief noch immer am Zaun entlang.

„Da hast du dir aber viel vorgenommen“, meinte Karina.

„Wieso?“

„Na, die vielen Tiere. So einfach ist das nicht.“

„Was heißt einfach?“, fragte ich eher ein wenig erschöpft als gereizt, „es ist nie leicht, seine Träume zu verwirklichen, aber wenn du dich einmal entschieden hast, musst du auch durchhalten.“

Karina antwortete nicht; sie schien nachdenklich.

Ich erinnerte mich daran, wie sie vor einigen Monaten mit Begeisterung von einer Weltreise gesprochen hatte. Ihre Familie und Freunde staunten über den mutigen Entschluss, als junge Frau allein dieses Abenteuer zu unternehmen. Dann hatte Karina das kleine Haus mit dem großen Grundstück neben mir mieten können und den Hund einer Freundin, die diesen dringend abgeben musste, übernommen. Außerdem wurde ihr eine Arbeit in ihrem Beruf als Forstwirtin angeboten. Einige Wochen hatte Karina in einer Bäckerei gejobbt und in einer rosa karierten Schürze Kuchen, Brot und Brötchen verkauft, als sich diese berufliche Chance bot, die sie annahm. Von ihrer Weltreise erzählt Karina seitdem nichts mehr. So behält sie ihren Traum vorläufig im Herzen.

9. Mutgedanke

Es ist mutig, Veränderungen zu wagen und diese mit allen Konsequenzen anzunehmen, auch wenn sich anfangs nicht unsere Erwartungen erfüllen.

Kapitel 5

Der Stein

Das Lama nahm in den nächsten Wochen das Land hinter unserem Haus und den Stall als seinen neuen Lebensraum an. Immer seltener begab es sich mit dem klagenden Ton auf seinen Trampelpfad am Zaun, doch behielt es seine Scheu vor Menschen. Berührungen ließ es nicht zu. „Sancho“ zupfte am Gras, zermalmte die Heuhalme zwischen seinen Zähnen und lag dann wiederkäuend im Gras nahe bei den Ziegen und Schweinen. Die Spaziergänger oder Walker blieben am Zaun stehen und staunten über die Tiere auf dem Stück Land am Wald.

Der Waldkindergarten besuchte die Tiere fast täglich, und die Kleinen fütterten die Tiere mit Brot und Obst. Die Schweine schoben sich dabei gegen den Zaun, der ihrem Gewicht nicht standhielt. So musste ich ihn neu befestigen lassen. Abends ließen die Tiere ihr Futter oft im Stall liegen, weil sie zu viele Leckereien bekommen hatten. Nun war es meine Aufgabe, den Kindern und Spaziergängern ihre gut gemeinten Gaben an die Tiere zu versagen, da dies nicht gesund für sie war. Ich hatte noch nie ein Verbotsschild geschrieben. Das fiel mir ebenso schwer wie manchmal „nein“ zu sagen. Mir war es bisher wichtig, dass man mich für großzügig und freundlich hielt. Zaghaft fing ich nun an, meine Wünsche zu äußern. Den Text auf dem Schild formulierte ich einige Male neu, um niemanden zu verletzen, bis ich es endlich schaffte zu schreiben: „Bitte die Tiere nicht füttern. Kolikgefahr! Vielen Dank!“

Der Weg in ein neues Leben war nicht einfach. Unerwartet tauchten immer wieder Hindernisse auf; das wurde mir täglich bewusst. Die Tiere auf der Weide vermittelten bei Sonnenschein eine romantische Idylle, aber schon bei Regenwetter sah alles anders aus. Meine wichtigsten Kleidungsstücke wurden von nun an Gummistiefel, da ich bei Regen bis zu den Knöcheln im Matsch versank. Das tägliche Füttern hatte noch keine Gewohnheit. Die körperliche Arbeit, wie das Tragen der Wassereimer, fiel mir oft schwer, vor allem wenn ich unter Zeitdruck stand. Ich wunderte mich, warum ich dabei atemlos und erschöpft wurde. Bisher hatte ich mich für sportlich und belastbar gehalten. Statt mich bei der täglichen Begegnung mit den Tieren zu entspannen, fühlte ich mich manchmal überfordert. Die Ziegen bedrängten mich, wenn ich mit dem Futtereimer kam, dass ich mich ihrer schwer erwehren konnte. Das Lama begann, die Hängebauchschweine zu bedrängen, weil es als junger Hengst erste Frühlingsgefühle bekam. „Harry“ schubste das Lama dann mit dem Kopf weg und verletzte es dabei mit seinen messerscharfen Hauern am Hals, der heftig blutete. So sperrte ich die Schweine in einen anderen Auslauf. Doch nun waren die vier Tiere, die im Zirkus eng zusammen gelebt hatten, deutlich unzufrieden über diese Trennung und standen stundenlang wartend vor der Pforte. Mir kamen Zweifel, ob ich alles richtig machte. Ich brauchte fachmännischen Rat und fand den schließlich bei Pit Link, einem erfahrenen Tierarzt, der nicht nur Hunde, Pferde und Rinder, sondern auch Lamas behandelte und sich dabei nicht nur auf die Schulmedizin verließ. Gemeinsam überlegten wir, ob es nicht sinnvoll wäre, „Sancho“ zu kastrieren. Mit diesem Eingriff wollte ich jedoch noch einige Monate warten; es widerstrebte mir, dem noch immer scheuen Tier den Stress einer Operation mit anschließenden Schmerzen zuzumuten.

Da ich mir vorgenommen hatte, Tiere aufzunehmen, die bisher kein gutes Leben geführt hatten, überließ ich es dem Zufall, solche zu finden. Doch das kam anders: Diese Tiere fanden mich, so die pommerschen Graugänse. Bei einem Fototermin auf einem Reiterhof fiel mir eine große graue Gans auf, die aufgebracht mit lautem Rufen und ausgebreiteten Flügeln über eine Weide hin und her lief. Die Besitzer erzählten, ein Fuchs habe die anderen Gänse vom Hof geholt, und nun sei der Ganter, der nun schon seit Wochen trauerte, allein. „Sie können ihn haben, sonst werden wir ihn schlachten müssen“, sagte man mir. So fragte ich nach einer Kiste, in die wir „Anton“, wie ich den Ganter nannte, steckten und in das Auto von Ursel schafften, die mich begleitet hatte. Auf der Rückfahrt befreite sich das Tier und richtete sich auf der Hutablage ein, wo es übel riechende Spuren hinterließ, an deren Entfernen ich später mit einem Desinfektionsmittel lange arbeitete. „Mit dir fahre ich nie wieder irgendwo hin, man weiß nie, was passiert“, schimpfte Ursel.

„Anton“ setzte ich zunächst in den leer stehenden Pferdestall, wo er nicht aufhörte zu klagen. So laut war mir sein Schnattern auf dem Reiterhof nicht erschienen. Bei uns klang es wie mächtige Trompetensignale, worauf schon bald Nachbarn, eher interessiert als genervt, nachfragten, was für merkwürdige Töne von unserem Grundstück erklängen. Es bleibt für mich ein Phänomen, welche ungeheuer lauten Geräusche Gänse hervorbringen können. Vor vielen Jahren hatte ich in einem Kursaal eines westfälischen Badeortes über Ivan Rebroff bei einem Life-Konzert zu berichten. Der Sänger benutzte kein Mikrofon und dennoch zitterte der Kristallleuchter, zu dem ich staunend aufblickte. An diesen Sänger musste ich manchmal denken, wenn vor allem der Ganter mit seinem ungeheuren Stimmvolumen lostrompetete.

„Anton“ brauchte für sein Wohlbefinden die Gesellschaft von Artgenossen und einen Teich. Das war mir klar, und der Zufall brachte schon bald eine Lösung. Auf dem Nachbargrundstück eines Imkers, wo wir für unseren Heidefilm Dreharbeiten machten, entdeckte ich zwei pommersche Gänse. „Unsere Nachbarin liegt im Krankenhaus, und darum müssen die Gänse, die wir zur Zeit versorgen, leider weg!“, meinte die Frau des Imkers. Und wieder packte ich eine Kiste mit zwei Gänsen ins Auto, die ich diesmal sorgfältig zuband. In den Kofferraum lud ich noch eine alte Holzbank, die mit den langen Beinen eher an einen Tisch erinnerte. Sie begann neben dem Stall zu verwittern, und niemand hatte etwas dagegen, dass ich sie mitnahm. Ich wollte sie für meine beiden Ziegen auf die Weide stellen, da die gern klettern oder balancieren. Etwa zwei Jahre später wurde diese Bank der gemütliche Mittelpunkt in meinem neuen Häuschen.

Beim Verabschieden meinte der Imker, wenn ich schon so viele Tiere hätte, käme es doch auf eines mehr oder weniger auch nicht an. Er suchte noch Abnehmer für seine jungen Katzen. Johanna, das fiel mir dabei ein, hat eine besondere Vorliebe für kleine Katzen. Außerdem sollte man im Stall wegen der Mäuse immer eine Katze halten. So ging ich noch einmal zurück in das Haus des Imkers und schaute mir die Kätzchen an, die mit ihrer Mutter in einem Körbchen schliefen. Es bedurfte keiner Überredungskunst, ein schwarz-weißes auszusuchen, das ich mitnahm. Mit den zwei Kartons, in denen sich zwei Gänse und ein kleiner Kater befanden, und der Holzbank im Auto kam ich nach Hause, wo Ursel gerade ihre Rosen düngte.

„Du bist nicht gescheit“, meinte sie zu meinen „Mitbringseln“. Aber mit den passenden Erklärungen, dass „Anton“ dringend Gesellschaft haben müsse und eine Katze im Stall wirklich wichtig sei, vertrieb ich ihre Bedenken. So half sie mir, die beiden Gänse „Anton“ zuzuführen.

Bei einer der Gänse handelte es sich jedoch um einen Ganter. Dieser wurde bald so aggressiv auch uns Menschen gegenüber, dass ich ihn an eine befreundete Tierärztin verschenkte. Zumindest war er nicht im Bratofen gelandet, und das war mir wichtig. „Anton“ hatte genug getrauert, und nachdem er die hübsche Gans einige Male gezwickt hatte, nahm er sie als neue Gefährtin an. Ich nannte sie „Heike“, nach meiner Freundin, die ähnlich sanfte braune Augen hat.

Anfangs stellte ich eine große Schüssel mit Wasser in den Auslauf der Gänse. Sie tauchten mit ihren Köpfen hinein und kippten die Schüssel bei dem Versuch, darein zu steigen, ständig um. So besorgte ich erst ein Kinderplantschbecken, das von der Größe auch nicht ausreichte, und dann einen kleinen Badeteich aus Kunststoff. Den grub ich mühsam ein, während mich die Gänse mit langen Hälsen beobachten. Kaum war das Becken mit Wasser gefüllt, wollten sie alle zusammen hinein steigen. „Anton“ schaffte es zuerst, und seine Zufriedenheit, endlich im Wasser zu sein, erfreute mich, nur kurze Zeit, denn dieses Becken war zu klein für die Gänse. Nach zwei Tagen hatte sich der Inhalt in eine unansehnliche grünbraune Brühe verwandelt, und die Gänse stritten ständig um einen Platz darin.

„Hätten Sie vielleicht zwei Stunden Zeit?“, sprach ich ein paar Tage später einige Männer an, die in unserer Straße mit einem großen orangefarbenen Bagger einen Graben für die Kanalisation aushoben.

„Warum?“, wunderte sich einer von ihnen.

„Ich brauche eine Grube für einen Teich.“

„Wie groß soll der werden?“

„Etwa so“, meinte ich und wanderte eine Strecke von etwa zehn Mal fünf Metern auf der Straße ab.

„So groß?“, staunte einer der Männer, „das geht nicht in zwei Stunden. So was müssen Sie auch mit dem Chef besprechen.“

Ich ließ mir die Telefonnummer geben und verhandelte mit dem Chef. Der kam darauf zu uns und begutachtete das Gelände. Wir einigten uns auf einen Preis, und drei Tage später begann der Baggerfahrer die Kuhle auszuheben. Dabei stieß die Baggerschaufel plötzlich auf einen Widerstand. Gemeinsam versuchten wir, mit Schaufeln und Spaten das Hindernis freizulegen. Es handelte sich um einen ungewöhnlich großen Findling aus der Eiszeit, den man in dieser Gegend öfter in der Erde vorfindet.

„Der ist zu schwer, den kriege ich nicht weg", stellte der Baggerfahrer fachmännisch fest.

„Und jetzt?", fragte ich ratlos und sah mein Vorhaben, einen Teich für die Gänse zu bauen, durch diesen riesigen Felsen zum Scheitern verurteilt. Doch ich wollte nicht aufgeben. Wir unterbrachen die Arbeit, und ich kochte Kaffee. Dabei überlegte ich mir, dass die Grube um einige Meter verlegt werden könnte. Das würde ein oder zwei Stunden an Zeit und etwas mehr Geld kosten, aber es wäre möglich. Die Männer akzeptierten meinen Vorschlag, und nach der Kaffeepause ging die Arbeit weiter. Den ausgehobenen Boden ließ ich gut 20 Meter weiter auf der ehemaligen Reitbahn als halbrunden Wall anschütten. Bevor ich nachmittags zu einer Pressekonferenz nach Hamburg fuhr, hielt ich bei dem Baggerfahrer an, der wieder an dem Graben in der Straße arbeitete, bedankte mich und wollte die verabredete Summe zahlen. Der Mann begutachtete mich und schien mich nicht zu erkennen.

„Sie bekommen noch Geld von mir", meinte ich.

„Von Ihnen?"

„Ja, Sie haben doch vorhin die Grube für den Teich bei mir ausgehoben."

„Das waren Sie?"

„Ja, ich habe mich nur umgezogen. Noch mal herzlichen Dank", sagte ich und gab ihm das Geld in seine erdigen Hände.

Auf der Autofahrt überlegte ich mir, ob ich mich umgezogen oder eher verkleidet hatte. Wer war ich wirklich? Die Frau, die im Kostüm und mit High-Heels in die Stadt fuhr oder die in Arbeitskleidung mit Gummistiefeln und Hut auf dem Land arbeitete? Für meine berufliche Tätigkeit ist eine entsprechende Aufmachung notwendig, zu der ich auch stehe. Aber kaum bin ich wieder zu Hause, schlüpfe ich in meine praktische Kleidung. Darin fühle ich mich wohl. Meine Tiere zeigen keine Beachtung für meine Kleidung. Sie nehmen mich so wahr wie ich bin.

Es dauerte zwei Tage und zwei Nächte, bis der Teich, der mit einer Folie ausgelegt wurde, mit Wasser voll gelaufen war. Endlich trieb ich die Gänse vom Garten auf das Pachtland zu ihrem ersten Badetag. Mit Vorsicht watschelten sie in den Teich und veranstalteten dort ein ausgelassenes Schwimmfest. Alle Schwerfälligkeit, die Hausgänse an Land zeigen, fiel von ihnen ab. Sie tauchten quer durch den Teich wie Pinguine oder Delphine und flatterten dann über die Oberfläche, wobei nur ihre Füße das Wasser leicht berührten. Es war ein Genuss für mich zu erleben, wie wohl sich meine Gänse in ihrem Element fühlten und wie sie ihre natürlichen Fähigkeiten entfalteten.

Beim Betrachten meiner Gänse erinnerte ich mich an die Begegnung vor gut drei Jahrzehnten mit dem Verhaltensforscher Professor Dr. Konrad Lorenz. Mit meinem Vater hatte ich den bekannten Wissenschaftler besucht. Alle Veröffentlichungen über seine Arbeit mit den Graugänsen hatte ich fasziniert gelesen, und da ich zu dem Zeitpunkt noch überlegte, beruflich einmal mit Tieren zu arbeiten, freute ich mich auf dieses Treffen. Wir trafen den Professor in seinem Büro. Er saß an seinem Schreibtisch. In der Wand dahinter war ein riesiges Aquarium eingelassen. Unvergessen bleibt mir der Anblick eines ungewöhnlich großen, silbernen Fisches, der ruhig, fast unwirklich, im Wasser stand, was wie ein Gemälde auf mich wirkte. Professor Lorenz stellte uns nach einem kurzen Gespräch über seine Arbeit bei einem Rundgang in einem Gewächshaus einem seiner wissenschaftlichen Mitarbeiter vor. Ich sah ihm über die Schulter bei der Arbeit zu, während er über ein Mikroskop gebeugt saß und die Flügel eines seltenen Falters untersuchte. In einem Käfig daneben flatterten etliche von ihnen.

Ich erkannte, die Arbeit mit den Graugänsen auf dem Hofgelände und am Wasser waren ein Teil der Arbeit des Institutes, das Untersuchen der Schmetterlingsflügel ein anderer. Was erwartete mich, wenn ich mich entscheiden würde, Verhaltensforscherin für Tiere zu werden? Niemals würde ich den ganzen Tag in einem Labor verbringen wollen, und so nahm ich die Erkenntnis mit, endgültig einen anderen Berufsweg, den der Journalistin, zu wählen.

„Heike“ und „Anton“ gewährten mir viele Jahre mehr als nur einen Einblick in die Verhaltensweise von Gänsen. Wenn ich mich später – endlich angekommen auf dem kleinen Hof – zu ihnen hockte, versank ich beim Blick in ihre dunklen Augen mit der orangefarbenen Umrandung für kurze Momente dort, wo das Universum grenzenlos, ohne Raum und Zeit ist. Dabei vergaß ich auch die blauen Flecken, die ich anfangs durch ihre Bisse erhalten hatte. Wie bei den anderen Tieren dauerte es eine geraume Zeit, bis sie mir vertrauten, ihre alten Verletzungen durch Menschen nicht mehr in Verbindung mit mir brachten, die ich ja auch zu dieser „Gattung“ gehöre. Diese Zuneigung und Vertrautheit zwischen uns, die sich auch nicht mehr änderte, wenn ich sie bei Krankheiten behandeln und damit bedrängen musste, wurde das schönste Geschenk für mich. Ihre Liebe oder Zuwendung, die kein Ersatz für die Liebe eines Partners ist, was einige vermuteten, seit ich allein lebe, ist frei von jeder Berechnung. Ich habe Respekt vor der Eigenart jedes einzelnen Tieres, versuche ihnen ein artgerechtes Leben zu geben, gutes Futter und einen trockenen Stall. Ich erwarte keine Zuneigung dafür. Ich wünsche mir für meine Tiere ein schönes Dasein, und wenn ich spüre, sie fühlen sich wohl, dann finde ich bei ihnen, wenn sie sich in der Sonne wärmen, wenn sich unsere Blicke treffen, ein kleines Stück vom Paradies.

10. Mutgedanke

Es ist mutig, Steine, die auf unserem Weg liegen, wegzuräumen oder über sie hinwegzusteigen. Wenn wir das geschafft haben, öffnen sich neue Wege und Möglichkeiten. Umzukehren, wenn wir gegen ein Hindernis stoßen, wäre verkehrt.

Kapitel 6

Die Krankheit

Der Bau des Teiches hatte – neben den anderen täglichen Pflichten – viel Kraft gekostet. In jeder freien Stunde arbeitete ich an der Umrandung, die ich mit Mutterboden und Grasplacken abdeckte. Dabei überhörte ich, wenn mein Körper sich meldete. Diese Ignoranz sollte sich bald rächen. Statt mir mehr Ruhe nach der schweren Zeit während Klaus' Krankheit und seinem Tod zu gönnen, wollte ich mir beweisen, dass ich belastbar und stark war. Ich schlief zu wenig, arbeitete viel und aß unregelmäßig. Selten fand ich Entspannung, zumal ich ständig Sorgen durch neue auftauchende Nachlassprobleme hatte. Überdies kostete eine neue Begegnung Kraft und Engagement. Tief in mir gab es die Angst, mein Leben nicht allein meistern zu können.

Mit Schüttelfrost und Fieber begann eines Morgens eine Krise, die mich fast aus meinem Lebensboot geworfen hätte. Ich glaubte, eine Grippe zu bekommen, und fühlte mich zu schwach zum Aufstehen. Ich nahm zwei Aspirin und verkroch mich immer tiefer unter meine Bettdecke. Das Fieber sank nicht. Wie oft hatte Klaus während seiner Krankheit über eine Schwäche geklagt, die ihn oft mehr quälte als die Schmerzen. Ich begann ihn zu verstehen, denn ich hatte nicht mehr die Kraft, die Tiere zu versorgen, und bat Ursel und meine Töchter, diese Aufgabe zu übernehmen. Zur Decke starrend grübelte ich darüber, ob sie auch alles bedacht hätten: das Trinkwasser frisch nachzufüllen, beim Schweinefutter das Leinöl nicht zu vergessen, für „Sancho" genug Raufutter aufzuschütten und die Tür zum Stall nicht zufallen zu lassen. Diese Sorgen verwässerten in eine müde Gedankenlosigkeit. In den nächsten Tagen wurde ich immer teilnahmsloser, und ich gab mich diesem Zustand hin. Zum ersten Mal in meinem Leben kämpfte ich nicht, wehrte mich nicht und ließ das Müdesein zu. Das Fieber stieg, und zwischen dem Dahindämmern und einem unruhigen Schlaf glaubte ich eines Morgens einen alten Mann in meinem abgedunkelten Zimmer neben dem Fenster zu sehen. Er verhielt sich ruhig, schien auf mich zu warten.

Seine Erscheinung beunruhigte mich nicht, doch ich dachte in manchen Momenten mit Sorge an Johanna und die Tiere. Würden sie ohne mich zurechtkommen?

In einem wachen Zustand fiel mir zudem ein, dass ich einen Abgabetermin für eine Reportage versäumt hatte. Es handelte sich um einen Bericht über ein Sterbehospiz für das BIO-Magazin. Einige Tage, bevor ich krank geworden war, hatten mir die Kraft, auch der Mut gefehlt, mich mit diesem Thema zu befassen. Es lag noch keine zwei Wochen zurück, als ich während des Besuchs in dem Haus den leitenden Mediziner gefragt hatte, ob hier jeder, zum Beispiel auch ich, aufgenommen würde. „Natürlich“, hatte er geantwortet, „aber Sie sehen nicht so aus, als wenn Sie in nächster Zeit zu uns kommen.“

Wie schnell kann sich im Leben alles ändern? Ich fühlte mich schwer krank und bemerkte beim Blick in den Spiegel, dass sich der Ausdruck meiner Augen verändert hatte. Das sah ich mit Sorge. Ursel brachte mir Kartoffelbrei ans Bett; ich probierte davon, ließ das Essen aber stehen. Es schien mir einen bitteren Geschmack zu haben. Als nach sechs Tagen keine Besserung einsetzte und ich immer noch matt mit Fieber im Bett lag, war mir bewusst, dies war keine übliche Grippe. Es musste etwas geschehen: ein Besuch beim Arzt.

Aber es gab noch etwas anderes, das sich in meinem Leben verändern würde. Von dem Weg in eine neue Zweisamkeit, den ich gerade einschlug, musste ich abbiegen und allein weitergehen. Ich lebte seit vielen Monaten gegen mich, konnte meine Gefühle nicht einordnen, war gereizt und so abgelenkt, dass ich begann, meinen Traum zu verlieren. Vielleicht brauchte ich endlich diese Zeit zum Nachdenken, während ich krank im Bett lag und mein Blick häufig auf das Bild an der gegenüber liegenden Wand fiel. Vor einiger Zeit hatte ich dieses Poster in Frankreich gekauft. Mit einigen Freunden hatten Marek und ich eine Fahrt auf einem Kanal in Frankreich unternommen und das Boot eine Woche lang durch eine herrliche Landschaft von Schleuse zu Schleuse gelenkt. Von so einer Fahrt hatte ich schon immer geträumt. Für Marek und mich war es nach unserem Kennenlernen vor gut einem Jahr die zweite Reise. In einer Stadt, wo wir im Hafen angelegt hatten, fand ich in einem kleinen Geschäft in einer romantischen Gasse dieses Bild, das ich später in mein Schlafzimmer hängte. Es zeigt in einfacher Linienführung und Farbgebung eine Frau mit kurzem, dunklem Haar, die dem

Betrachter den Rücken zuwendet. Vor ihr steht ein großer Mann in einem langen, fließenden Mantel, den er beschützend um den bloßen Rücken der Frau legt. Sollte ich mich in dieser Frau auf dem Bild erkannt haben, die sich nach Schutz, nach einem Robin Hood gesehnt hatte, überlegte ich beim zeitlosen Betrachten des Bildes. Hatte ich bei meiner ersten Begegnung mit Marek an einer Tankstelle in ihm den Beschützer sehen wollen?

Mit meinem Wagen war ich wegen einer Reparatur in die Werkstatt gefahren und hatte während des Wartens durch die große Glastür nach draußen geschaut. Ich beobachtete einen Mann, der seinen Wagen aussaugte. Mir gefiel die Art, wie er diese Arbeit ruhig und sorgfältig erledigte, ebenso wie sein natürliches Aussehen. Er trug eine braune Kordhose und eine gewachste Jacke. Als er sich umdrehte, erkannte ich in ihm einen polnischen Arzt, der auch Klaus während seiner Krankheit behandelt hatte. Er wohnte mit seiner Tochter in unserer Stadt und seit dem Tod seiner Frau allein, wie ich. An der Kasse in der Tankstelle trafen wir uns, grüßten einander und kamen ins Gespräch. Dabei verabredeten wir uns zu einem gemeinsamen Essen.

Ich gab mir Mühe, Marek nicht ständig mit Klaus zu vergleichen, was mir nicht gelang, obwohl es keine Ähnlichkeiten gab. Das begann schon beim Äußeren, denn Klaus hatte kaum Haare, Marek dagegen viele Locken, die denen unseres Pudel-Terriers „Shirley" ähnelten, sodass ich fast versucht war zu fühlen, ob sie sich genau so anfassen, was ich natürlich nicht tat. Der polnische Akzent klang ungewohnt, und überhaupt empfand ich es befremdend, einem Mann gegenüber zu sitzen, mit dem ich nicht – wie in den letzten Jahren üblich – über berufliche Themen sprach. Wir redeten über unsere verschiedenen Lebenswege und über unsere Kinder. Bei weiteren Treffen und Gesprächen lernten wir einander besser kennen und entdeckten einige gemeinsame Vorlieben wie Spaziergänge in die Natur, das Fotografieren, Radfahren, Schwimmen und die Ansichten über einige Lebensweisen. Marek besuchte mich einige Male, und während wir zusammen am Tisch aßen, bemerkte ich, dass es Johanna missfiel. Als Marek seine Hand auf meine legte, stand sie demonstrativ auf und verließ den Raum. Marek schien ein ähnliches Verhalten bei seiner Tochter zu erleben, die acht Jahre älter als Johanna ist, doch sprach er nicht mit mir darüber. Es sollte auch eine Weile dauern, bis er uns einander vorstellte. Später empfand ich sein Verhalten, seine Konflikte nicht auszusprechen, fast wie einen Verrat seiner Tochter und mir gegenüber, und es hinterließ Spuren der Verletzung.

Eines Tages, als das erste Treffen an der Tankstelle einige Wochen zurücklag, traf ich Marek vor der Schule wartend, die unsere Töchter besuchten. Er wirkte beunruhigt. Zu wenig waren wir uns vertraut, dass ich sein Verhalten deuten konnte. Abends erzählte er mir, seine Tochter habe ihm in einem Brief ihre Sorge über sein verändertes Verhalten geschrieben und ihre Angst geäußert, sie könne ihn verlieren.

Darüber wollte er in seiner Mittagspause an der Schule mit seiner Tochter reden. Neuen Problemen wollte ich aus dem Weg gehen und zog mich zurück. Aber als Marek mich wenige Tage später einlud, ihn und seine Tochter zum Einkaufen zu begleiten, sagte ich zu und war gespannt auf das erste Treffen. Kristina war ein hübsches, junges Mädchen, sehr gepflegt und selbstbewusst. Sie begrüßte mich freundlich und sprach mit ihrem Vater während der Fahrt polnisch, was mich aus ihren Gesprächen ausschloss. Acht Jahre hatten Vater und Tochter allein gelebt. Ich war mir nicht sicher, ob sie bereit waren, ihre Gewohnheit zu ändern und in ihr gemeinsames Leben einen neuen Menschen einzubeziehen, ihn nicht als eine Bedrohung, sondern eine Bereicherung zu sehen.

Um auf Johannas Ablehnung reagieren zu können, holte ich mir Rat bei dem Psychologen der Uniklinik, in der Klaus während seiner schweren Krankheit gelegen hatte. Schon damals hatte er mir geholfen, wie auch jetzt: „Nach drei Jahren Alleinsein haben Sie das Recht, einen Mann kennen zu lernen. Das dürfen Sie Ihrer Tochter verständlich machen", was ich darauf auch tat, indem ich einige Tage mit Marek und Freunden nach Rom flog. Johanna akzeptierte von nun mein Verhalten und auch Marek.

Trotz der Freundlichkeit bei allen Begegnungen mit Marek und seiner Tochter erlebte ich eine Barriere, auch durch die unterschiedlichen Nationalitäten, die zu überwinden gegenseitige Toleranz und eine gewisse Richtungsweisung gefordert hätten. Das schafften wir nicht.

Schweigen, Gedanken und Sorgen nicht auszusprechen bringt keine Lösung, so entfernte ich mich innerlich von Marek, um meinen Weg in das neue Leben allein weiter zu gehen. Doch fand ich nicht den Mut, das klar zu äußern, vielleicht auch aus Angst vor einem Alleinsein. So machte ich Zugeständnisse, lebte gegen mich und überforderte mich. Doch Selbstbetrug ist schädlich. So begann mein Unterbewusstsein zu rebellieren. Die körperlichen Signale nahm ich nicht ernst. Vielleicht kam ein

Infekt hinzu, und so kam es zu diesem Zusammenbruch, den ich anfangs für eine normale Grippe hielt.

Meine Freundin, die Ärztin Katrin, die Klaus durch seine schwere Krankheit begleitet hatte, rief mich mehrmals an und bestand schließlich darauf, dass ich ihre Praxis aufsuchte. So folgte ich endlich ihrem Rat, und da ich mich inzwischen kaum auf den Beinen halten konnte, fuhr mich Ursel dorthin. Das Blutbild zeigte so schlechte Werte der Leber, dass ich sofort ins Krankenhaus überwiesen wurde. Hier war Klaus vor drei Jahren gestorben, und alles in mir sträubte sich, nun selbst als Kranke hineinzugehen. Mein Widerstand zerbrach an meiner Schwäche. Drei Tage lang erhielt ich durch eine Infusion Antibiotika, und das Fieber sank. Ausgiebige Untersuchungen brachten keine Diagnose, und die Ärzte rätselten, was die Ursache für meine Erkrankung sein könnte. Meiner Bettnachbarin, einer alten Dame, die wie meine Mutter Edith hieß und mich auch an sie erinnerte, verdanke ich, dass ich nach einer Woche das Krankenhaus, wenn auch auf eigenen Wunsch, aber fieberfrei und mit passablen Werten verließ. Edith war gestürzt und wollte nur ihren Brustkorb röntgen lassen. Zwei Wochen lang war sie daraufhin „auf Herz und Nieren" untersucht worden. Als bei mir die ersten Untersuchungen begannen und weitere geplant waren, meinte sie vom Nebenbett:

„So hat es bei mir auch angefangen. Jetzt liege ich schon 14 Tage hier. Inzwischen fühle ich mich schon richtig schwach und krank. Dabei möchte ich endlich nach Hause."

Ich wollte nicht in diese Tretmühle der Untersuchungen geraten. Zudem spürte ich, dass mein Lebenswille und mein Glaube mich heilen würden, worüber ich später viel Interessantes erfuhr. Ich hatte viel vor. So bedankte ich mich bei allen Schwestern und Ärzten und ging nach Hause, allerdings sehr geschwächt, was auch noch lange andauern sollte.

„Du hast Glück gehabt", meinte meine Freundin Walli, „du hättest auch in ein Leberkoma fallen können."

„Und dann?", fragte ich.

„Dann schläft man ein."

Ich erinnerte mich an die Erscheinung des Mannes neben meinem Bett und erkannte im Nachhinein, wer das gewesen war. Ich fühlte, ich hatte eine neue Chance bekommen, und die wollte ich nutzen. Dabei kam mir eine Begegnung zu Hilfe, die mir viel Kraft und vor allem eine neue Gesundheit auf meinem Weg in das neue Leben gab.

Mein Kollege und Freund Uli hatte mich, bevor ich krank geworden war, etliche Male aufgefordert, ihn nach Gifhorn zu begleiten, wo er sich von einer Heilpraktikerin behandeln ließ. Er konnte mir die Behandlungsweise nicht überzeugend vermitteln, zudem liegt Gifhorn fast 200 Kilometer von uns entfernt. So ließ ich ihn allein fahren, bis es zu einem zufälligen Treffen kam: Es war an einem sonnigen Nachmittag, als Vicky und ich von einem Gespräch mit einem Sponsoren für mein geplantes Buchprojekt über Bäume von Hamburg nach Hause fuhren und ich unterwegs Uli anrief. „Wo bist du?", fragte ich ihn, der als freier Journalist ständig unterwegs ist. „In Hamburg. An der Alster gegenüber vom Literaturhaus."

„Was für ein Zufall, wir sind nur fünf Minuten entfernt. Bestell schon mal einen Kaffee. Wir kommen gleich", freute ich mich.

Uli saß nicht allein unter einem Sonnenschirm. Neben ihm trank eine mir nicht bekannte Frau einen Eiskaffee. Das war Sabine Linek[3]), die Heilpraktikerin aus Gifhorn, von der mir mein Freund schon viel erzählt hatte. Eine Weile musterten wir uns und kamen dann ins Gespräch. Sabine war mir auf ihre ruhige Art sofort sympathisch, beinahe vertraut. Sie erzählte von ihrer Arbeit als Heilpraktikerin und einer eigenen Therapiemethode; das interessierte mich auch beruflich und so verabredeten wir einen Termin in ihrer Praxis. Beim nächsten Besuch in Gifhorn wollte ich Uli begleiten, und das war schon eine Woche später.

Sabine hat sich auf die Dunkelfelddiagnostik, eine Untersuchung des Blutes, spezialisiert und eine eigene Therapie aus Ozon, isopathischen, spagyrischen und homöopathischen Mitteln entwickelt. Mit ihrem besonderen Talent, in einem Blutstropfen den ganzen Körper des Menschen sowie seine kranken Organe zu erkennen, und der Gabe, kranken Menschen Mut zu machen, hat sie vielen Menschen geholfen. Inzwischen kommen täglich viele Patienten zu ihr und werden nach der Diagnose von einem großen Team behandelt. Da ich später auch über sie berichtete, sprach ich mit einigen ihrer Patienten, und es war beeindruckend, wie vielen Menschen sie geholfen hatte, den Weg aus den unterschiedlichsten Krankheiten zu finden. Bei ihrer Behandlung nach Professor Dr. Günther Enderlein geht es darum, das Blut in einen guten, gesunden Zustand zurückzuentwickeln, damit es die Zellen und die Organe wieder besser versorgt.

Beim ersten Mal saß ich nun vor ihrem Schreibtisch und sah mit Schrecken auf den Monitor in mein Blut, das an einen trüben Tümpel erinnerte. „Dir geht es nicht gut", meinte Sabine, und ich konnte das nur bestätigen. Abgesehen von der akuten Krankheit vor einigen Wochen hatte ich seit Klaus' Tod einige gesundheitliche Probleme wie Herzklopfen, Kopfschmerzen, Bluthochdruck, Sehstörungen, Magenschmerzen und einiges mehr, was mich in meinem Tatendrang, aber auch in meiner Arbeit einschränkte. Ängstlich rutschte ich vor dem Schreibtisch immer tiefer in meinen Stuhl. Ich fühlte mich elend.

„Eigentlich geht's mir richtig mies", sagte ich kleinlaut, „und ich habe noch so viel vor."

„Das kriegen wir wieder hin", meinte Sabine, und von da an wurde sie für mich nicht nur meine „Heilerin", sondern eine Freundin.

Jede Woche fuhr ich einmal den weiten Weg von Buchholz nach Gifhorn hinter den Kolonnen der Rübentransporte auf den Weg zur Zuckerfabrik nach Uelzen her, kam etliche Male in eine Radarfalle, die an dieser Strecke nach jeder Ortschaft stehen. Schon nach einigen Wochen und gut zehn Behandlungen fühlte ich mich gesund und stark, wie seit Jahren nicht mehr. Vielen Freunden und Bekannten berichtete ich von Sabines Talent, und etliche begaben sich in ihre Behandlung.

Natürlich erzählte ich auch Walli davon, und mit großem Interesse hörte sie zu und wollte alles über die Behandlungsmethoden erfahren.

„Du musst zu Sabine", drängte ich sie, „das wird dir gut tun", und meine Freundin versprach, bald zu kommen. Auch wollte sie ihren Mann und ihre Tochter, die sich als junge Ärztin für alternative Heilmethoden interessierte, mitbringen.

„Komm doch erst mal allein", bat ich eindringlich, „sonst wird es zu umständlich."

„Ja", versprach sie, „ich versuche, so bald wie möglich Urlaub zu bekommen."

Es vergingen einige Monate nach diesem Versprechen, und als ich eines Abends anrief, meinte ihr Sohn, die Eltern seien nach Tübingen in die Heimat des Vaters gefahren, wo er sich eine Grabstelle aussuchen wollte. Ich war empört. Statt sich bei Sabine in den Jungbrunnen zu begeben, hatten sich die beiden auf den Weg zum Friedhof gemacht. Warum hatte Walli nichts davon erzählt? Sie rief mich zwei Tage später an. Es ging ihr nicht gut, meinte sie und klagte über Schmerzen im Unterbauch und ständige Übelkeit.

„Seit wann hast du das?"

„Eigentlich schon eine Weile, aber ich dachte, das komme vom Stress und den Nachtdiensten."

„Du hast mir nie davon erzählt."

„Ich dachte, es gehe allein wieder weg."

Wieder einmal war ich überrascht, wie weit oft gerade nahe stehende Menschen von uns entfernt sind. Wir glauben, sie zu kennen und einschätzen zu können. Umso mehr erstaunt uns ihr Verhalten, mit dem wir nicht rechnen. Wallis Schweigen war mir unerklärlich. Bei dem Telefongespräch erinnerte ich mich daran, dass meine beste Freundin mir lange Zeit vorenthalten hatte, dass ihre Mutter an Krebs gestorben war, als sie gerade acht Jahr alt war. Wallis Stiefmutter hatte ich so für ihre leibliche Mutter gehalten und mich oft gewundert, wie wenig die beiden sich ähnelten.

„Bitte, Walli, komm zu mir, dann fahren wir zusammen zu Sabine. Sie wird dir helfen."

Sie sagte ernsthaft zu, aber zuvor wollte sie sich in dem Krankenhaus, in dem sie arbeitete, untersuchen lassen. Von dieser Arbeit, die sie mit fast 50 Jahren noch angenommen hatte, hielt ich nicht viel, da sie mit anstrengenden nächtlichen Notdiensten in der Strahlen- und Röntgenabteilung verbunden war. Nach der Krankheit ihres Mannes hielt Walli es für notwendig, ihre drei Kinder im Studium zu unterstützen. Die Arbeit mache ihr Spaß, ebenso wie der Kontakt mit den Kolleginnen, meinte sie, doch ich hörte heraus, dass die zusätzliche Belastung für sie schwer zu bewältigen war. Es war nicht nur die Unterbrechung des Schlafes. Sie hatte sich einen neuen Stress im Arbeitsleben zugemutet, den sie nicht mehr gewohnt war. Auch hatte sie Zweifel an manchen schulmedizinischen Behandlungen.

Als sie nach der Untersuchung wieder anrief, weinte sie laut.

„Ich habe Darmkrebs mit Metastasen in der Leber. In der nächsten Woche werde ich operiert."

Das war ein Schock; ich war nicht bereit zu glauben, was ich hörte. Es fiel mir schwer, Worte zu finden.

Meine Freundin kam dann einige Wochen später zur Behandlung. Ich holte sie vom Flughafen in Hamburg ab, und wir fuhren von da aus gleich nach Gifhorn. Eine ständige Übelkeit und Erbrechen nahmen ihr jede Energie. Ihr Blut ähnelte nicht einmal einem Tümpel, es schien – leblos. Sogar Sabine war erschrocken. Sie untersuchte einen weiteren Blutstropfen, der nicht viel besser aussah.

„Ich kann nichts versprechen“, meinte die Heilpraktikerin, „aber ich werde alles versuchen.“

Walli blieb zwei Wochen in Gifhorn und wurde täglich behandelt. Ihr Zustand verbesserte sich deutlich. Sie lebte noch fast zwei Jahre nach der Operation, in denen sie die unterschiedlichsten Therapien probierte. Lange diskutierte sie mit mir, ob sie sich der Chemotherapie unterziehen sollte. Nach wenigen Tagen brach sie diese ab, weil sie jeden Tropfen des Mittels, der ihren Krebs bekämpfen sollte, wie ein Gift aufnahm.

„Alles schmeckt und riecht in mir danach. Es ist unerträglich“, stöhnte sie.

Wir hatten die Chance, bis die Krankheit gnadenlos nach ihr griff und ihren Körper zerstörte, gemeinsame schöne Stunden zu erleben, in denen wir fröhlich und ausgelassen wie in unserer Jugend waren. Beim Richtfest meines Hauses tanzten wir zusammen, und Walli erlebte noch mit, wie Wirklichkeit wurde, wovon ich seit jeher geträumt hatte. Sie kannte wie kein anderer Mensch meine Sehnsüchte und Enttäuschungen in den vergangenen Jahrzehnten. Warum, immer wieder stellte ich mir die Frage: Ist sie gegangen? Hatte sie ihren Traum gelebt mit ihren Kindern und den Tieren auf einem idyllischen Bauernhof, und tief innen war es ihr nun genug des Lebens in dieser Welt mit all den Mühen und Pflichten? Darüber sprachen wir nie. Diese Nähe ließ sie nicht zu. Vielleicht waren es Geheimnisse, die sie ähnlich wie Klaus sogar vor sich selber hatte.

Eine Krankheit, so erfuhr ich, hat häufig ihren Ursprung in einer Disharmonie zwischen Körper und Seele. Wenn wir auf den Schmerz, der sich anfangs noch leise meldet, in unserem Inneren hören und ihn als Botschaft der Seele erkennen, kann es einen Weg der Heilung geben, wenn wir es wirklich wollen. Dabei gibt es viele Möglichkeiten der Behandlung.

Mir hatte mein Kranksein für einige Zeit alle Entscheidungen über das tägliche Leben abgenommen, und ich hatte Zeit nachzudenken: Ich hatte begonnen, meinen Traum zu verwirklichen, und war gerade auf dem Weg, mich selbst zu finden. Johanna, meine Mutter und meine Tiere brauchten mich. Schon ihretwegen musste ich so schnell wie möglich gesund werden. Wieder einmal hatte mein Schutzengel auf mich aufgepasst, ich versprach, künftig vorsichtiger zu sein – mit mir und mit dem Umgang meiner Gefühle, nicht nachtragend oder sogar verachtend zu sein, wenn Erwartungen sich nicht erfüllen. Denn jede Partnerschaft,

Freundschaft und Liebe ist ein Zusammenspiel von zwei Menschen. Ihre Berührungspunkte sind immer „der kleine Teil eines Ganzen“, begrenzt von der Sterblichkeit allen Lebens und Fühlens.

Das Ganze, der Mensch, besteht aus der Einmaligkeit seiner Persönlichkeit. Die Kunst des Lebens und Liebens ist es wohl, den „kleinen Teil des Ganzen“ mit Hingabe zu pflegen, und darüber hinaus zu reifen und dem entgegen zu wachsen, was wir nicht auf dieser Erde finden. Auch sollten wir unsere Gefühle, die wir einem Menschen geschenkt haben und die wir selbst empfinden, als etwas Kostbares bewahren, Türen nicht zuwerfen, bereit sein zu einer guten Wandlung der Gefühle, die Hass, Verachtung und Eifersucht ausschließen, denn die machen uns ebenso krank.

Darüber dachte ich bei den langen Spaziergängen in der Natur nach und fand so einen neuen Weg in der Begegnung mit Marek. Ich erwartete keine Änderung von ihm, sah ihn, wie er ist, und freute mich über seine vielen guten Eigenschaften.

11. Mutgedanke

Es ist mutig, darauf zu hören, welche Botschaft jede Krankheit für uns hat. Sie vermittelt, was wir in unserem Leben ändern oder unterlassen sollten, um stark und gesund zu sein.

Kapitel 7

Die Ziegen

Mir war, als sei ich gestärkt mit neuer Unternehmungslust und Freude auf das Leben wie aus einem Winterschlaf erwacht. So wagte ich mich wieder an die Dinge, die ich bisher weg geschoben hatte.

Ich schrieb endlich den ausstehenden Bericht über das Hospiz und stellte einen erneuten Bauantrag für die Erweiterung meines Häuschens. Meine Entscheidung, die verträumte Idylle, wohin ich mich gern zurückzog und wo ich alle häuslichen Pflichten und die Hektik des Alltags hinter mir ließ, einzutauschen gegen ein neues Heim, zu dem auch eine Waschmaschine gehörte wie eine Telefonanlage und alles, was das tägliche Leben an notwendigem Ballast mit sich bringt, war gefallen. Ich ahnte, dass der Umbau Stress, Kosten und Probleme mit sich bringen würde. Wie oft hatte mein Vater, für den als Architekt das Bauen zum Leben gehörte, gefragt, warum ich nicht endlich einen Umbau plane. Meine Ausrede war jedes Mal, dass ich im Landschaftsschutzgebiet nicht bauen dürfe. Aber ich wollte auch nicht diese Mühen auf mich nehmen. Gerade mein Vater hatte mir vorgelebt, wie viele Anstrengungen mit dem Bauen verbunden sind. Fast täglich kam er spät abends erschöpft nach Hause, klagte über Kopfschmerzen, hatte Probleme mit Bauherren und Handwerkern, um Termine einzuhalten. Natürlich ist der Umbau eines Gartenhäuschens nicht mit seinen Bauobjekten wie Kirchen oder Krankenhäusern zu vergleichen, dennoch hatte ich diese Erinnerung aus meiner Kindheit und Jugend nicht vergessen. Auch wollte ich mir lange Zeit meine kleine Insel inmitten der Wildnis erhalten und sie nicht dem Alltagstrott und all seinen Pflichten öffnen.

Nun bestand schon aus finanziellen Gründen die Notwendigkeit einer Veränderung unserer Wohnsituation. Johanna und ich würden umziehen, und ich wünschte mir eine Schar Hühner, die vor dem Haus pickte, einen großen Hund, der uns beschützte, und hinter dem Haus auf der Weide sollte ein Lama grasen. Da war sie wieder, diese Vision, und sie rückte aus dem Nebel der Vorstellungen immer mehr in die Realität.

Wir werden in unserem Leben häufig in eine Richtung geführt, die uns bestimmt ist, aber es ist zuweilen unsere Aufgabe, nicht nur abzuwarten, was geschieht, sondern auch aktiv zu werden. Von allein würde mir keine Baugenehmigung ins Haus wehen, und, wenn ich mich nicht rührte, würde mein Häuschen auf dem wilden Grundstück mit dem großen Walnussbaum dahinschlummern wie das Schloss von Dornröschchen hinter den Dornen und mit immer mehr Efeu zuwachsen. So baute ich mein Haus schon einmal in Gedanken: Nicht groß, aber mit Raum genug für Johanna und mich, aus Holz und Lehm, dennoch modern, und vor allem sollte es gemütlich sein, sich in die Landschaft schmiegen. Wieder war es ein Zufall, der mich ahnen ließ, dieses Vorhaben würde gelingen, wenn ich es wirklich wollte.

Auf meiner Fahrt zum Büro der Heideland Touristik, wo ich die Pressearbeit übernommen hatte, hielt ich, wenn es die Zeit erlaubte, in dem Heideort Jesteburg an einem Laden mit alten Sachen und Antiquitäten und stöberte hier. Oft fand ich Kleinigkeiten, wie Küchengeräte, alte Scharniere, Türklinken, Fliesen, die ich günstig kaufte. Die Vorstellung, wie ich diese Dinge eines Tages in mein Haus integrieren würde, wuchs bei allen neuen Errungenschaften, die ich im Schuppen am Häuschen lagerte. Es wurden immer mehr. Manchmal schaute ich sie mir an, drehte sie in den Händen hin und her und überlegte mir, was für eine Geschichte sie haben könnten.

„Was ist das?“, fragte ich eines Tages den Besitzer des Geschäftes und stand vor einem kleinen Holzhäuschen, das mich mit dem spitzen Dach und den beiden Säulen an eine kleine Kirche erinnerte. Es hatte die Größe eines großen Vogelhauses.

„Wir haben es gerade mit einer Lieferung aus dem Allgäu bekommen. Es stammt aus einer Kirche. Dort war es eine Art Altaraufbau.“

„Dann ist das ein Tabernakel“, vermutete ich.

Ich öffnete vorsichtig die kleine Tür und fand drinnen zwei Kerzen aus Bienenwachs und ein Kreuz, das wohl auf das Dach gehörte.

Der Altaraufbau erinnerte mich ein wenig an die kleine alte Kapelle, die ich in den Dolomiten oft besuchte hatte. Wenige Monate vor Klaus’ Tod hatten wir hier mit Johanna Urlaub gemacht. In der Ruhe der Kapelle hatte ich Trost gefunden.

„Das Tabernakel hätte ich gern, aber – ich habe gar keinen Platz“, sprach ich mehr zu mir.

„Platz ist überall“, meinte der Besitzer.

„Bei mir noch nicht. Ich will ja erst bauen.“

„Dann bewahre ich es für Sie auf. Wenn Sie schon mal eine Kirche haben, kann mit dem Hausbau ja nichts mehr schief gehen.“

Der Preis war erschwinglich. Ich zahlte das Tabernakel an, und wir stellten es gemeinsam auf den Boden des Ladens. Darauf fuhr ich mit einem Gefühl von Zuversicht, fast Glück, weiter. Um dieses kleine Tabernakel würde ich mein Haus bauen. Es würde eine Seele bekommen, eine symbolische, die uns beschützen würde. Nach dem katholischen Glauben wird im Tabernakel das Allerheiligste, die Hostie, aufbewahrt. Viele, viele Jahre hatte mein Tabernakel in einer Kirchengemeinde diese Aufgabe erfüllt, und wie viele Menschen mochten davor gesungen und gebetet haben? Alle Gebete und Lieder würde ich mit in mein neues Haus nehmen.

Meine Tiere waren nun schon einige Monate bei uns und gewöhnten sich immer mehr an ihre neue Umgebung und auch an mich, den neuen Menschen. „Sancho“ beobachtete mich nun ohne Angst, und manches Mal nahm ich ihn mit zum Spazierengehen in den Wald hinter unserem Haus. Ihm das Halfter anzulegen, war immer ein kleiner Kampf, denn ich musste das Lama im Stall regelrecht einfangen. Immer wieder drehte es sich auf der Stelle und zog den Kopf weg. Weder sanftes Zureden noch Leckerbissen noch Schimpfen änderten sein Verhalten. So hatte ich mir einen Trick ausgedacht: Drehte er sich links herum, wechselte ich die Richtung, und blitzschnell legte ich erst meine Arme um seinen Hals und dann einen Strick. Irgendwie schaffte ich es dann, auch das Halfter über seinen Kopf zu ziehen und zu schließen. Die Zirkusleute hatten für „Sancho“ ein Ponyhalfter benutzt, das ich aus Erinnerung behalten hatte. Da es aber „Sanchos“ Nase an einer besonders weichen Stelle eindrückte und ihm dadurch die Luft zum Atem nahm, konnte ich nachempfinden, warum er sich auch später gegen dieses Halfter wehrte. Als wir uns immer vertrauter wurden, verzichtete ich auf das Halfter bei unseren Ausflügen und legte nur einen Führstrick um seinen Hals. Er folgte mir ohne Zwang und vor allem ohne Angst. Bei unseren Spaziergängen im Wald hinter dem Haus wurde mir bewusst, warum gerade Lamas in der Therapie bei traumatisierten Frauen, autistischen Kindern oder inzwischen auch bei gestressten Menschen mit Burnoutsyndrom eingesetzt werden. Auf ihren weichen Ballen gehen die Tiere fast lautlos mit einem erhabenen, schwebenden Gang. Wie ich die Vitalität und Kraft von Pferden seit je her liebe, schätze ich auch die ruhige Gelassenheit der Lamas. Diese sanften, natürlichen Tiere übertragen auf uns Menschen wohl etwas, das uns verloren gegangen ist.

Inzwischen waren einige Monate vergangenen und so rief ich den Tierarzt wegen der geplanten Kastration an. Wieder fühlte ich mich mies, wie immer, wenn ich die Bestimmung über meine Tiere übernehme, doch mein Lama überstand den Eingriff ohne Komplikationen. Nach einigen Wochen zeigte er auch kein Interesse mehr an den Schweinen, und so lebten sie endlich friedlich ohne Belästigungen durch „Sancho" zusammen. Einige Freunde konnten nicht verstehen, warum ich diesen Eingriff vornehmen ließ. Aber sie hatten nie miterlebt, wie oft „Sancho" die Schweine bedrängt und sich dann an „Harrys" messerscharfen Zähnen, der sich immer zorniger wehrte, verletzt hatte.

Unerwartet kam es eines Tages zu einer neuen beruflichen Herausforderung: Bei der Verleihung des Umweltpreises in unserer Region traf ich Reinhard R. wieder, den ich in meiner Zeit als Jungredakteurin einer Lokalzeitung als Oberkreisdirektor kennen gelernt hatte. Nach seiner Pensionierung nutzte er Zeit und Wissen für etliche ehrenamtliche Tätigkeiten, so auch als Vorsitzender des Vereins für den Naturschutzpark Lüneburger Heide, VNP[4]) Diese Region war mir im Laufe der Jahre wie eine zweite Heimat geworden.

Manche Menschen werden von den Städten geprägt, in denen sie leben oder aufgewachsen sind, andere von den Landschaften. Die Natürlichkeit einer Region, ihr Wandel im Rhythmus der Jahreszeiten, die Gerüche, die sie ausströmen, verwachsen oft mit uns und geben uns dort für immer Wurzeln. So bleibt wohl die sanfte, hügelige westfälische Landschaft, die Weite mit den Wiesen und Mischwäldern mein Zu Hause. Wenn ich die Augen schließe und mir eine Landschaft vorstelle, habe ich immer dieses Bild vor mir. Nach den inzwischen mehr als 30 Jahren in Norddeutschland fühle ich heute eine Verbundenheit mit den Buchenwäldern um unsere kleine Heidestadt und vor allem mit der Heide, einer Region, die in Europa einmalig ist. Durch die vielen Reportagen und Filme, in denen ich darüber berichtete, bekam ich als junge Redakteurin den Beinamen „Heidekönigin".

Von dieser Kulturlandschaft mit den weiten Heideflächen, die im Spätsommer violett blühen, den Wacholderbüschen, Kiefern und Birken, den Auen und Mooren, den dahin ziehenden, weidenden Heidschnuckenherden geht eine fast wehmütige Ruhe aus, die seit jeher viele Künstler inspirierte. In der Stille, abseits der Autostraßen, klingen die Geräusche der Natur, sogar des Windes, ganz klar, nah und gleichzeitig fern. Manchmal fahre ich hinaus und wandere mit den Hunden in dieser Einsamkeit.

Als mir Reinhard R. den Vorschlag machte, eine Filmdokumentation über diese Region zu erstellen, war ich begeistert. Schon immer hatte ich mir gewünscht, diese Landschaft einmal ausführlich darzustellen. Der Film sollte 45 Minuten lang werden, wobei es einige Vorgaben zu beachten gab. Neben der Schönheit der Natur zu den vier Jahreszeiten sollten die verschiedenen Arten der Heidepflege vom Abbrennen, Plaggen, Schobbern, Beweiden erklärt werden. Wir führten einige Vorgespräche, und ich fertigte ein umfangreiches Exposé an. Nach der Auftragszusage engagierte ich meinen versierten Kameramann Jörn Schulz, mit dem ich viele Jahre beim NDR-Fernsehen zusammen gearbeitet hatte. Der erste der 13 Drehtage begann im Winter bei Schneetreiben inmitten des Naturschutzgebietes in einer Aue, einem von alten Bäumen gesäumten Weideland. Dreimal kehrten wir in den nächsten 12 Monaten an diesen Standort zurück und filmten die Veränderungen durch die Jahreszeiten. Jörn und ich verwuchsen bei der Arbeit zu einer Einheit, wobei sein Kameraobjektiv unser gemeinsames Auge wurde. Ich nahm mir Zeit, die Landschaft nicht nur als Motiv zu sehen und aufzunehmen, ich fühlte sie, als sei ich einer der Bäume, ein Wind, der hinüberwehte. Jörn setzte technisch das alles gekonnt um. Den Blick und die volle Konzentration auf das Detail einer Landschaft gerichtet, sammelten wir wundervolle Ansichten ein. Wir beschrieben den Frühling im Gegenlicht, wie er sich im lichten Grün der filigranen Blätter entfaltete. Wir fingen die Wärme der untergehenden Sonne mit dem Abendtanz der Mücken ein, ebenso wie die Frostigkeit der Winterstürme, die uns bei den stundenlangen Dreharbeiten erschauern ließ.

Bei jedem Drehtermin begleiteten uns Reinhard R., Vicky als Assistentin und oft ein Tonmann. Dieses Jahr bekam für mich eine besondere Bedeutung. Trotz aller Mühen und, wie es beim Filmen vorkommt, technischer Pannen und Witterungsproblemen lernte ich durch die zahlreichen Gespräche mit unserem Schäfer Uwe Storm, dem Imker und anderen Heidjern viel Interessantes über diese uralte von Menschen geprägte Landschaft. Die Einsamkeit hat die Menschen in dieser Region über Jahrhunderte geformt. Sie sind sparsam, nicht nur mit Worten.

Ich freute mich vor allem auf unsere Drehtermine bei den Heidschnucken. Diese Schafe, die man auch „Graue Gehörnte“ nennt, gibt es nur in der Lüneburger Heide. Sie prägen das Bild, wenn sie als Herde ruhig dahin ziehen. Im Frühjahr mischen die schwarzen Lämmer, die an kleine Persianer erinnern, das Grau der Schnucken auf. Die Herden folgen auch heute noch den Spuren der Generationen von Tieren, die dieses Land von jeher beweiden, und diese Zeitlosigkeit ist unendlich beruhigend. Der Schäfer erzählte uns geduldig von seiner Arbeit, die bei aller Romantik hart und aufreibend ist, vor allem durch die Touristenscharen zur Blütezeit, die immer weniger Distanz halten, die ihre Hunde frei laufen lassen und so für Unruhe in der Herde sorgen. Besonders fasziniert war ich von den Hütehunden, denen ich gern bei ihrer Arbeit zusah. Wie weit haben sich die meisten Artgenossen, die in den Städten leben, von diesem Leben entfernt? Als ich einmal einen Film über Hunde sah, die wie Püppchen gehalten und ständig neu eingekleidet werden, war ich betroffen. Die armen Hunde.

Die Begegnung mit den Herden brachte mir auch mehr Verständnis und Wissen für meine beiden Ziegen, denn neben den Heidschnucken gibt es in der Herde als Ergänzung etliche Ziegen, die die Heide durch ihren Verbiss von Bäumen freihalten. Gäbe es keine Schnucken und Ziegen, würde die Heide bald zu einem Wald zuwachsen.

Das ausgelassene Spiel der kleinen Zickchen, ihre Bocksprünge und Lebensfreude weckten in mir den Wunsch, eines Tages auch Nachwuchs von meinen beiden Ziegen zu bekommen. Ich brach damit meinen Vorsatz, nur Tiere aufzunehmen, die es bisher nicht gut hatten. Meine Idee, die ich während der Dreharbeiten geäußert hatte, wurde wahr. So bekam ich „Bobo“ aus der Heideherde geschenkt, einen weißen Burenbock mit einem beigefarbenen Kopf und kräftigen, gedrehten Hörnern. Uwe Storm, unser Schäfer, rief eines Tages an und meinte, er bringe nun den Bock für meine Ziegen. „Bobo“ hatte einen so strengen Geruch an sich, dass sich sogar meine weißen Edelziegen zu ekeln schienen und sich in die äußerste Ecke des Stalles zurückzogen. „Bobo“ war von Anfang an heimisch bei uns und leider unendlich verfressen. Er übertraf mit seiner Gier noch meine beiden Ziegen und bestürmte mich so heftig, dass ich oft vor ihm flüchtete und mich manches Mal mit einem Sprung auf eine Gartenbank vor seinen Attacken rettete. Als ich ihn eines Tages an eine Freundin abgab, die einen Ziegenbock suchte, war ich erleichtert. Als Erinnerung an „Bobo“ habe ich zwei Spitzen seiner Hörner, die der Tierarzt absägen musste, damit sie nicht in seinen Hals wuchsen – und „Pia“ und „Mia“, die beiden „Bobo-Töchter“.

Die Zwillinge kamen am Gründonnerstag zur Welt. Ich wollte gerade zu einem wichtigen Termin in die Stadt fahren, hatte mich schon umgezogen, als ich aus dem Ziegenstall ein lautes, anhaltendes Blöken hörte. Besorgt schaute ich nach der tragenden „Rosalinde“ und sah, wie meine Ziege auf der Seite lag und schwer atmete. Wenige Augenblicke später war der Kopf eines Lämmchens zu sehen. Ich vergaß meine Termine und meine Kleidung und kniete mich zu der Ziege ins Stroh. Doch ich wusste nicht, wie ich mich als Geburtshelferin verhalten sollte. Hektisch suchte ich nach meinem Handy und rief Ursel an, die gleich erreichbar war.

„Ruf den Tierarzt an!“, rief ich laut in mein Telefon.

„Warum? Und hast du seine Nummer?“

„Nein, die Ziege kriegt Junge. Ich weiß nicht, was ich machen soll, ich glaube, das Lämmchen steckt fest.“

„So was geht immer von allein. Wie ist denn die Nummer vom Tierarzt?“

„Vergiss es, ich weiß sie nicht. Mir fällt sie nicht ein. Kannst du kommen? Bring Handtücher mit und einen Eimer Wasser.“

Ich zog meinen Blazer aus und hängte ihn über die Futterkrippe.

Die Ziege lag immer noch auf der Seite und blökte. Ich nahm meinen Mut zusammen, umfasste mit meinen Händen sanft das Lämmchen, und es glitt jetzt leicht heraus, wobei die Nabelschnur riss. Ich erkannte das kleine Maul; öffnete die weiche Hülle, die es umgab, und sofort blökte das kleine, feuchte Geschöpf, das fast nur aus Beinen bestand. Seine Mutter begann seinen Kopf zu lecken. Ich rieb den Körper mit Stroh ab.

Dann erschien Ursel.

„Wir haben ein Lämmchen“, sagte ich und – musste weinen.

„Du siehst ganz schön mitgenommen aus“, meinte sie und lächelte. Jetzt erst wurde mir bewusst, dass ich in meinen guten Sachen im Stroh kniete, mir wahrscheinlich die Wimperntusche über die Wangen lief und ich bei all dem ungewöhnlich glücklich war, wie man es ist, wenn ein Lebewesen geboren wird.

Ich nahm das Neugeborene, das sich von einer Minute zur anderen in ein kuscheliges Osterlämmchen verwandelte, in den Arm und drückte es sanft an mich. „Rosalinde“ ließ es sich gefallen, allerdings begann sie wieder zu blöken, noch lauter und anhaltender als vorher.

„Da kommt noch eines“, meinte Ursel. Das Gemecker klang klagend und schmerzvoll, während das zweite Lamm mit den Hufen zuerst erschien. Viel Zeit zum Nachdenken gab es nicht. Hätte ich nur noch den Schäfer vor ein paar Tagen angerufen und mir Tipps von ihm geholt!

„Was soll ich bloß tun?“, fragte ich ratlos.

„Du musst helfen, zieh“, meinte Ursel.

„Wie denn?“

In dem Moment stand die Mutterziege auf, und das Lamm rutschte ein Stück weiter. Ich legte meine Hand auf den Kopf, der sichtbar wurde, und nutzte die Finger wie einen Schuhanzieher. Leicht drückend schob ich das Lamm dabei in meine Richtung. Es war schwieriger als bei der ersten Geburt, aber jetzt war ich mutiger, und nach wenigen Augenblicken lag das zweite Lamm im Stroh. Ich öffnete wieder die weiche Hülle, zertrennte die Nabelschnur, und sofort blökte auch dieses Lamm. Ich redete unentwegt, sanft und Worte ohne Sinn, um mich und die Ziege zu beruhigen. Diesen Gründonnerstag werde ich nie vergessen. Ich habe einen wichtigen Termin versäumt, aber dafür die Geburt von zwei Lämmern miterlebt. Uwe Storm, den ich anschließend anrief, lobte mich:

„Wenn du nicht dabei gewesen wärst, hätte es schlecht ausgehen können. Deine Ziege ist noch unerfahren, und wenn erst ein Lamm hängt, kann es Probleme geben.“ Er erklärte mir, wie ich die Nabel desinfizieren musste, und ich kam mir bei dem Gespräch vor, als sei ich selbst eine Schäferin. Keine Stunde war seit der Zwillingsgeburt vergangen, und im Stall machten zwei kleine Lämmer, kaum auf der Welt, schon erste Bocksprünge und belohnten mich mit ihrem Liebreiz für die Mühen der Geburtshilfe.

Alle Kinder, von Menschen oder Tieren, sind ein Wunder und so einmalig schön in ihrer Reinheit, wie nur eine höhere Vollkommenheit sie geschaffen haben kann. Ich durfte dieses Wunder, wenn neues Leben die Welt betritt, später auch mit meinen Küken und Gösseln miterleben. Seit diesen Erlebnissen wuchs in mir eine neue Traurigkeit und Wut, wenn ich von Misshandlungen höre, die ich kaum ertragen kann. War es nicht Astrid Lindgren, die Verfasserin der wunderschönen Kinderbücher, die in einem Gedicht[5]), wünschte: Wäre sie Gott dann würde sie viel über alle Kinder weinen, weil sie nie gedacht hätte, dass sie es so wie jetzt haben würden. Ströme an Tränen würde sie weinen, wenn sie Gott wäre, damit die Kinder in den gewaltigen Fluten ihrer Tränen ertrinken könnten. Wie traurig und mutlos muss die schwedische Schriftstellerin geworden sein? Nein, kein Meer aus Tränen soll es für die Kinder geben, weil die Welt ohne sie ein Trauertal wäre, sondern ein Meer aus Liebe und Geborgenheit, damit sie lachen und spielen und Luftsprünge aus Lebensfreude machen. Lieber Gott, darum bitte ich dich!

Nach den Dreharbeiten erlebten wir beim Schneiden des Filmes, wozu Jörn und ich uns täglich über viele Wochen in mein Häuschen an einen mobilen Schneidetisch zurückzogen, noch einmal den Ablauf des Jahres in der Heide. Beim Texten stand Reinhard R., der mir inzwischen ein guter, wie kritischer Freund geworden war, zur Seite. Probleme gab es in der Endphase des Filmes mit der Musik, die ich über viele Monate zu den einzelnen Szenen aus vielen Stücken ausgewählt hatte. Wegen der Rechte und damit verbundenen hohen Kosten konnten wir sie nicht nutzen. Im Hamburger Tonstudio gab mir Markus Krockmann, unser Tonmeister, als Alternative etliche Motive zur Auswahl, die GEMA-frei und damit günstiger waren. Fast jede Szene wurde so mit der neuen Musik, die die Stimmungen in der Heide ebenfalls gelungen wiedergab, hinterlegt. Nach der Sprachaufnahme mit dem Schauspieler Dietmar Mues war der Film „Im Land der Heidschnucke“ fertig. Zwischendurch hatte ich manchmal geglaubt, wir würden es nie schaffen, aber als dann die Premierenfeier in der Heide stattfand und viele Gäste kamen, war ich stolz über unsere gemeinsame Leistung, ebenso wie über einen internationalen Preis für unseren Film, den wir einige Monate später bekamen.

Durch die intensive Arbeit war ich viele Monate abgelenkt, weiter auf meinem Weg zu gehen, meinen Traum zu verwirklichen. Rückblickend sehe ich dieses Jahr in der Heide als einen weiteren Schritt in die richtige Richtung, denn die Herausforderung und die gute Zusammenarbeit mit meinem Team hatten mir neue Kraft gegeben. Gegen Ende der Dreharbeiten – es war inzwischen Herbst – fügte sich, wie ein Zahnrad in das andere, ein Ereignis in das Räderwerk meines Lebens, das sich in die vorbestimmte Richtung weiterdrehte.

Ich saß in einer Drehpause auf einer Bank in der Heide, als mich Johanna anrief und fragte, wann ich nach Hause käme. Dieser Zwiespalt zwischen meinem Beruf und der Betreuung für meine Töchter begleitete mich nun schon mehr als 20 Jahre und ist unverändert anstrengend und ermüdend wegen des immer schlechten Gewissens.

„Ich habe dir eine Gemüsepfanne vorbereitet. Mach sie dir bitte warm. Gibt es sonst irgendwas Neues? In der Post vielleicht?"

„Nur ein Brief von einer Behörde, glaube ich."

In den Jahren seit Klaus' Tod gab es nicht einen Tag, außer sonntags, an dem ich nicht mit einer gewissen Beklemmung und manchmal auch mit Panik unseren Briefkasten leerte. Diese Lawine an Sorgen durch Nachlassprobleme dauerte mehr als sieben Jahre und kostete mich viel Kraft. „Ich könnte das alles nicht verkraften", sagte Ursel manches Mal, wenn ich meine Sorgen in ihrer Küche am Tisch ausbreitete. Aber: Ich wollte mich davon nicht unterkriegen lassen! Dennoch sagte ich auch dieses Mal besorgt mit trockener Stimme:

„Mach den Brief mal auf. Was steht denn drin?"

Es dauerte eine Weile und ich wurde ungeduldig.

„Was steht da, lies es bitte vor."

„Das ist nicht so einfach. Da steht ganz viel."

„Und oben drüber? Unter Betreff?"

„Ach so, also Bau-Voranfrage oder so."

Ich atmete auf. Es ging um den Bauantrag für mein Häuschen. Nach einer ersten Ablehnung, das Häuschen am Wald auszubauen, hatte ich vor einiger Zeit auf den Rat von Reinhard R. und einem Experten mit weiteren Begründungen einen erneuten Antrag gestellt.

„Da steht was von stattgegeben oder so. Aber unter Vorbehalt nach irgendwelchen Paragraphen", meinte Johanna noch.

„Danke meine Süße. Tschüs, bis später." Ich jubelte innerlich, sprang von der Bank auf, hüpfte um mein kleines Team, das mich erstaunt anstarrte, umarmte und küsste alle und rief immer wieder:

„ Ich darf bauen! Ich darf bauen!".

12. Mutgedanke

Es ist mutig, schwierige Aufgaben, von denen wir anfangs glaubten, diese nie bewältigen zu können, anzunehmen und sich ihnen zu stellen. Wenn wir den Kräften in uns und einer göttlichen Macht vertrauen, werden wir alles schaffen und neues Selbstbewusstsein gewinnen.

Kapitel 8

Das Haus

Der Umzug und damit der Abschied von meiner bisherigen Räumlichkeit hatte – vielleicht unbewusst – schon eine Weile vor dem realen stattgefunden. Innerlich hatte ich mich bereits getrennt. Gut 15 Jahre hatte ich im letzten Haus in der Straße am Wald verbracht, und einschneidende Erlebnisse wie die Geburt von Johanna, meiner zweiten Tochter, und acht Jahre darauf der Tod von Klaus hatten mich besondere Höhepunkte von Glück und Leid erleben lassen.

Das Haus, unter dessen Dach ich in getrennten Wohnungen gemeinsam mit Ursel, meiner Freundin und Vermieterin, gelebt hatte, würde ich mit der vergangenen Zeit – wie einen Wintermantel im Frühling – abstreifen. Die nahe Nachbarschaft, die tägliche Versorgung der drei Pferde und unsere gemeinsamen Ausritte hatten eine Gemeinsamkeit zwischen uns entstehen lassen, wobei mir als Jüngere ein wenig die Rolle der Tochter zugefallen war. Dieser begann ich im Laufe der Jahre zu entwachsen, ebenso wie dem Haus.

Es besaß ein großes, helles Wohnzimmer mit hohen Fenstern und einer Glasschiebetür. Der Garten mit der dickstämmigen Blutbuche schickte die Jahreszeiten hinein und für meine Ansicht zu oft das Geräusch des Rasenmähers. Doch mochte Ursel es, wenn der Rasen einem Golfplatz ähnelte. Das bunte, unregelmäßige Muster der Gänseblümchen und Butterblumen im grünen Grasteppich gefiel mir mehr, was die Unterschiedlichkeit unserer Ansichten bei gegenseitigem Respekt deutlich machte. Die Küche war dunkel und schwer durch die Einbaumöbel. Der alte Esstisch jedoch als Mittelpunkt, viele Bilder, Kerzen und ein Ofen, wo häufig ein Feuer brannte, schafften Gemütlichkeit, dass unsere Gäste nach dem Essen oft nicht ins Wohnzimmer wechseln wollten und wir hier alle Mahlzeiten einnahmen. Für einen Umzug sprachen viele Gründe, vor allem der Wunsch nach einem neuen Anfang. Auch wünschte ich mir, künftig den wilden Blumen, ob Wiesenschaumkraut, Löwenzahn, Klee,

Taubnesseln oder Veilchen Gastrecht im Garten rund um das Haus zu geben, in dem ich lebte.

Nicht immer ist ein Neubeginn die Veränderung, sondern das Ende ist der Aufbruch in das Neue.

Die Planung des Umbaus begann in meiner Vorstellung, wenn ich vor meinem Häuschen stand und ich mir seine Veränderung ausmalte. Dabei fragte ich mich, wie es aussehen könnte, was mir gefallen würde. Immer kam ich zu der Erkenntnis, dass es eigentlich so bleiben müsste, wie es war: aus Holz, ebenerdig, mit Efeu begrünt, wie hineingewachsen in dieses Stück Land mit den vielen Birken. Vor gut 40 Jahren hatte das ehemalige Ackerland eine Hamburgerin als Wochenenddomizil erworben, mittendrin das einfache Holzhäuschen gebaut und im Garten Walnussbäume, Linden, Rhododendren, Haselnusssträucher, einige Fichten und wilden Flieder gepflanzt. Dann hatten der nahe gelegene Wald und das Feld mit dem Wind und den Vögeln fruchtbare Grüße geschickt, aus denen Birken, Kiefern, wilde Brombeer- und Himbeersträucher gediehen, und den ehemaligen Acker in ein grünes Land verwandelt. Zu dem Zeitpunkt, als ich es gegen Klaus' Willen, der dieser Wildnis und dem Holzhäuschen nichts abgewinnen konnte, durch eine Erbschaft meines Vaters günstig erwerben konnte, litt das kleine Anwesen unter den derzeitigen Bewohnern. Etliche polnische Arbeiter, die hier von dem neuen Besitzer untergebracht worden waren, vergruben ihren Müll zwischen einigen Autowracks und Schrott im Garten. Das Häuschen war verdreckt, und als ich es besichtigte, tat es mir fast leid. Dieser Anblick entmutigte mich, doch erkannte mein Freund Theo, der mich begleitet hatte, die Seele und den Charme hinter all dem Unrat.

„Du solltest dich für das Häuschen und den Garten entscheiden. Es passt zu dir. Ich werde dir helfen“, riet er mir, und bis heute bin ich dankbar für diesen Zuspruch. Nachdem einige Container Müll abgefahren, Hunderte von Wodka- und Bierflaschen aus dem Loch unter dem morschen Holzboden entfernt, die Ratten vergiftet waren, bekam es einen Kaminofen, neue Farbe, heile Dachziegel und Fußbodenbretter. Und ich richtete es ein. Einfache Korbsessel kaufte ich neu, ansonsten trug ich, bis auf die Miniküchenzeile und das mexikanische Waschbecken, alles zusammen, was in unserer Wohnung überflüssig war oder auf dem Boden stand, und das war schon fast zu viel.

Im Garten rodete ich die Brennnesseln, Dornenranken, Giersch und die wilde Traubenkirsche, die fast in die Fenster wuchsen, die auch erneuert werden mussten. Im Laufe der Jahre ergänzte ich die Wildnis um viele Bäume wie Weiden, Beerensträucher, Buchsbäume, Gräser, Schilf und Bauernblumen und einen reich bewachsenen Teich. Seine Wildnis hat der Garten bis heute erhalten, doch wenn man hin und wieder großzügig etwas Ordnung schafft und auch den Rasen mäht, verschenkt dieses halbe Hektar Land zu jeder Jahreszeit eine natürliche Schönheit, wie ich mir ein wenig den Garten Eden vorstelle. Im Frühling ist es betörend schön, dann blühen unzählige Maiglöckchen, und ihr Duft mischt sich in den der Balsampappel, die Theo mir wegen dieses Wohlgeruches von seinem Anwesen mitgebracht hat. Am Teich entspringen immer neue gelbe Sumpfdotterblumen, und im Wasser spiegeln sich die weißen Blüten des wilden Kirschbaumes. Fast immer weht ein Wind vom Feld und lädt die vielen Birken zum wiegenden Tanz ihrer Kronen ein. Viele Waldvögel leben hier, ebenso Frösche, Erdkröten, Mäuse und Eichhörnchen. Einige Bäume haben eine besondere Bedeutung, wie mein „Vaterbaum“ vor meiner Schlafzimmertür, eine Art Essigbaum, den ich aus dem Garten meiner Eltern als Ableger mitnahm und der viele Meter hoch gewachsen ist. Als Kind bin ich oft auf den Ursprungsbaum geklettert. Seine Äste entspringen Vergabelungen, die an ein V wie Vater erinnern. Außerdem hat dieser Baum eine Eigentümlichkeit, die ich bei keinem anderen beobachtet habe. Seine Rinde reißt im Frühjahr am Stamm und den Ästen auf. Anfangs habe ich diese Wunden mit einer Paste bestrichen, was dem Baum offensichtlich nicht gut tat; darauf trug er weniger Blätter und wuchs eine Weile kaum. Inzwischen habe ich bemerkt, dass die Rinde nach einer Weile an den aufgebrochenen Stellen von allein heilt. Die Wunde am Stamm erinnert ein wenig an die lange Narbe, die mein Vater im Krieg an seinem Bein durch einen Granatsplitter erhielt. Sein Knie blieb danach steif, was seine Bewegungsfreiheit sehr einschränkte. Wie muss mein Vater, der sehr sportlich war, darunter gelitten haben? Dennoch hat er nie geklagt und für sich Sportarten, wie Schwimmen, Boccia oder Curling ausgewählt, die er trotz seines Handicaps ausführen konnte. Jeden Morgen fällt mein Blick, wenn ich die Gardinen und die Gartentür öffne, als erstes auf diesen Baum.

Eine andere „Baumpersönlichkeit“ und Mittelpunkt des Gartens ist der große Nussbaum mit seinen Fächerblättern, die als letzte im Frühjahr den Weg aus den Knospen finden. Er breitet sich weit wie ein Schirm über dem Gartentisch aus. Das Sonnenlicht flutet in linden Grünschattierungen hindurch. Im jedem Herbst trägt der Baum reichlich Früchte, von denen die Eichhörnchen die meisten wegtragen. Von den unreifen Nüssen bereite ich im Frühsommer einen Magenbitter, dunkelbraun und herb.

Der Preis des Umzuges war, dass ich die besondere Ruhe, die von dem Garten ausging, aufgeben würde, wenn die Alltagspflichten und -sorgen mit einziehen würden und ich Freunden, Gästen, auch Fremden das Haus öffnete. Doch ich hatte mich entschieden, so stand ich immer wieder vor dem Häuschen und legte in Gedanken das Fundament. In dem jetzigen Zustand war es zu klein und nicht bewohnbar. Es fehlte eine Heizung, zudem war es unzureichend isoliert. Immer wieder ging ich ums Häuschen herum und dachte nach.

Die Räume, in denen wir leben, gehören zu uns. Das sollten wir vor einem Einzug bedenken und ihnen danach Gestalt, Farben und Leben geben. Anregungen aus Zeitschriften oder von Fachleuten sind dabei oft hilfreich. Ich hatte viele Zeitungsausschnitte gesammelt und fand dabei schließlich mein „Traumhaus", das ein wenig Vorbild sein sollte. Dieses Gebäude hatte ein englischer Architekt vorwiegend aus Eichenbalken und -brettern gebaut. Es sah einfach, aber einheitlich und gemütlich aus, fast wie das Innere eines Schiffrumpfes.

Modeerscheinungen, vor allem was Materialien betrifft, sollten keinen zu großen Einfluss auf uns haben. Oft meinen wir, uns wohl zu fühlen, weil es edel aussieht, wie in den Zeitschriften oder in der Werbung, aber innerlich fühlen wir uns nicht geborgen, nicht zu Hause. Eine Küche aus Granit, Lack oder Stahl kann höchst elegant und gepflegt aussehen. Aber wie ein Auto ist sie ein „Gebrauchsgegenstand". Wichtig ist vor allem ein gemütlicher Platz zum Essen, ein Tisch, an dem sich die Familie, Freunde und Gäste auch ohne offizielle Einladung gern niederlassen, an dem gute Gespräche ausgetauscht werden; wo es Mahlzeiten gibt, die verlockend duften und aussehen, köstlich schmecken und reichhaltig sind an frischen, natürlichen Inhalten und – wo wir uns nicht schämen dem Schöpfer dafür zu danken, dass unser Tisch so reich gedeckt ist; wo Blumen, auch wild wachsende, in der Vase leuchten und ein Obstkorb mit frischen Früchten zum Zugreifen einlädt. Eine gemütliche Wärme, die vor allem Kinder brauchen, ist wichtig.

Der Geschmack ist so individuell wie der Mensch selbst und sollte jedem überlassen bleiben, wobei eine Sehnsucht nach Gemütlichkeit und Wärme tief verwurzelt und ein Grundbedürfnis ist. Jeder noch so kleine Raum ist „nackt", bevor wir einziehen. Wir statten ihn aus, geben ihm unsere Handschrift. Wie schnell ist ein Raum zugestellt, engt uns ein oder erdrückt uns sogar. Eigene Einrichtungsideen umzusetzen, muss nicht viel kosten; auch gibt es inzwischen günstige, formschöne Möbel und Gebrauchsgegenstände.

Ein Muss sollten gesunde, umweltfreundliche Materialien sein, denn Gifte in unseren Wohnräumen machen uns krank. Vor einer Entscheidung sollte man sich befragen, wo habe ich mich wohl gefühlt, wie sah es dort aus und welche Farben gefallen mir? Zudem gibt es viele Beratungsstellen.[6])

Nachdem ich immer wieder rund um das Haus gegangen war, trat ich ein, setzte ich mich an den Tisch und zeichnete das Häuschen. Es müsste, überlegte ich mir, wachsen; aber wie, in welche Richtung? Es hatte vier Seiten. Dann wusste ich es: Das Häuschen sollte Flügel, zwei kleine Anbauten bekommen. Zu beiden Seiten würden sie in den Garten wachsen und Raum für Johanna und mich bieten. Das versuchte ich zu zeichnen, was nicht einfach war, vor allem die Dachkonstruktion. Nun hatte ich eine erste, vage Vorstellung.

Es sollte mehr als zwei Jahre dauern und viele Mühen kosten, bis diese Idee Wirklichkeit wurde. Zunächst gab es etliche Bau- und Finanzierungsanträge zu stellen, bevor ich beginnen konnte. So machte ich mich auf die Suche nach einer Baufirma, führte lange Telefonate, bis ich zwei Fachleute fand, die bereit waren, sich das Bauvorhaben an Ort und Stelle anzusehen. Das hätte ich mir sparen sollen, denn die Ratschläge waren so entmutigend, dass sie nicht nur meine Ungeduld bremsten, sondern meinen Wunsch zu bauen dämpften. Der erste Bauunternehmer schien fast Mitleid mit mir zu haben.

„Wollen Sie", meinte er nach dem längeren Gespräch, „wirklich in dieser Baracke wohnen?"

„Baracke" hat er gesagt. Ich war sprachlos. Spürte er nicht, wie gemütlich es in meinem Häuschen war und wie schön es werden könnte?

„Kommen Sie mich mal besuchen; ich habe auch gerade gebaut; ein großes Haus, Stein auf Stein natürlich, und mit einem Fahrstuhl ins zweite Stockwerk, weil wir ja alle nicht jünger werden.“ Ich schätzte ihn auf Ende 30.

„Alles sollte zweckmäßig sein, solide in der Bauweise, damit es lange hält.“

„Aber Holz hält auch lange“, wendete ich ein.

„Das ist kein Vergleich zu Stein und Beton.“

„ Lassen Sie das hier wegschieben und bauen Sie ein stabiles Haus.“

In Gedanken sah ich mein Häuschen krachend zusammenfallen unter den Schaufeln des Baggers. Nein, das genau wollte ich nicht.

Der nächste Experte war ebenfalls ein Bauunternehmer, aber zugleich Fachmann für ökologisches Bauen und Holzhäuser. Er ging durch die Räume, anschließend durch den Garten und wieder zurück ins Häuschen.

„Das hat was“, meinte er nachdenklich.

Nun erzählte ich von meinen Plänen, dem offenen Balkenwerk, welche Wände herausgebrochen werden sollten, wie die Erweiterung aussehen könnte und so weiter. Er hörte sich alles an, holte dann ein kleines Buch hervor, ähnlich wie Klaus' Gebührenkatalog und rechnete.

„Das lohnt sich nicht“, meinte er dann.

„Was lohnt sich nicht?“, fragte ich.

„Das Umbauen. Ich reiße Ihnen das hier kostenlos ab, und dann setze ich ein schönes Haus dahin, was genauso aussieht, nur größer und moderner.“

„Ich will kein neues Haus, ich will es so, wie es ist. Ich möchte über dieselbe Schwelle gehen …“

„Die können Sie ja gern behalten, aber verraten Sie mir, was ist so besonders daran?“, unterbrach er meine fast trotzige Reaktion auf seinen Vorschlag.

„Jede Schwelle hat eine Bedeutung“, meinte ich, und ich sah ihm an, er wusste nicht, was ich meinte. Es war mir auch egal. Dieses kleine Haus hatte seine eigene Bedeutung für mich, es war wie ein Nest, auch wenn es alt und einfach war.

Eine Zusammenarbeit würde es nicht geben, also verabschiedeten wir uns, und ich war so weit wie zuvor, entmutigt, bedrückt und stellte mein Bauvorhaben, meinen Traum in Frage.

Wie oft im Leben werden wir manchmal in eine Richtung geschoben, die uns bestimmt ist. So kamen – wie als Auftakt der Bauphase – drei

Männer, die, wie verabredet, einige Bäume fällen sollten, um den Schuppen, den ich künftig als Unterstand für meinen Wagen und die Kammer für Tierfutter und Gartengeräte nutzen wollte. Wir hatten keinen bestimmten Termin ausgemacht, so war ich ein wenig überrascht. Der Schuppen sollte renoviert und vergrößert werden. Ich hatte mir, da genug Platz vorhanden war, einen kleinen „Kreisverkehr" vorgestellt, dass später von allen Seiten eine bequeme Zufahrt möglich war Die Insel sollte mit Bäumen belassen und zudem mit Büschen, Farn und Blumen bepflanzt werden. Geplant war eine kleine Baumaßnahme im Vergleich zum Umbau des Hauses, aber als die ersten Birkenstämme wie bei einem Mikadospiel übereinander fielen und das Kreischen der Motorsägen die gewohnte Ruhe durchschnitt, überkam mich ein fast panikartiges Gefühl.

„Welche Bäume sollen noch weg? Wollen wir nicht gleich die große Fichte am Haus auch absägen, dann kann sie später nicht auf das neue Haus fallen", fragte mich Dirk, einer der Männer, und ich wehrte entsetzt ab.

In dem Augenblick kam Vicky auf den Hof gefahren und meinte nur: „Das sieht ja schlimm aus hier."

„Tja", meinte ich, schaute mich um auf dem verwundeten Grundstück, und Tränen stiegen mir in die Augen, nicht wegen der Birken, es gab mehr als hundert davon, sondern aus Angst vor der bevorstehenden Aufgabe. Was würde auf mich zukommen? Könnte ich das alles allein bewältigen? Hatte ich mir wirklich alles gut überlegt?

„Mama", meinte Vicky, die meine Verzagtheit spürte, „wenn du dich jetzt schon so anstellst, wie willst du dann ein ganzes Haus bauen?"

„Ich stelle mich nicht an, und es wird ja auch kein ganzes Haus", sagte ich fast zornig, aber sie hatte Recht. Ich gestand mir meine Schwäche und meine Angst ein, aber gerade jetzt wollte ich nicht umkehren, sondern Schritt für Schritt in mein neues Leben weitergehen.

Der Schuppen war in den nächsten Tagen aufgestellt. Er wirkte mit den hellen Balken und dem Aludach irgendwie deplatziert. So konnte ich ihn nicht ertragen, also besorgte ich Farbe und strich das Holz dunkel an. Wenige Tage später, bei einem Erntedankfest, worüber ich für die Heideland Touristik GmbH berichten sollte, erstand ich auf einem Hof einige uralte Eichenholzpfähle. Mit einer Drahtbürste schrubbte ich die verwitterten Stellen von dem Holz ab, und als wir sie als Verkleidung an die neuen Balken schraubten, ähnelte der Schuppen fast einer alten Wagenremise.

So wie Dirk sich anfangs gesträubt hatte, dieses alte Holz zu verarbeiten, ging es später auch anderen Handwerkern am Bau. Meine Ideen umzusetzen, alte Materialien einzubauen, schien manchmal fast absurd, doch später fügte sich jedes Teil wie ein Puzzle in das andere ein, und in der Gesamtheit passte alles zusammen.

Doch noch war ich weit von der Fertigstellung entfernt und hatte nur eine vage Vorstellung, wie das Haus einmal aussehen sollte. Bis zum Baubeginn wollte ich nicht untätig sein, und so trug ich von überall her „Puzzleteile" zusammen. In einer Lübecker Gärtnerei fand ich für mein Badezimmer ein einfaches, antikes Marmorwaschbecken aus Persien, von dem ich mühsam alte Betonspuren abscheuerte. Von einem Museumsdorf in Bliederstorf bei Buxtehude kaufte ich Eichenbalken aus einem alten Bauernhaus sowie einige Türen und Stallfenster. Der neue Schuppen bot genug Platz für dieses Baumaterial, was ich ständig sortierte und hin und her räumte. Manchmal strich ich über das alte Holz und hätte gern mehr über seine Herkunft erfahren.

Nun brauchte ich noch Holz für den Fußboden. Im Internet fand ich eine Adresse, und an einem Sonntag fuhren Ewa, meine polnische Freundin, und ich ins Lipper Land. Es war schwierig, den entlegenen Hof ausfindig zu machen, aber endlich kamen wir an, und uns öffnete sich eine wahre Schatztruhe an alten Dingen, vom Nagel bis zu riesigen Mengen Eichenbalken. Herrliche alte Dielen waren dabei, aber die meisten waren krumm und schief und nicht zu gebrauchen. Ich hätte das ganze Fuder nehmen müssen, was kaum auf einen großen Lkw Platz fand. Enttäuscht lehnte ich ab, orderte dafür aber alte Pflastersteine von einem ehemaligen Bahnhof in Holzminden. Die würden sich für einen Gehweg rund um das Haus gut eignen. Ewa und ich stöberten lange in den alten Sachen, und wir nahmen mit, was in meinem Auto Platz fand. Die Steine sollten mir später zusammen mit einem alten, sehr schweren Steintisch, der aus drei Blöcken bestand, geliefert werden.

Als wir zurückfuhren, waren wir müde, aber zufrieden.

„Jetzt habe ich reichlich Baumaterial, nur muss ich nur noch jemanden finden, der mein Haus zeichnet", meinte ich.

„Das kann Darius, der ist doch Architekt", meinte Ewa. Warum hatte ich nicht daran gedacht, Ewas Mann zu fragen? Noch am selben Abend, nachdem wir unsere Schätze ausgepackt hatten, zeigte ich Darius meinen ersten Entwurf, worauf er meinte:

„Gar keine schlechte Idee, daraus zeichne ich mal was."

Zwei Tage später brachte er mir die Zeichnung, die mir sofort gefiel, und ich änderte nur einige Fensteröffnungen. Darius kannte einen Statiker, mit dem ich gleich einen Termin vereinbarte. Endlich konnten wir den Bauantrag abgeben.

In der Zwischenzeit nahm ich Kontakt auf zu einer Holzbaufirma, die in demselben Dorf ansässig war, wo ich vor fast 30 Jahren gewohnt hatte. Reinhard R. hatte mich auf die Idee gebracht, da diese Firma sich inzwischen im Landkreis durch gute Handwerksarbeit einen Namen gemacht hatte und sogar für ein großes Museumsdorf alte Bauernhäuser aufstellte. Der neue Besitzer, Detlef Schröder, besuchte mich im Häuschen. Wir besprachen das Vorhaben, die Kosten und kamen bald zu einer Einigung. Ich fühlte mich bei diesem dynamischen Handwerksmeister gut aufgehoben. Als er mir dann ausführlich von seiner Hühnerzucht erzählte, wurde er mir immer sympathischer.

„Wenn wir fertig sind mit dem Hausbau, bringe ich einige Hühner, die passen hier gut hin", versprach er.

Eine tolle Idee. Hühner wollte ich mir sowieso anschaffen. Ich freute mich darauf. „Dann sollten Sie sobald wie möglich fertig werden."

Endlich geriet ich wieder in mein gewohntes Fahrwasser, das mich immer vorantrieb. Wie wohltuend ist es, im Leben Menschen zu begegnen, die uns von ihrem Mut, ihrer Fröhlichkeit oder ihrer Weisheit abgeben.

13. Mutgedanke

Es ist mutig, sich an Vorhaben zu wagen, deren Ablauf wir nicht immer überschauen, weil vieles neu oder ungewohnt ist. Wenn es Probleme gibt, gleich am Anfang oder mitten drin, sollten wir uns nicht entmutigen lassen, sondern unser Ziel weiter im Auge behalten.

Kapitel 9

Der Umzug

Die nächsten Wochen, in denen ich auf die endgültige Genehmigung für den Beginn des Baus wartete, waren die Ruhe vor dem Sturm, denn es sollten neun Monate folgen, die eine Turbulenz in mein Leben brachten, wie ich es nicht geahnt hatte.

Kaum hatten wir den Tag des Baubeginns festgelegt, kam der erste Lastwagen und brachte das Schild der Baufirma, das an der Einfahrt aufgestellt werden sollte.

„Sind Sie die Bauherrin?", fragte mich der Fahrer. Ich musste einen Moment nachdenken, ob er mich meinte. Was für eine Bezeichnung? Ich war – Bauherrin und hatte damit auch zum ersten Mal in meinem Leben bewusst die Herrschaft über meine Zukunft angetreten und begonnen, etwas zu bewegen, zu verändern, und dazu gehörte ein Umzug und, was für mich bemerkenswert war, ich tat es allein.

Im Laufe der nächsten Monate lernte ich täglich neue Menschen kennen, die an dem Umbau beteiligt waren, und ich bekam Achtung vor handwerklichem Können. Es faszinierte mich, wie die Männer geschickt Hand in Hand arbeiteten, schwere körperliche Arbeit leisteten und immer gut gelaunt waren. Von ihnen lernte ich, wie viel Freude es macht, selbst etwas zu bauen, umzugestalten oder einfach die Hände zu gebrauchen. Davon profitierte ich auch später immer wieder, wenn zum Beispiel ein weiteres Schlupfloch in den Hühnerauslauf mit der Drahtsäge zu schneiden war, oder bei vielen Kleinigkeiten, die ich mir früher nicht zugetraut hätte.

Wir begannen im Spätsommer mit den Arbeiten, wobei die erste Maßnahme das Ausheben der Baugrube war. Zu einer ersten Panne kam es, als die Baggerschaufel ein Hauptstromkabel durchtrennte und unser Stadtteil daraufhin vorübergehend ohne Strom war. Die Stadtwerke schickten einen Fachmann, und der Schaden war schneller behoben, als wir erst angenommen hatten. Das war auch gut, denn eine Versicherung wäre nicht für die Kosten aufgekommen, weil keine Baufirma, sondern ein befreundeter Landwirt die Erdarbeiten vorgenommen hatte. Vielleicht hatte mein Vater ein wenig seine Hand von weit oben über das kleine Bauvorhaben gehalten, denn irgendwie hatte ich bei allem viel Glück, und die Bauzeit von neun Monaten war eine besonders schöne in meinem Leben; hätte ich sie nur noch mehr genießen können. Wenn wir etwas schaffen oder eine ungewöhnliche Zeit erleben, das kann auch eine Reise, eine Begegnung, eine bestandene Prüfung oder die Geburt eines Kindes sein, nehmen uns die Geschehnisse so in Anspruch und lenken uns vom Wesentlichen ab, dass wir oft vergessen, gleichzeitig das Besondere, Einmalige wahr- und anzunehmen.

Aus Unwissenheit verursachte ich durch mein Verhalten wenige Tage nach dem Stromausfall einen weiteren Zwischenfall: Die Gräben für das Fundament rund um das Haus waren ausgehoben, und die vorhandenen Wände lagen frei wie Zahnhälse. Inzwischen hatte ich einige Helfer gefunden, die die Holzverkleidung abgerissen hatten. Aus diesen Brettern bauten wir später die Pforten auf der Weide. Dieses Mal ließ ich mich nicht mehr von dem trostlosen Anblick des demolierten Häuschens und den Wunden im Garten herunterziehen. Ich dachte an die Zukunft, wenn alles schön und neu werden würde. Als ich abends nach der Arbeit die Baugrube begutachtete, erschien mir der Anbau für mein Schlafzimmer, einschließlich Bad, Wohnzimmer und Küchenerweiterung erstaunlich klein. Immer wieder maß ich die Fläche mit Schritten ab und kam zu dem Ergebnis, es würde nicht ausreichen. Vor allem hätte ich kaum Platz, in mein Bett ein- und auszusteigen. Im Schuppen suchte ich in Johannas alter Spielkiste nach Kreide und schrieb mit großen Buchstaben an die Außenwand: „Jungs, wo soll mein Bett stehen? Bitte an jeder Seite mindestens 80 Zentimeter mehr!" Am nächsten Morgen kam der Betonmischer, und die „Jungs" waren meiner Bitte gefolgt. Sie hatten das Fundament vergrößert und die alten Kupferrohre, die ich vom Klempner besorgt hatte, gegen mögliche Erdstrahlen in den Beton verarbeitet. Als ich gegen Abend kam, bedankte ich mich herzlich bei ihnen. Nur hatte ich nicht bedacht, dass diese Vergrößerung des Bauvorhabens eigenmächtig von mir entschieden worden war und Folgen haben sollte. Daraufhin stimmte die Statik nicht mehr; eine erweiterte Baugenehmigung musste nachgereicht werden.

„Das kannst du nicht machen", beschwerte sich Darius, aber ich hatte kein schlechtes Gewissen, denn auch als Bauherrin kann man nicht alles wissen. Etliche Male fühlte ich mich überfordert, wenn die Handwerker mich fragten, an welche Stelle zum Beispiel die Steckdosen für den Herd installiert werden müssten, denn ich hatte zu dem Zeitpunkt des Rohbaus noch keine Vorstellung, wo der Herd später stehen sollte. Als die alten Wände fielen, kam die karge Bausubstanz, vor allem die schlechte Isolierung, zu Tage, die teilweise nur aus alten Zeitungen und Pappe bestand. Ein altes Haus zu zerpflücken, bringt viele Überraschungen. So stießen wir unter dem Fußboden im ehemaligen Wohnzimmer auf eine Grube, wo weitere leere Wodkaflaschen und viele Mäusenester zum Vorschein kamen. Große Mengen an Sand mussten ins Haus gebracht werden, was zu einer zeitlichen Verzögerung führte.

Die Klempner fragten, während sie die Heizungsrohre verlegten, warum ich nicht einen zentralen Ofen einbauen ließe, der später das ganze Haus heizen könnte. Die Gasheizung würde dann automatisch den Verbrauch zurückschrauben. Für diese Anregung war ich dankbar. Eine Feuerstelle wollte ich in jedem Fall im Haus behalten, aber diese Regelung schien mir sinnvoll. Es entstanden zusätzliche Kosten, und viele weitere Rohre mussten im ganzen Haus verlegt werden.

Natürlich regnete es, als das Dach abgedeckt wurde, doch in erstaunlich kurzer Zeit zimmerten die Handwerker die neue Dachkonstruktion, und das Haus war wieder dicht.

Eine besondere Bedeutung sah ich in der Auswahl der Fenster, die die Augen eines jeden Hauses sind, die Licht hineinbringen und den Blick nach außen freigeben. Detlef hatte mir eine Firma empfohlen, die solide, schöne Fenster baut. Ich suchte mir einen Stil aus, der zum Haus passte, sowie drei Gartentüren. Was mich ärgerte, war die vergebliche Suche nach einer alten Haustür und einer Klöntür für die Küche. Meine Handwerker rieten zudem von gebrauchten Türen ab, da die Isolierung und Sicherheit oft nicht ausreichte. So fand ich schließlich in Gifhorn gegenüber dem Hotel, in dem Walli während ihrer Behandlung wohnte, einen dänischen Hersteller für Türen. Er erklärte mir bei einem Besuch seine Philosophie über Fenster: Große Scheiben zum Beispiel ließen am Tag zwar viel Licht hinein, doch abends werden sie zu dunklen Löchern und bieten vor allem ohne Gardinen keine Geborgenheit. Ich entschied mich für eine Klöntür, die immer ein wenig dänische Ferienstimmung vermittelt und zudem den Hunden Einlass versperrt, die gleich ins Haus drängen, wenn eine Tür offen steht. Auch die Haustür entsprach meinen

Vorstellungen, weil sie mit ihren Sprossenfenstern Licht ins Haus ließ und gleich einen Blick auf Besucher gewährte. Nach dem Gespräch mit dem dänischen Experten entschied ich mich endgültig gegen den Einbau von fertigen Zimmertüren vom Baumarkt. Einige von den alten aus dem Museumsdorf ließ ich um- oder aus den alten Eichenbrettern neu bauen, ebenso wie die Fensterbänke und Bücherregale. Die antiken Türklinken wurden angepasst und waren eine ideale Ergänzung. Als nur noch meine Badezimmertür fehlte, erinnerte ich mich daran, dass bei dem Landwirt, wo früher unsere Pferde gegrast hatten, viele alte Türen in der Scheune gestanden hatten. Für 30 Euro bekam ich eine mit vielen Farbschichten und lud sie in meinen Kofferraum ein. Birger, Vickys Freund, ein gelernter Tischler und Ingenieur, wurde mein „Türexperte"; zunächst lehnte er ab, die Tür zu verkleinern, damit sie in die schmale Türöffnung passte.

„Die fällt auseinander", meinte der Fachmann.

„Bitte, probier es", bat ich, setzte mich durch, und die Tür hielt. Ich reinigte sie und gab ihr ein frisches Aussehen durch eine Wischfarbe, die ich mit einem Schwamm auftrug. Inzwischen sind diese Patina-Holztüren modern, wobei meine Tür ihre eigene Geschichte hat. In dem alten Bauernhaus haben mindestens drei Generationen sie unzählige Male geöffnet und geschlossen.

Eine Tür bietet Zutritt oder sie verwehrt, wenn sie geschlossen ist, den Einlass. In unserem Leben gehen wir täglich durch Türen, und während wir über die Schwelle treten, gelangen wir von der Vergangenheit in den Moment der Gegenwart, in etwas Neues. Ein Innehalten vor einer Tür, ob sie in eine Kirche, in ein Hotel, in ein Büro, ein Krankenhaus oder ins Kinderzimmer führt, lässt uns das kurz bewusst werden. So habe ich – wohl unbewusst – alle Türen in meinem Haus anders gestaltet, um der Gewohnheit des Alltäglichen auszuweichen.

Konkrete Vorstellungen hatte ich von meiner Küche, die ein offener Mittelpunkt des Hauses sein sollte, wo Tee, Kaffee und die Mahlzeiten bereitet werden und wir ständig zusammenkommen. Alles sollte aus natürlichen Materialien gebaut, die Regale sollten gemauert und offen sein. Beim Einbau wirkten die Steine noch wie Fremdkörper, aber als wir sie mit Raspeln abrundeten und sie schließlich weiß strichen, passten sie zum Haus und verliehen ihm einen leicht mediterranen Charakter. An den runden Mittelbalken baute Dieter, einer der Zimmerleute, mit viel Geschick die lange, alte Holzbank, die die Ziegen zum Klettern lange genutzt hatten. Die Bank wurde auseinandersägt, als Rechteck zusammengesetzt und an den Balken geschraubt.

„Daran wollt ihr doch nicht essen“, meinte eine Freundin, die mich auf der Baustelle besuchte.

„Warum nicht?“

„Ist das nicht ein bisschen ekelig?“

Ganz Unrecht hatte sie nicht; die Oberfläche wirkte morsch und hatte eine unansehnliche grünliche Farbe. Dieter brachte am nächsten Tag eine Schleifmaschine mit, und ich staunte, was für eine wunderbare Holzmaserung zu Tage kam. Mit feinem Sandpapier wurde die Fläche poliert, die ich anschließend mit Leinöl abrieb. Dieser uralte Eichentisch, an dem Johanna und ich täglich essen und bis zu sechs Gäste eng zusammengerückt sitzen können, wurde mein Lieblingsplatz im Haus. An Geburtstagen oder anderen Festen ziehen wir den antiken, schwarzen Tisch mit den gedrehten Beinen, der am Fenster steht, aus, und bis zu 20 Gäste finden daran Platz.

Mein Wunsch nach einem alten Spülstein ging vorerst nicht in Erfüllung, weil ich keinen auftreiben konnte. So suchte ich unseren Steinmetz in der Stadt auf, der auch Grabsteine baut, und bat ihn um Rat. In seinem Steinlager fanden wir einen großen Sandsteinblock. Daraus sollte mein Waschbecken entstehen, denn ich wollte keine Spüle aus Stahl. Einige Male besuchte ich den Steinmetz und hatte noch einige Veränderungsvorschläge. Einmal war ich mit einem schwarzen Mantel bekleidet, was mich nicht davon abhielt, selbst noch ein wenig an der Rundung zu schaben. Mehr grau als schwarz sah mein Mantel anschließend aus, aber ich war zufrieden. Zum Schluss wünschte ich mir ein gemeißeltes Symbol von einem Fisch und drei Broten auf der Vorderseite des Beckens, das für mich immer ein besonderer Gebrauchsgegenstand geblieben ist. Beim Einbau des enorm schweren Beckens staunte ich über die Geschicklichkeit des Steinmetz’, der mit runden Hölzern und einer Winde das Becken und die steinerne Auflage an den richtigen Platz rückte. Als er anschließend mit nur einem Helfer auch noch den tonnenschweren Steintisch auf der Terrasse umstellte, den ein Kranfahrzeug gebracht hatte, bekam ich eine Ahnung davon, wie früher die Menschen Pyramiden oder hohe Steinmauern mit der Umsetzung ihrer Körperkraft errichtet hatten.

Bestimmte Vorstellungen hatte ich vom Fußboden, der wie die Balken aus Eiche sein sollte. Nach langem Suchen fand ich dann bei einem Holzhandel im Hamburger Hafen massive Eichenbretter für den Fußboden zu einem guten Preis. Doch Detlef toppte diesen mit einem Angebot seines Holzhändlers. Wieder einmal war ich überfragt, als ich entscheiden musste, ob die Bohlen genagelt oder geklebt werden sollten. „Ich fände es schön, wenn der Holzboden ein wenig knarrt, wenn man später darüber geht", meinte ich, und so fiel die Entscheidung für das Nageln auf Latten, wobei sich meine Handwerker über dieses Argument sicher wunderten. Wenn ich später manchmal barfuß durch das Haus ging, fühlte ich angenehm das Holz mit den Jahresringen und Aststellen unter meinen Fußsohlen.

Jeder Tag auf der Baustelle wurde zu einem Erlebnis. Wenn ich es zeitlich einrichten konnte, frühstückte ich mit den Handwerkern. Wir saßen im Winter vor dem Kaminofen, der die ganze Zeit während des Bauens Wärme spendete und für den die Männer einen provisorischen Sockel bauten, nachdem der Boden aufgerissen worden war. Ich brachte Kuchen und Erfrischungsgetränke mit und trank von ihrem Kaffee aus den Thermoskannen, der mir unvergleichlich gut schmeckte. Die Handwerker erzählten von ihren Familien, für die sie immer irgendetwas im Haus um- oder ausbauten, und wir besprachen die nächsten Maßnahmen im Haus. Die gute Stimmung in dieser Zeit ist sicher mit ins Bauen und damit in mein Haus geflossen.

Nicht nur für meine Arbeit, auch für Johanna und die Tiere hatte ich in diesen Monaten nicht so viel Zeit wie sonst, da ich auf der Baustelle gefordert war, ein wenig mithalf und ständig im Bauhandel irgendetwas besorgte. Dennoch nahm ich mir die Zeit, bei einem der gastierenden Zirkusse Ausschau nach einem zweiten Lama zu halten, das ich nicht fand. Von diesem Zirkus nahm ich „Marie", unsere Colliehündin, mit. Da sie mich von Anfang an mit auf die Baustelle begleitete und jeder sie streichelte, war sie auch später gegenüber Gästen und Freunden sehr zutraulich, animierte alle ständig zum Ballspielen und vermittelte jedem das Gefühl, gerade ihn besonders zu mögen.

Im Sommer, bevor die Männer mit dem Innenausbau beginnen wollten, der weitere Monate in Anspruch nahm, feierten wir ein verspätetes Richtfest. Ich dekorierte die Wände mit Ebereschenästen, die voll mit reifen, roten Beeren waren, stellte lange Holzklapptische und Bänke auf, wo viele Gäste Platz fanden. In den neuen Wänden erklang zum ersten Mal Musik von unserem befreundeten Pastor und Komponisten Dieter Kindler[7]), es wurde getanzt, gelacht und gefeiert. Ich war glücklich und freute mich, dass Walli, die sich von ihrer Operation gut erholt hatte, dabei sein konnte.

Nach diesem Fest bekam das Haus täglich mehr Wohnlichkeit; die Fenster wurden eingebaut; der Maler strich die Wände mit heller Lehmfarbe an, die in einem schönen Kontrast zu den dunklen, alten Balken stand. Endlich kam es zu den Details, auf die ich mich gefreut hatte, wie das Verlegen der marokkanischen Fliesen in verschiedenen Blau- und Grüntönen, die mir lange vor dem Hausbau bei dem Großhandel in Hamburg gut gefallen hatten. Die Wände bekamen einen wasserfesten rustikalen Putz, und ich rührte mit dem Maler eine türkise Farbe an. Aufgetragen erschlug mich dieser Ton, und alles wurde ein zweites Mal dezenter gestrichen. Die Maler wunderten sich über meine eigensinnigen Farbvorstellungen. So wurde die offene Balkenlage im Bad blau wie ein kräftiger Himmel. Im Wohnzimmer experimentierten wir mit einer dunkelroten Lehmfarbe, die unregelmäßig aufgetragen wurde. An einigen Stellen liefen rote Streifen nach unten, und ich stand entsetzt davor.

„Das sieht ja aus wie Blut“, meinte ich, und wieder einmal wurde umgepinselt, wobei ich tatkräftig half. Während überall noch die Farbtöpfe standen und vieles ringsherum an eine Baustelle erinnerte, ließ ich eines Abends die gerade aufgestellte Wanne voll Wasser laufen und genoss das erste Bad nach einem anstrengenden Tag, den vielen harten Monaten, und ich fühlte mich glücklich.

Das Jahr ging zu Ende, Weihnachten stand bevor und die letzten Arbeiten schienen nicht enden zu wollen. Irgendetwas gab es immer noch zu tun, so zögerte ich den Umzug hinaus. Vielleicht war ich inzwischen zu erschöpft, oder ich fand nicht den Mut, unsere alte Wohnung zu verlassen, den Abschied von Ursel und von meinem bisherigen Leben zu vollziehen. Endlich war auch der Ziegenstall fertig, es gab keinen Grund, nicht zu wechseln. Wir hatten einen Telefonanschluss, die Küche und die Heizung funktionierten, einige Möbel hatten wir schon eingeräumt, nur ich zeigte keine Entschlusskraft.

„Heute bringe ich mein Bettzeug ins Häuschen“, meinte Johanna eines Sonnabendmorgens, „ich ziehe um.“ Ihre Idee von einem Hochbett hatten wir in eine ungewöhnliche schwebende Schlafgelegenheit umgewandelt, die an der Decke aufgehängt war.

„Du ziehst um?“, wiederholte ich erstaunt, da Johanna bisher eher passiv den Umbau miterlebt hatte.

„Ja, Mama, und du auch."

„Aber es ist doch noch gar nicht alles fertig", hatte ich einzuwenden.

Dann zogen wir um, wobei ich diese Aktion nur verschwommen in Erinnerung habe. Jede Form von Packen, sogar für eine Kurzreise, überfordert mich fast. Dass ich endlich im neuen Haus schlafen konnte, verdanke ich Freunden wie Ewa, Philipp und Birger, die sogar in Kauf nahmen, mein Bett dreimal umzustellen.

Dann ging ich spät und erschöpft schlafen und schaute nach oben durch das Dachfenster, und – es fielen keine Sterne vom Himmel. Es waren nicht einmal welche zu sehen. Unruhig schlief ich ein und glaubte irgendwann ein Klopfen zu hören. Ich lauschte in die Stille, die ich hier noch nicht kannte, und fühlte mich entwurzelt in dieser Nacht wie auf der Durchreise, nirgendwo zu Hause, denn Umziehen ist nicht Ankommen. Ich war 400 Meter von meinem bisherigen Zu Hause entfernt und stand noch mittendrin in meinen alten Gewohnheiten. Johanna tat sich mit ihren zwölf Jahren leichter als ich. Sie blickte nicht zurück, war neugierig auf das Neue und nahm es an. Wie ärgerlich war ich über „Sancho" gewesen, als er anfangs am Zaun hin und her gelaufen war. Verhielt ich mich nicht ebenso? Das alles bedachte ich und brauchte meine Zeit, um anzukommen.

Wir feierten unser erstes Weihnachtsfest mit meiner Mutter, die uns besuchte und sich immer wieder im Haus umsah und über die Veränderungen staunte.

„Was ist das?", fragte sie und schaute zu dem Tabernakel auf dem Balkenwerk hoch.

Ich erklärte es ihr.

„Was wohl Vati zu dem Umbau sagen würde und Klaus?", meinte sie.

„Es würde ihnen sicher gefallen", antwortete ich, „aber das ist nicht wichtig."

„Wieso meinst du das?"

„Weil sie nicht hier leben. Wir müssen uns wohl fühlen."

„Du hast Recht", bestätigte sie.

Einige Tage nach Neujahr begann es abends zu schneien. Langsam verwandelte sich der Garten beim Schein der Außenbeleuchtung in eine weiße Winterlandschaft. Ich setzte mich auf das Sofa, was bisher noch nicht so oft vorgekommen war, weil ich ständig etwas hin- oder herrückte, und ich ließ den neuen Raum auf mich wirken. Auf dem Tisch brannten Kerzen und spiegelten sich im Fensterglas, dahinter fielen sanft dicke Schneeflocken zur Erde. Ich schloss die Augen und erinnerte mich bis in jedes Detail an das ehemalige Häuschen. Dann öffnete ich die Augen und hatte das Gefühl, alles neu, zum ersten Mal zu sehen. Es war wie in einem Traum, und ich fühlte mich wie in einem Schloss.

„Mama, was hast du? Weinst du?“, fragte mich Johanna, als sie aus ihrem Zimmer kam und mich still auf dem Sofa fand.

„Im Gegenteil, ich bin glücklich.“

„Warum?“

„Weil ich endlich umgezogen bin.“

14. Mutgedanke

Es ist mutig, Abschied zu nehmen, wenn wir unser Leben verändern wollen.

Oft hängen wir an alten Gewohnheiten und Räumen und können uns nicht trennen. Die Angst vor dem Neuen, Fremden hält uns zurück. Wagen wir dann doch diesen Schritt, ergeben sich viele Chancen und Möglichkeiten.

Kapitel 10

Die Zaubereier

Die nächsten Wochen verlangten von mir einen täglichen Spagat zwischen dem alten und dem neuen Zu Hause, weil noch etliche Sachen umgeräumt und die Renovierung besprochen werden mussten. Doch allmählich bekam ich eine Sesshaftigkeit im neuen Haus, während der erste Frühling bevorstand.

Die Ziegen und „Sancho“ nahmen den Stall am Haus in Besitz, gingen zum Grasen auf die Weide und kehrten gegen Abend zum Füttern zurück. Später machten sich auch die drei Hängebauchschweine auf den Weg über die Weide hierher, als suchten sie unsere Nähe. „Harry“ liebte es, vor dem Stall liegend seinen dicken Bauch in die Sonne zu strecken. Wenn er meine Stimme hörte, gab er einen kurzen Grunzton von sich, als wollte er sagen: „Na, du.“ Und ich antwortete: „Harry, na, mein Dickbauch.“ Und er wieder: „Ja? Mh?“

Würde ich in manchen, so genannten „feinen Kreisen“, die auch zu meinem Umfeld gehören, über meinen Dialog mit dem Schwein reden, ahne ich die viel sagenden Blicke, die man austauschen würde mit einer Andeutung von Mitleid und Zweifel an meinem Verstand. Es ist schwer, Außenstehende diese „andere Welt“ durch Worte zu vermitteln. Etliche Freunde und Bekannte, Kinder sowieso, haben inzwischen Gefallen an der Idylle auf dem Hof gefunden, kommen gern und haben keine Berührungsängste mit den Schweinen, die jedes Streicheln und Kraulen genießen und sich wohlig dabei auf die Seite rollen. Die Besucher wundern sich über den sauberen Stall, den die Schweine nur zum Schlafen benutzen. Im Gegensatz zu ihren Artgenossen, den Hausschweinen in den Mastställen, machen sie von der Möglichkeit Gebrauch, ihr „Geschäft“ weiter außerhalb zu verrichten. Die Vorstellung, sie müssten in ihrem eigenen Kot liegen, finde ich abstoßend.

Als ich mich nach Klaus' Tod auf den Weg gemacht hatte, meine inneren Widersprüche, die mich aufwühlten wie ein Meeresfläche bei heftigem Wind, zu glätten, Antworten auf viele Fragen zu finden, waren es meine Tiere, die mich das Annehmen des Augenblickes lehrten, meine Ungeduld bremsten und mir Ruhe gaben. Vor allem sollten es die kleinsten Bewohner des Hofes sein, zu denen ich mich zum Füttern und Beobachten oft auf die Erde hockte und dabei auf den Grund meiner Seele, zu mir fand. Mit ihrem sanften Glucksen, der Fürsorge bei ihrem Nachwuchs und ihrer nach Futter suchenden Geschäftigkeit vermitteln sie mir, wie das Krähen des Hahnes am Morgen, eine zeitlose Gemütlichkeit und Geborgenheit. Und ich erfuhr noch etwas, was im Ernst des Alltags oft zu kurz kam: Die Heiterkeit. Ich freute mich über die Tiere und musste oft lächeln und manches Mal sogar laut lachen, wenn ich bei ihnen war.

Die Anschaffung der Hühner war fast in Vergessenheit geraten, als mich eines Tages Detlef anrief und meinte, er würde mir die versprochenen Hühner bringen. Detlef züchtet mit Leidenschaft „Chabos", eine kurzbeinige japanische Hühnerrasse, mit denen er viele Preise bei Ausstellungen gewonnen hat. Für ihn sind die Hühner ein Ausgleich für seine anstrengende Arbeit. „Lass schon mal Badewasser ein", hatte er einmal seiner Frau Grit am Telefon gesagt, während wir einige Details am Bau zu besprechen hatten.

„Ich will dich nicht aufhalten", meinte ich nach einer Weile, „sonst wird euer Badewasser kalt."

„Nein", wehrte mein Baumeister ab, „Grit kann schon allein anfangen. Wir wollen heute die Hühner baden, morgen ist Ausstellung."

Gespannt erwartete ich die Hühner, denn auf meinem kleinen Hof fehlte noch die pickende Schar, die ich immer in meinen Träumen gesehen hatte. Anfangs erschienen mir die Hühnchen, die gleich heimisch waren, wenn sie mit ihren leuchtend roten Kämmen und dem weißschwarzen Gefieder vor dem Haus scharrten, wie eine possierliche Dekoration. Sie verliehen dem Haus die Idylle einer kleinen Farm, ähnlich wie es die Fernsehwerbung für Brotaufstriche zu vermitteln versucht. Es dauerte eine Zeit, bis ich erkannte, dass mir die Hühner durch ihr Dasein täglich so viel Natürlichkeit und Erstaunliches zeigten, was nicht nur dieses Kapitel, sondern ein Buch füllen würde.

Vor allem Kindern wünschte ich den Umgang mit Hühnern. Das würde ihnen eine Tür zu etwas Einfachem öffnen, das so einmalig ist wie ein Ei in seiner Vollendung. Wie viel sinnvoller wäre es, wenn Familien, die einen Garten besitzen, darin Hühner statt Meerschweinchen oder Kaninchen halten. Viele der armen Tierchen würden dann nicht zu Tode gestreichelt oder, was ebenso schlimm ist, in zu engen Käfigen gehalten und vernachlässigt werden. Bei diesen privaten Hühnerhaltungen gäbe es zudem täglich ein bisschen „Oster-Erlebnis", die Eier aus dem Nest zu holen – und es brauchten nicht mehr unzählig viele Hühner das grausame Legehennendasein zu erleiden.

Wer glaubt, ein Huhn sei wie ein Ei dem anderen gleich und in ihren kleinen Köpfen habe das Gehirn nur wenig Platz, Hühner seien also dumme Tiere, der irrt. Ich höre nicht auf, über ihre vielen Fähigkeiten zu staunen. Wir Menschen sperren diese Vögel als Eierproduzenten in enge Drahtkäfige, berauben sie aller natürlichen Bedürfnisse, entwürdigen sie als Massenware in Hähnchenfabriken und verpantschen Unmengen an Eiern in alle möglichen Nahrungsmittel, wo sie nicht hineingehören. Was wir Menschen mit den Legehennen veranstalten, ist abartig. Die Vogelgrippe ist eine Reaktion der Natur, aber nicht einmal diese deutliche Warnung ändert die Massentierquälerei.

Wir verbrachten unser zweites Frühjahr im neuen Haus, und ich freute mich besonders auf die Küken, die klitzekleinen gelben Federkugeln, die gerade aus dem Ei geschlüpft schon das Verhalten von erwachsenen Hühner haben, die nach Körnern picken, sich putzen und scharren. Im Vorjahr war nur ein Küken, so klein wie ein Tischtennisball, geschlüpft, das ich vor dem Kater und allen anderen Gefahren beschützte und schließlich in einem separaten Auslauf unterbrachte. Das Küken wuchs heran, und ich setzte es eines Abends zu den übrigen Hühnern in den Stall. Der Anblick, wie die Mutter auf der Stange sitzend einen Flügel um ihr Kind legte, rührte mich sehr. Alle Unruhen dieser Welt, alle Gefahren und Ängste vor der Dunkelheit wehrte dieser Flügel ab, der sich wie ein sanftes, liebevolles Schutzschild über dem Küken ausbreitete.

Wie viel können wir lernen von der Hingabe der Tiermütter, die da sind für ihre Kinder und ihnen dadurch Vertrauen geben? War ich immer eine gute Mutter gewesen? Mein oft unruhiges Leben durch meine freiberufliche Arbeit, die Trennung von meinem ersten Mann, der Tod von Klaus hat auch das Leben meiner Töchter beeinflusst und sie nicht in der Sicherheit einer Familie aufwachsen lassen, wie ich es mir für sie gewünscht hätte. Beide Mädchen hatten oft nach der Schule auf mich warten müssen, weil ich nicht rechtzeitig kam, was sie mir vorgeworfen haben. Manches Mal war ich ungeduldig mit ihnen, habe ihnen nicht gezeigt, wie man einen Knopf annäht oder einen Schrank sorgfältig aufräumt. Doch habe ich meinen Kindern meine Liebe und Zärtlichkeit gegeben und versucht, ihnen zu vermitteln, was ich meiner Großmutter verdanke: Das Vertrauen in einen göttlichen Vater oder in eine höhere Macht, die die Blumen blühen, den Wind wehen lässt, die uns immer begleitet, die uns die Liebe sowie das Mitleid oder Mitgefühl für andere Menschen und Lebewesen schenkt.

„Was du nicht willst, das man dir tut, das füg auch keinem anderen zu." Diesen Satz hatte ich als Kind gehört und gesehen, wie meine Großmutter danach lebte. Wer Mitgefühl hat, der fühlt mit anderen, der nimmt an seinem Leid teil und – ohne Neid – an dessen Freude, Erfolg und Glück.

Ebenso wichtig ist das Mitleid, denn wenn wir mit einem Menschen oder Lebewesen mitleiden, wird sein Leid, sein Kummer für uns wichtig, und wir können helfen, ihn zu trösten, denn wir sind die Starken in dem Moment. Wir sehen das Leid, den Schmerz und die Ohnmacht des anderen.

Mit Mitleid und dem Mut, das Leid nicht hinzunehmen, können wir diese Welt verändern. Es ist die Biene, die sich bei uns im Zimmer verflogen hat und immer wieder gegen die Scheibe fliegt. Was kostet uns diese kleine Handbewegung, sie zurück zu den Blumen und Düften zu befördern. Es ist das Kind, das weint. Wie leicht ist es für uns, es zu trösten, damit es wieder lacht. Es ist die Nachbarin, die alt und allein ist. Wie einfach ist es, in ihre Einsamkeit ein wenig Abwechslung zu bringen. Es ist der Hund im Tierheim, der ausgesetzt wurde und nicht geliebt ist. Wie schön, ihn statt eines teueren Rassehundes in unsere Familie zu holen. Es ist die Natur und Umwelt, deren Zerstörung wir nicht hinnehmen, sondern wir müssen bei uns anfangen, sie zu erhalten. Es ist die kleine Münze, die wir einem Bettler geben, weil wir davon mehr besitzen als er.

„Er kann doch arbeiten, das muss ich auch", argumentieren viele, und vielleicht haben sie Recht. Aber wenn dieser Mensch, der ganz unten ist, zu uns hochblickt und seine Hand ausstreckt, dann ist er arm, weil er so tief gesunken ist.

Als meine Töchter und ich für ein Wochenende nach Rom reisten, hatte ich etwas Kleingeld in einer Manteltasche. Wenn es sich ergab, legte ich davon in den Teller oder Hut der vielen Bettler, die wirklich arm aussahen.

„Willst du bei jedem Bettler stehen bleiben?", meinte Johanna.

„Nicht bei jedem, aber bei einigen“, meinte ich, und ich schaute schon hin, wer auf der Straße bettelte, und in Rom waren es oft alte Frauen.

„Überleg mal, wie viel Geld wir in diesen Tagen für Essen, Kaffeetrinken, Hotel usw. ausgeben. Das sind etliche Euro. Glaubst du, die paar Cent für Bettler machen mich ärmer, aber vielleicht helfen sie einem anderen“.

Johanna antwortete nicht. Als sie einige Monate später aus Hamburg zurückkam, erzählte sie mir, dass ein ärmlich wirkender Mann, der ein nettes Gesicht hatte, sie am Fahrkartenautomaten angesprochen und verlegen gefragt hatte: „Ich weiß, es ist nicht passend, aber hast du 20 Cent für mich?“

„Er tat mir so leid“, meinte Johanna. Wir redeten an dem Abend eine Weile darüber, dass man durch unterschiedlichste Schicksalsschläge in schwierige Situationen geraten und den Boden unter den Füßen verlieren kann. Ich freute mich, dass das Leid eines anderen Menschen sie berührt hatte. Was wir Kindern sagen, ihnen mit Worten vermitteln wollen, erreicht sie weniger als das, was wir ihnen vorleben. Und wie gut tut es ihnen, wenn wir manchmal einen „Flügel“ um sie legen, damit sie geborgen sind und stark werden, wie mein kleines Küken, das der stattlichste und schönste Hahn auf dem Hof wurde.

Er setzte sich gegen die beiden Älteren durch, wurde schließlich der Chef und beschützte die kleine Schar. Er ging mutig auf fremde Hunde los und vertrieb sogar einmal einen Raubvogel. Es mag fast unwahrscheinlich klingen, doch sah ich ihn ein Jahr später auf der Stange neben dem Nachwuchs sitzen, wie er eines der Küken unter seinen „Fittich“ nahm.

Mit meinen Hühnern erlebte ich Ungewöhnliches, so auch eine „Mutprobe“, zu der mich meine Chabos, die kaum größer als eine ausgewachsene Ringeltaube sind, herausforderten. Ich bewältigte sie in Johannas Badezimmer, und niemand sah mir zu oder bewunderte mich. Doch als ich aufblickte, sah ich in den Spiegel über dem Waschbecken, und ich lächelte mich stolz an.

Es begann auf der Rückfahrt von einem Termin. Johanna rief mich an und meinte: „Mama, du musst sofort nach Hause kommen, mit den Hühnern stimmt etwas nicht. Der ganze Stall ist voller Termiten oder so was.“ Ich fuhr gerade durch den Elbtunnel und wäre fast mittendrin auf die Bremse getreten.

„Was ist im Stall?“, fragte ich. Bevor ich losgefahren war, hatte ich mich vergewissert, dass alles in Ordnung war. Drei Hühner hatten seit einigen Wochen auf 15 Eiern gesessen und gebrütet. Acht Küken waren geschlüpft, und sieben Eier befanden sich noch in den Nestern. Ich hatte vor meiner Abfahrt die Küken mit Haferflocken, gekochtem Eigelb und Wasser versorgt, das Heu in den Nestern mit den restlichen Eiern gewechselt und war beruhigt zu dem Termin gefahren. Termiten hatte ich keine gesehen.

„Die Eier liegen im Stall verstreut, und überall sind diese Viecher drauf. Es ist ekelig“, meinte Johanna aufgeregt. Ich sah Scharen von Termiten in dem Stall.

„Was ist mit den Küken?“, unterbrach ich meine Tochter.

„Die sind ganz munter und rennen im Stall rum.“

„Johanna, kennst du überhaupt Termiten? Das sind riesige Ameisen. Sind die wirklich bei uns im Stall?“

„Nein, wie Ameisen sehen sie nicht aus. Es sind so kleine schwarze Punkte. Die sitzen überall auf den Eiern.“

Endlich wusste ich, was sie meinte. Das mussten Milben sein. Ich hatte schon am Morgen beim Wechseln der Einstreu an meinen Händen dieses ganz leichte Krabbeln gespürt und zwei Nesterböden mit einem Milbengift ausgepudert. Wahrscheinlich fühlten sich die drei Glucken von dem Ungeziefer belästigt, hatten die Nester verlassen, und die Eier waren herausgekugelt. Vielleicht hatten die Hühner nach dem langen Brüten auch keine Lust mehr, auf den Eiern zu sitzen, und sie wollten sich nun um die Küken kümmern.

„Was soll ich machen?“, fragte Johanna in meine Überlegungen.

„Also, das sind Milben.“

„Iiiii.“

„Die sind harmlos. Nimm das kleinste Küken, das heute früh geschlüpft ist, mit ins Haus und wärm es. Ich beeile mich.“

„Ich habe es schon in der Hand.“

„Gut“, lobte ich sie und trat aufs Gaspedal.

Es war dann so, wie ich vermutet hatte. Die sieben Eier lagen im Stall verstreut, und die drei Glucken kümmerten sich nur noch um die Küken. Ich nahm die sieben inzwischen kalten Eier, die übersät waren mit Milben, ins Haus, pustete auf dem Weg einen Teil des Ungeziefers weg und trug sie in Johannas Bad. Vorsichtig legte ich die Eier in das bunte handbemalte Waschbecken aus Mexiko. Es war kurz vor Ostern, und das Ganze wirkte wie eine Osterdekoration aus einem Magazin für schönes Wohnen. Ich spülte die Eier unter lauwarmem Wasser ab und überlegte angestrengt, was ich tun könnte. Inzwischen war es nach 22 Uhr, zu spät, um mir telefonischen Rat bei Detlef zu holen. Die Hühner würden, das war mir klar, die Eier nicht mehr annehmen. So hätten die Küken keine Chance zu schlüpfen. Ich drehte die Eier, hielt sie ans Ohr und untersuchte jedes ausgiebig. Was mochte sich hinter der Schale verbergen? Waren die Küken, falls sich welche in den sieben Eiern befanden, lebensfähig? Eine Schale hatte ein kleines Loch; aus diesem Ei piepste es leise. Ich musste schnell handeln, denn der Piepton wurde immer leiser und verstummte dann. Sehr vorsichtig begann ich, das Ei zu schälen. Mir war gruselig dabei, doch zugleich war ich neugierig, was sich mir offenbaren würde. Etwas Neues zu tun, was es auch immer sein mag, ist schwer und kostet uns beim ersten Mal oft Überwindung – und hatte ich das Recht dazu, hinter die Schale zu schauen auf etwas, was noch nicht auf der Welt war? Ich schälte weiter, stieß auf eine Hülle, durch die etwas Unförmiges schimmerte. Ich zerriss diese Schicht mit den Fingerspitzen, und mir kam etwas Feuchtes, Zusammengefaltetes entgegen, ein wenig Blut und riesige Füße. Wie ein Küken sah das nicht aus. Aber ein Schmetterling, der gerade der Puppe entschlüpft, ist ja auch noch weit von seinem späteren Aussehen entfernt. Das Küken schien zu leben, es piepste zart und atmete. Ich spülte leicht mit warmem Wasser ab; danach ähnelte es, während es sich immer mehr ausstreckte, einem Küken, aber nicht gerade einem aus der Werbung. Das nasse Tierchen legte ich auf eine Seite des Beckenbodens.

Beim zweiten Ei hatte ich schon eine Ahnung, was mich erwarten würde. So wollte ich es schnell öffnen und keine Zeit verlieren. Nur hatte dieses kein Loch, keinen „Eingang“, bei dem ich beginnen konnte. Es sah aus wie eines der Frühstückseier, die ich sonst immer mit dem Messer „köpfte“, was nach dieser Aktion nie wieder passierte. Ich tickte das Ei vorsichtig mit der Spitze an die Ziehharmonika des Vergrößerungsspiegels am Waschbecken und brach gleich ein großes Stück von der Schale heraus. Das Küken strampelte mir dieses Mal entgegen. Es hatte es eilig, in die Welt zu kommen. Ich befreite es Stück für Stück, spülte es ab und legte es zu dem anderen. Die beiden Küken hingen im Waschbecken, nass und matt wie zwei Gestrandete.

Nun ging ich an das dritte, zügig und schon fast routiniert. Doch diesmal flossen mir einige Tropfen Blut entgegen und ein wenig Eigelb. Dieses Küken war noch nicht ausgereift. Es war halb Vogel, halb Ei, ein Wesen zwischen Entstehen und Leben. Es hatte keine Chance. Einen Moment schluckte ich einen Anflug von Mitleid und Ekel hinunter, legte das unfertige Wesen samt Schale in ein Papiertuch in das Glasregal neben Johannas Parfümflaschen. Nun hatte ich es eilig. Ich öffnete zwei weitere Eier und, inzwischen schon geübt, legte ich die beiden Küken frei, die sich auseinander falteten und bereit für das Leben waren. Beim letzten Öffnen hatte ich wieder Pech, das Küken war nicht lebensfähig.

Johanna, die immer noch das Küken aus dem Stall wärmte, half mir in meinem Badezimmer, wo sich eine Fußbodenheizung befindet, ein Nest aus gerollten Handtüchern und einer weichen Unterlage zu bauen Eine Rotlichtlampe befestigte ich mit dem Kabel am Geschirrtuchständer aus der Küche. Und – das Wunder begann. In wenigen Stunden entfalteten die matten, feuchten Geschöpfe, auf deren rosa Haut einige gelbe Stielchen klebten, einen zarten Plüsch. Sie reckten sich, stellten sich auf ihre riesigen Füße, blinzelten keck mit den schwarzen, glänzenden Knopfaugen in die Gegend und piepsten unentwegt. Immer wieder vergrößerte ich ihr Nest und streute Haferflocken auf den Boden. Als sich die Kleinen gegenseitig in ihre schwarzen Knopfaugen pickten, erkannte ich, sie konnten die Flocken auf dem weißen Untergrund nicht erkennen. Auf einer blauen Serviette sahen sie das Futter und sofort begannen sie zu picken, genauso wie großen Hennen. Ich konnte mich nicht satt sehen an diesen kleinen Kreaturen, kniete vor ihnen, bis meine Knie schmerzten.

Es war Vollmond in dieser Nacht. Er schien in mein Zimmer, gelb und vollkommen. Ich hörte – wie eine Glucke – beruhigt das leise Piepsen im Badezimmer, und neben mir schlief, wie lange nicht mehr, Johanna.

„Kann ich bei dir schlafen?“, hatte sie gefragt, während ich mit den Küken beschäftigt war, „dann können wir morgen zusammen zu den Kükis gehen.“

Nach ein paar Stunden Schlaf weckte mich Johanna. Sie war schon leise ins Bad gegangen:

„Mama, alle Küken leben. Sie sind so süß. Ich fand es übrigens toll, wie du die Eier aufgemacht hast, das hätte ich mich nicht getraut.“

„Klar, wenn es nötig ist, machst du das auch.“

Endlich konnte ich Detlef anrufen und ihm von meinem Erlebnis berichten. „Das hast du richtig gemacht. Wenn die Eier zu lange auskühlen, haben die Küken keine Chance mehr zu schlüpfen. Dann muss man ihnen helfen. Jetzt solltest du die Temperatur um 35 Grad halten. Das werden deine Küken überleben. Du schaffst das."

Nach dem Frühstück ging ich wieder zu den Kleinen, die ihre Hälse neugierig reckten und piepten, als sei ich ihre Mutter. Aber – es gab ja eine echte Mutter. Wozu brauchte ich eine Rotlichtlampe? Im Stall waren drei Hühner für sieben Küken. Eine, so überlegte ich, wurde hier gebraucht. Ich ging in den Stall, streute Futter aus und griff eine der pickenden Hennen. Auch sie musste zunächst, wegen der Milben, in Johannas mexikanisches Waschbecken. Hier wusch ich die Glucke gründlich, föhnte sie und setzte sie zu den Küken in mein Bad. Die Glucke wirkte erst irritiert und ängstlich, ihren gewohnten Stall mit meinem Badezimmer vertauschen zu müssen. Da ihre Kleinen, die ich nun in einen Weidenwäschekorb umsiedelte, keine Scheu vor mir und meinen Händen zeigten, legte auch sie ihre Angst ab. Sie schien sich sogar an dieses zwar begrenzte, aber auch bequeme Leben zu gewöhnen und erfüllte ihre Mutterpflichten vorbildlich und wärmte die Kleinen unter ihrem Gefieder.

Die Küken im Stall entwickelten sich bei der Fürsorge von zwei Müttern und meinen Spezial-Menüs gut. Schon nach zwei Tagen unternahmen sie ihren ersten Spaziergang nach draußen und pickten mit den anderen Hühnern und Hähnen im Sand. Ich sog diesen Anblick mit Hingabe auf, alle Gedanken und alle Sorgen schwanden, und ich war in diesem Moment eins mit mir, berührt von einem tiefen Frieden.

Abends im Stall verschwanden die Küken unter dem Gefieder des Gluckenduos, das sich ein Nest teilte und aufgeplustert aussah wie eine dicke Henne mit zwei Köpfen. Da wir einen sehr warmen April hatten, ließ ich meine „Badezimmerküken" wenig später mit in den Garten. Die 13 Küken wuchsen – ähnlich einem Farnkraut nach einem Frühlingsregen – wie im Zeitraffertempo. Plötzlich entstanden kleine, weiße Federn aus den Flügeln, und es spross ihnen ein Minifederschwanz.

Vor den Habichten, Sperbern und Eichelhähern, die vom Feld kommen könnten, schützte ich die Küken, die mit ihren Müttern inzwischen immer weitere Spaziergänge unternahmen und sogar mit „Harry", der sicher das 1000fache Gewicht hatte, aus seinem Napf fraßen, mit drei Sonnenschirmen, bunten, wehenden Bändern, Netzbespannungen und

Gartenstühlen, was nicht gerade für ein gepflegtes Erscheinungsbild meines Gartens sorgte.

„Was hast du vor? Willst du einen eigenen Zirkus aufbauen?“, wunderte sich Markus bei einem Besuch.

„Ich muss doch meine Küken schützen“, meinte ich.

„Du hast drei Hähne. Die können doch auch auf den Nachwuchs aufpassen“, entgegnete er.

„Pah“, entgegnete ich wütend, „die haben genug mit sich zu tun, diese Machos.“

Wenn die drei Hähne auch untereinander die Rangordnung geregelt hatten, stritten sie sich um die Hühner und gockelten vor den Hühnern, um ihre Aufmerksamkeit zu gewinnen, spreizten die Flügel, scharrten im Sand und krähten ständig um die Wette. Die Hennen fühlten sich beim Körnersuchen und Picken gestört und wichen aus. Darauf gingen die Hähne nun rücksichtsloser vor, bestiegen nacheinander die Hennen, und die Unruhe hörte sogar abends im Stall nicht auf und die Küken bekamen Angst. So konnte es nicht weitergehen. Ich rief Detlef an, schimpfte über meine dreisten Hähne und fragte, ob er zwei Hähne von mir übernehmen könnte.

„Ich habe selbst zu viele. Da gibt es nur eins, zwei von deinen Hähnen müssen in den Topf.“

„Sehr lustig“, meinte ich pikiert, „mir wird schon bei dem Gedanken übel. Gibt es keine andere Lösung?“

„Ich weiß keine. Außerdem solltest du nicht vergessen, dass man Hühner eigentlich hält, um sie auch mal zu schlachten.“

„Ja“, meinte ich kleinlaut, „aber ich bin nicht „man“.

„Frag meinen Bruder, der erledigt das für dich.“

„Ich denke darüber nach. Danke erstmal“, beendete ich das Gespräch.

Da hatte ich nun mein kleines Paradies. Mit den Küken hatte ich gerade ein besonderes Glück erlebt und nun stieß ich an Grenzen, wo die Dornen wachsen. Was sich im Hühnerhof abspielte, war nicht in Ordnung, und die musste ich wieder herstellen. Inzwischen hatte ich erfahren, dass Tiere nicht über den Tod nachdenken. Die leben im Hier und Jetzt. Traurig für Tiere finde ich einen langen Leidensweg, die Qualen durch eine falsche Haltung oder Unfreiheit und falsch verstandene Tierliebe. Meine Hähne hatten bisher ein gutes Leben geführt. So rief ich Detlefs Bruder

Stefan an, und es war Zufall, dass er nebenan bei Ursel war und den Apfelbaum beschnitt.

Hätte ich ihn einen Tag später erreicht, würde die Bedenkzeit meinen Entschluss geändert haben. So gut kannte ich mich. Schon die Auswahl der Hähne war eine Qual. Ich griff die beiden, die im Stall oben saßen, und ließ den Größten, der zwischen zwei Hühnern schlief, zurück. „Nicht nachdenken", zwang ich mich und trug die beiden im Karton, der auf dem Weg immer schwerer zu werden schien, über die Weide zu Ursel.

„Wir vergraben sie im Wald", sagte Stefan und schloss damit weitere Diskussionen aus, ob es wirklich zum Töten der Hähne kommen sollte.

„Möchtest du sie nicht haben", fragte ich ihn, „oder kennst du jemanden, der sie nehmen könnte?" Stefan lehnte ab: „Wenn du sie weggibst, weißt du nicht, was mit ihnen passiert und ob sie es gut haben."

Aus dem Gartenhaus holte ich das Beil, das wie Blei in meiner Hand lag; ich legte es neben den Karton mit den Hähnen auf die Schiebkarre; die schob ich in Richtung Wald, wo Stefan die Äste des Baumes auflas. Ich fühlte mich elend.

„Es wird kalt, komm in die Küche", rief mir Ursel zu. Die Einladung nahm ich gern an und ging. Ich hielt mir die Ohren zu, um nichts mehr zu hören, ließ die Karre, die Hähne, und ihr Schicksal hinter mir. Noch einmal wollte ich mich vergewissern, dass Stefan auch schnell handelte; da sah ich schon für einen Moment einen der Hähne wirr im Gras zappeln. Ohne Kopf. Etliche Meter war ich entfernt, doch die blutige Wunde brannte in meinem Innern.

In der Küche bat ich Ursel um einen Schnaps und löschte ein wenig den Schmerz. Ich wollte auch nicht weiter darüber reden, aber immer wieder suchte ich nach einer Rechtfertigung für meine Entscheidung.

„Nun lass mal gut sein", versuchte Ursel mich zu beruhigen und lenkte das Gespräch in eine andere Richtung.

An diesem Abend hatte ich schlechte Laune, und aus einer Diskussion mit Vicky am Telefon entwickelte ich einen richtigen Streit. Beim Einschlafen musste ich an den Halsstumpf denken.

Der nächste Morgen, bei dem mir die Hahnaktion des Vorabends noch wie ein schweres Essen auf dem Magen lag, versöhnte ich mich beim Öffnen des Hühnerstalls mit mir. Ruhig kamen mir die Hühner und die Küken entgegen, entspannt pickten sie ihre Körner, tauchten ihre Schnäbel in die Wasserschale und ließen die Tropfen langsam durch die Kehlen fließen. Der Hahn schritt gelassen dazwischen herum, und ich fand, er warf sich mehr als sonst dabei in die Brust.

15. Mutgedanke

Es ist mutig, auf Entdeckungsreise zu gehen, egal, wohin sie uns führt, ob in ein fremdes Land, auf eine Insel, zu uns selbst oder zu einem Geheimnis. Wenn wir den Weg zum „Neuland" wagen, wird eine Entdeckung auf uns warten. Es liegt an uns, diese anzunehmen.

Kapitel 11

Die Beschützer

„Hast du keine Angst, hier allein zu wohnen?“, fragte mich eine meiner Freundinnen bei einem Besuch im neuen Haus. „Mir wäre es zu einsam; ich könnte nachts kein Auge zumachen.“

Durch die Lage in einer Sackgasse befindet sich unser Haus abseits vom Verkehr und anderen Häusern. Hinter dem Garten beginnt das Naturschutzgebiet mit Feldern und Wäldern. Nebenan wohnt meine Nichte Karina auf einem weitläufigen Waldgrundstück, so gibt es keinen direkten Nachbarn. Die kleine Nordheidestadt mit Bahnhof, Kirchen, Geschäften, Banken, Schulen, Sporteinrichtungen und Wochenmarkt liegt drei Kilometer entfernt. In der Nacht kann man den Schein des Lichtermeeres von Hamburg gut 30 Kilometer weiter nördlich sehen. So liegen wir nicht völlig abseits, sondern nur ein wenig weggerückt von den anderen Menschen, dafür aber mit „Hautkontakt“ zur Natur, den Jahreszeiten, dem Wetter und in manchen Momenten der Stille.

Da meine Mutter ein Vorbild für uns Kinder war, wie Angst ein ständiger Begleiter sein kann, wurde mir eine Grundfurcht in die Wiege gelegt. So rechnete ich als Kind ernsthaft am 13. Mai mit dem Weltuntergang. Es wurde zu dem Zeitpunkt das Lied „Am 13. Mai ist der Weltuntergang, wir leben nicht mehr lang …“ im Radio gespielt, und ich wunderte mich, wenn er nicht eintrat. Ich konnte mir beim Autofahren bildlich einen Unfall mit allen Folgen vorstellen, darum habe ich auf den Reisen mit meinen Eltern hinten im Wagen sitzend während der ganzen Fahrt gelitten, während meine Mutter ständig meinen Vater warnte: „Hermann, pass auf! Fahr nicht so schnell!“ Als dann wirklich einmal an einer Autobahneinfahrt ein anderer Wagen auffuhr, wunderte ich mich, dass wir nicht alle blutend am Straßenrand lagen, sondern unser Auto nur eine Delle und wir einen Schrecken bekommen hatten.

Den Satz „Achte auf deine Gedanken, denn sie werden deine Taten“[8]) könnte man auch umwandeln in „Achte auf deine Gefühle, denn sie werden dich beherrschen“. Wer immer in Angst lebt, wird nicht nur davon bestimmt, er vergeudet kostbare Energien und zieht Probleme oder Unfälle an. Einmal ließ sich meine Mutter, die es ablehnte, je ein Boot, Flugzeug, eine Brücke oder sonst was zu betreten, überreden, auf den Berliner Fernsehturm zu fahren.

„Hier werde ich nie wieder herunterkommen“, stöhnte sie im Fahrstuhl und konnte weder die schöne Sicht noch den Familienausflug genießen. Dann passierte wirklich etwas: Es begann zu stürmen, und der Fahrstuhl konnte nicht eingesetzt werden. Wie entsetzlich muss der Abstieg für meine Mutter gewesen sein. Mein Vater und mein Bruder stützten und beruhigten sie während des mühevollen langen Abstiegs über die Treppe. Auf meine Schwester und mich achtete niemand. Woher diese ständigen Befürchtungen rühren, weiß meine Mutter selbst nicht; vielleicht war es ein Mangel an Selbst- oder Gottvertrauen, das erst nach dem Tod meines Vaters wuchs. Wir haben nie darüber gesprochen.

Meine Erfahrungen zeigten mir, nicht die sorglosen, angenehmen Zeiten ließen meinen Mut wachsen, sondern die Täler, wenn ich ganz unten war. Nachdem ich diese Tiefen durchschritten hatte, fühlte ich beim Aufwärtsgehen Erleichterung und neue Lebensfreude. Deutlich erkannte ich dann, dass es eine höhere Macht geben muss. Wenn wir uns mit ihr vereinen, verliert jede Angst ihren Abgrund.

Daraus habe ich gelernt, doch gelingt es nicht ständig, alle Ängste oder auch Panikattacken zu vertreiben, die ich, wenn es um meine Töchter geht, wohl immer behalten werde. So verlange ich konsequent von Johanna – bei jeder Fahrt nach Hamburg zu einem Konzert oder auch woanders hin – regelmäßige Meldungen.

„Mama, das macht keine meiner Freundinnen“, beschwert sich Johanna dann.

„Eine SMS ist für dich ein Knopfdruck und für mich eine große Beruhigung, außerdem habe ich für dich keinen Vater, der die Verantwortung mit übernimmt.“

„Immer kommst du damit“, sagt meine Tochter, hält sich aber an die Abmachung und nimmt mir damit meine schlimmen Vorstellungen, was dem Mädchen alles zustoßen könnte. Vielleicht, das ist meine vage Vermutung, hat diese Fürsorge ihren Entschluss, für ein Jahr als Austauschschülerin nach Panama zu gehen, verstärkt.

Dass sich Johanna auf ein großes Abenteuer einlässt, wurde mir bewusst, als ich wegen der notwendigen Impfungen bei einem Hamburger

Institut anrief und ein längeres Gespräch mit einer Mitarbeiterin führte, die gerade eine Weiterbildung über alle Gefahren- und Krankheitsmöglichkeiten in Mittel- und Südamerika hinter sich hatte.

„Wie alt ist Ihre Tochter?“, fragte sie.

„Noch 15, aber sie ist 16, wenn sie fährt.“

„Ich würde meine Tochter nie dahin fahren lassen.“

Dieser Satz und die vorherigen Ausführungen veranlassten mich, die Panama-Reise neu zu überdenken. Ich erinnerte mich daran, wie ich mit 16 den Wunsch geäußert hatte, für eine Zeit in einem Kibbuz in Israel zu arbeiten. Meine Eltern schickten mich daraufhin acht Wochen in eine englische Mädchenschule. Vielleicht gab es auch für Johanna eine Alternative? Doch ihr Entschluss, nach Panama zu gehen, stand fest, und bei den Vorbereitungskursen von AFS, den Kontakten und Gesprächen mit anderen Jugendlichen aus Deutschland und aus aller Welt wuchs ihre Begeisterung.

„Du könntest auch einen anderen Bundesstaat wählen. Papa war auch in Chicago“, versuchte ich sie umzustimmen.

„Mama, ich habe mir alles genau überlegt. Wahrscheinlich würde ich auf einer Rinderfarm in Texas landen, und genau das will ich nicht. Das ist ja fast wie zu Hause. Ich möchte ein ganz anderes Leben kennen lernen und nachher Spanisch können. Außerdem ist es jetzt entschieden.“

Einige Wochen verstrichen nach dem Gespräch mit dem Impfinstitut, und so schwanden auch meine größten Sorgen. War ich nicht diejenige, die in Seminaren, Lesungen und Büchern zu Mut und Vertrauen aufforderte? Nun war ich selbst betroffen und schien ziemlich ratlos. Es sind oft die kleinen Wegweiser, die uns helfen, und so einen fand ich in einer Galerie, die ich mit meiner Freundin, der Künstlerin Petra[9]), einen originellen Schlüsselanhänger aus Metall, in den ein kleiner Engel eingraviert war mit struppigen Haaren, einem kessen Grinsen und einem Herz in den Händen. Auf der Rückseite stand geschrieben: „Ich begleite dich in ein spannendes Leben mit Abenteuern.“ Das war es! Symbolisch sollte der kleine Anhänger Johanna begleiten, und statt ihr Ängste einzureden und sie zur Teilnahme an einem Selbstverteidigungskurs zu motivieren, wollte ich mich mit ihr freuen und ihr den Rat auf die Reise geben, dass ein Schutzengel immer bei ihr ist, dem sie vertrauen kann, auch wenn sie in eine schwierige Situation gerät. Dieser kleine Anhänger, über den Johanna sich freute und den sie gleich an ihrer Tasche befestigte, wird sie auf der anderen Seite der Erdkugel daran erinnern.

Ich war froh, diesen „Angstpfad“ endlich verlassen zu können, und als wir in den nächsten Tagen wieder Informationspost von AFS bekamen, wurde ich – fast wie zur Belohnung – weiter beruhigt. In dem Schreiben wurden Kontaktadressen für die Schülerinnen und Schüler in ihrem Gastland mitgeteilt und zudem eine Liste von mehr als 20 „Returnees“, die gerade ein Jahr in Panama verbracht hatten, die wohlbehalten und auch bereichert zurückgekehrt waren. Mit einigen nahm Johanna Kontakt auf, und alle berichteten mit großer Begeisterung von ihren Erlebnissen. Warum sollte gerade meiner Tochter etwas passieren?

Immer wieder hilfreich, wenn ich ängstlich oder ratlos bin, sind für mich die Sätze aus Desiderata („Gewünschtes“)[10]), die ich im Häuschen und auch im neuen Haus ausgedruckt und in einem Rahmen aufgehängt habe und oft bewusst lese, weil diese Gedanken eine große Weisheit und einen starken Glauben beinhalten. Von wem mag diese Botschaft sein, die in einer Kirche in Baltimore ohne Verfasserhinweis gefunden wurde? Zur Angst oder zu einem Unglück heißt es dort: „Stärke die Kraft des Geistes, damit sie dich in plötzlich hereinbrechendem Unglück schütze. Aber beunruhige dich nicht mit Einbildungen. Viele Befürchtungen sind Folge von Einsamkeit und Erschöpfung.“

Die Vorstellung, dass uns etwas im Häuschen passieren könnte, hatte ich nie. Unser Holzhaus vermittelt nicht den Eindruck, als sei hier Wertvolles zu holen. Außerdem liegt es abgelegen, wer sollte sich hier schon in böser Absicht verlaufen? Nachdem ich das Häuschen gekauft hatte, war mir dennoch eine Pforte wichtig und eine Umzäunung, schon wegen unserer Hunde, die eine Begrenzung brauchen. Die hohe Eisenpforte, nach altem Vorbild, die ich einbauen ließ, vermittelt vom Stil her Romantik und verwehrt zugleich den Eingang. Die Frage meiner Freundin, ob ich keine Angst hätte, fiel mir doch eines Tages wieder ein, als ein unbekannter, leicht unheimlich wirkender Mann vor der Haustür stand und etwas verkaufen wollte. „Shirleys“ Bellen nahm er nicht ernst. „Marie“ freute sich, wie es ihre Art ist, über den Besucher und legte ihm gleich einen ihrer Bälle als Spielaufforderung vor die Füße.

„Wohnen Sie hier ganz allein?“, meinte der Mann und schaute über meine Schulter.

Ich überlegte kurz und meinte dann: „Natürlich nicht. Mein Mann und meine Söhne sind nur gerade nicht da.“

Dann ging der Fremde, und ich rief hinter ihm her: „Schließen Sie bitte die Pforte“, die für ihn beim Betreten des Gartens kein Hinderungsgrund gewesen war.

Nach dieser Begegnung überlegte ich mir, ob ich Johanna und mich künftig doch besser schützen sollte. Ich dachte an „Puschkin“, unseren starken kaukasischen Owcharka, der kurz nach Klaus’ Tod mit nur drei Jahren an einer undefinierbaren Krankheit nach monatelangem Leiden gestorben war. Dieser Hund, den wir von einem Mandanten von Klaus aus St. Petersburg als Welpen von nur fünf Wochen bekommen hatten, gab mir durch seine Kraft Sicherheit bei meinen weiten Ausflügen in den Wald.

Seit meiner Kindheit habe ich für Hunde eine besondere Vorliebe. Sie sind lebensbejahende Begleiter mit einer freundlichen Zuwendung für uns Menschen, die sie oft falsch und schlecht behandeln. Ich bewundere ihre besonderen Fähigkeiten, vieles von dem zu hören und zu riechen, was unsere Sinne nicht erreicht, und die Kunst, sich völlig zu entspannen. Die Ruhe, die von meinen schlafenden Hunden ausgeht, überträgt sich auch oft auf mich und tut mir gut. So hatte ich seit meiner Kindheit immer einen oder auch mehrere Hunde, die mich begleitet und mein Leben bereichert haben, jeder auf seine eigene Art.

„Ich glaube“, meinte ich nach einiger Überlegung zu Johanna, „wir brauchen wieder einen „Puschkin“, der auf uns aufpasst.“

Johanna verstand sofort, worum es ging, war begeistert und stöberte daraufhin im Internet. Es sollte wieder ein großer Hund sein, der durch sein Auftreten beeindruckt, dabei nicht aggressiv ist und die Freunde und Gäste, die zu uns kommen, nicht bedroht; der bei seiner Größe nicht zu behäbig, der im Winter gern im Freien ist und im Sommer nicht zu sehr unter der Hitze leidet.

„Ich habe einen Hund für uns gefunden“, meinte Johanna nach ein paar Tagen, und die Wahl war auf einen Mastin de los Pirineos gefallen, eine Rasse, die heute noch in den spanischen Bergen die Schafherden begleitet. Es war das erste Mal, dass ich einen Hund nach bestimmten Rassemerkmalen aussuchte. Doch ab einer bestimmten Größe erschien es mir nach dem Erlebnis mit „Max“, den ich vor einigen Jahren aus dem Tierheim geholt hatte, wichtig. Der hübsche, große Rüde war eine Mischung aus Leonberger und Schäferhund. Er hatte leider einen ausgeprägten Jagdtrieb und musste wegen der zahlreichen Rehe, die auf dem Feld grasen und denen er sofort nachsetzte, an eine Laufleine gebunden werden. Es gab keinen Zaun auf Ursels Grundstück, wo wir zu dem Zeitpunkt lebten, den er nicht übersprang. Wir hatten beim Kauf nicht gewusst, dass „Max“ Epileptiker war und die Anfälle an Stärke zunahmen. Wenn er dabei angebunden war, wurde es für mich gefährlich, den großen Hund zu befreien, damit er sich nicht verletzte. Zu dem Zeitpunkt, als die Tierärztin ihn einschläferte, ging es ihm gerade gut, sodass vor allem Vicky sehr unter der Entscheidung litt.

„Puschkin“, der zwei Jahre später zu uns kam, war nicht an Wild interessiert. Durch die Teilnahme am Hundetraining und meine Erfahrung mit Hunden blieb er wie alle Owcharkas zwar eigensinnig, aber er war bei weitem nicht so aggressiv wie viele seiner Artgenossen. Klaus und ich hatten einmal eine Ausstellung besucht, um uns über die Rasse zu informieren. Die große Ansammlung dieser kräftigen und wütenden Hunde, die sich ständig anknurrten und kaum zu bändigen waren, hatte mich erschreckt. „Puschkin“ fiel nicht nur durch seine helle Farbe und hübsche Zeichnung auf, sondern auch durch sein gelassenes Verhalten. Obwohl wir keine Abstammungspapiere für ihn besaßen, meinte ein Richter, wir sollten ihn vorstellen, und so lief ich kurz darauf mit „Puschkin“ zwischen den wilden, ständig grollenden Hunden im Kreis. Die Richter und Züchter waren interessiert daran, unseren Hund nach seinen Anlagen bestimmen zu lassen, ihm daraufhin Papiere auszustellen, da er für die Zucht besonders geeignet schien. Nach diesem Erlebnis war ich noch stolzer als zuvor auf unseren schönen „Puschkin“.

Kurz darauf erkrankte Klaus. Die Papiere für „Puschkin“ zu beantragen geriet in Vergessenheit. Stattdessen ließ ich sein ausgekämmtes warmes Haar von einer russischen Bekannten zu Wolle spinnen und Socken daraus stricken, die Klaus, der ständig fror, sogar nachts trug. Als der Hund nur ein Jahr nach Klaus' Tod immer schwächer wurde, sich schließlich weit hinten in den Garten zum Sterben legte, ließ ich ihn nicht gehen. Doch alle tiermedizinischen Untersuchungen und Behandlungen sowie meine Bemühungen nützten nichts. Der Tierarzt in der Uniklinik vermutete, dass „Puschkin“ keine Grundimpfungen in Russland bekommen hatte, doch fand er keine konkrete Erklärung für die rätselhaften Krankheitssymptome. Dieser russische Urhund, der ein wenig durch seinen kräftigen Kopf mit den kurz kupierten Ohren an einen Eisbären erinnerte, hat einen besonderen Eindruck bei mir hinterlassen. Seine Kraft und seine Eigenständigkeit bei einer beschützenden Liebe zu uns Menschen, bei denen er lebte, haben mir einen Einblick in eine Wildheit geschenkt, wie sie Raubtieren noch eigen ist, aber nicht mehr unseren Hunden. Ich habe viele Tränen um „Puschkin" geweint, die ein Jahr nach Klaus' Abschied endlich zu trocknen begannen.

Viele Jahre später erzählte mir mein Tierarzt, er glaubt, dass manche Menschen, die von uns gehen, in den Tieren ihrer Umgebung weiterleben. Wäre das eine Erklärung für „Puschkins" unerklärliche Krankheit, und sein Dahinsiechen, was mich manchmal an Klaus` Krankheit erinnert hatte? Es gibt viel zwischen Himmel und Erde, was wir nicht mit dem Verstand klären können, was nicht wissenschaftlich bewiesen ist, was uns staunen lässt. Davon sollte ich immer mehr erfahren.

Die Erfahrungen mit „Max" und „Puschkin" veranlassten mich, dieses Mal einen Hund von einem Züchter zu kaufen. So kannte ich die Vorgeschichte und die Anlagen des Hundes, dennoch erschien mir diese Ausgabe – nach den Kosten des Umbaus – zu hoch.

„Lass uns mit dem Kauf des neuen Hundes noch ein bisschen warten", meinte ich zu Johanna. Vielleicht hat die Zeit unseres Zusammenlebens ohne Klaus ihre Selbstständigkeit wachsen lassen, denn sie sagte nach kurzem Überlegen:

„Nein! Dann lege ich mein Konfirmationsgeld dazu. Aber den Hund holen wir."

Und so fuhren wir an einem Sonnabend los. Der Hof der Züchterin lag weit außerhalb von Bremen. Das Gebell hinter dem Zaun ließ ein ganzes Rudel vermuten, was sich auch bestätigte. Überall gab es Hunde, im Haus viele Pudel und Möpse, draußen in den Ausläufen etliche erwachsene Pyrenäenhunde; zwei große, weiße spielten mit imposantem Gehabe. Und dann, nachdem wir fast wieder ein besonders lustiges Pudelchen mitnehmen wollten, das über alle Tische und Stühle hüpfte, wurden wir in einen Innenhof mit den drei Welpen geführt, von denen einer unser neues Familienmitglied werden sollte. Puschelige, weißschwarz getupfte Teddybär-ähnliche Wesen wuselten um uns herum. Wen sollten wir nur nehmen? Die Wahl fiel auf eine Hündin; während ich sie streichelte, spürte ich in ihrer Rute einen Knick unter dem dicken Fell. Zur Zucht würde sie sich deshalb nicht eignen. Uns war das egal. So war es ein so genannter Schönheitsfehler, der darüber entschied, dass dieser junge Hund aus dem Zwinger, wo die anderen auch später noch lange blieben, in ein neues Leben kam. Wir zahlten den Preis minus 100 Euro wegen der Knickrute, nahmen den Puschelhund, der „Holy“ hieß, und hatten es eilig, nach Hause zu fahren. Johanna saß hinten im Auto, das Riesenhundebaby auf ihrem Schoß, das schnell einen strengen Geruch aus seinem Fell verbreitete.

„Sie muss mal, glaube ich. Halt schnell an“, meinte Johanna. So unterbrachen wir nach wenigen Kilometern unsere Fahrt und setzten „Holy“ ins Gras. Die kratzte sich unaufhörlich mit den riesigen Tatzen an dem ungewohnten Halsband und machte kein Geschäft. Das passierte dann wenig später im Auto, zum Glück auf einer Decke, aber uns nahm der üble Geruch fast die Luft zum Atmen. Wegen der Zugluft, die „Holy“ nicht gewohnt war, ließen wir die Fenster nach dem Säubern des Wagens geschlossen. „Holy“ schien sich nun mit der Veränderung ihres Lebens abgefunden zu haben, kuschelte sich an Johanna und schlief ein.

„Schau mal in die Papiere, wie die Eltern heißen“, sagte ich zu Johanna. Sie suchte in dem Umschlag mit den Werbeunterlagen eines Futterhändlers, dem Kaufvertrag und dem Impfpass, aber Papiere fand sie nicht. Ich hatte in der Aufregung vergessen, danach zu fragen, und es sollte mehr als ein Jahr dauern, bis wir sie endlich über Umwege aus Prag bekamen, wobei es mir egal ist, ob unser Hund Papiere hat oder nicht; doch ging es eher um die faire Abwicklung eines Geschäftes, zumal Johanna daran beteiligt war.

Natürlich erinnerte mich „Hera“, wie unsere Hündin nach tagelangen Überlegungen genannt wurde, an „Puschkin“. Doch ich wollte sie nicht vergleichen. Von Anfang an hatte „Hera“ ihren Kopf, klaute im Vorbeigehen alles Essbare vom Tisch, stibitzte Eier aus den Nestern, aber ihre Unbedarftheit, ihr natürliches Verhalten, ihre tollpatschige Lebensfreude und vor allem ihre treue Anhänglichkeit lassen das alles verzeihen.

Da ich einen Grundgehorsam bei jedem Hund für wichtig halte, rief ich eine Hundetrainerin in unserer Gegend an, und aus dieser Begegnung entstand mehr als nur die Erziehung unserer „Hera“. Ich traf Bea beim ersten Mal an einem Feld, wo sie „Hera“ und mich kennen lernen wollte. Oft genügt ein Blick, und es entsteht zwischen zwei Menschen eine besondere Verbindung, oder man glaubt sich schon von irgendwoher zu kennen. Beim Umgang mit Hunden beobachtete ich Bea und bemerkte an ihr eine besondere Gabe. Sie versteht Hunde, dabei halte ich sie nicht für eine Hundeflüsterin, von denen es inzwischen immer mehr gibt. Bea prägte einfache Sätze wie: „Du als Hundebesitzer bist der Boss“ oder „Du sollst die Sonne für deinen Hund sein.“ Mich faszinierte, wie die junge Frau, die hauptberuflich als chirurgische Schwester arbeitete, Hundeerziehung umsetzte und alle Spaß daran hatten: Besitzer und Hunde, und das Wichtigste: Es funktionierte. So gut, dass ich heute mit der riesigen „Hera“ sogar entspannt über den belebten Wochenmarkt gehe kann, während andere Hunde ringsherum an den Leinen zerren und bellen. Nicht nur mein Hund lernte bei Bea viel, sondern auch ich erfuhr viel Neues über diese Vierbeiner. Ihr Prinzip verstand ich bald: Wir müssen die Hunde einfach nur wie Hunde behandeln und klare Anweisungen geben. Statt „Würdest du jetzt bitte mal kommen!“ den knappen Befehl „Hierher!“ äußern und immer viel loben!

„Du musst dein Können weitergeben“, meinte ich zu Bea, „lass uns ein Buch zusammen schreiben.“

„Es gibt schon so viele davon. Außerdem, was kann ich, das andere Trainer nicht auch können?“, entgegnete sie. Doch ich gab die Idee nicht auf. Denn, wann immer ich einen hilfreichen Tipp bekomme, möchte ich ihn anderen weitergeben. Und wie viele Hundebesitzer wissen oft nicht weiter? So kam mir der Gedanke, ein Hörbuch zu produzieren, und Bea war einverstanden. Wir wollten dem zuhörenden Hundebesitzer vermitteln, seinen Hund gleich von Anfang an so anzuleiten, dass die nächsten Jahre des Zusammenlebens ein Vergnügen und kein Stress durch die ständigen Missverständnisse bedeuteten. Viele Wochen verbrachten Bea und ich, oft auch mit Vicky, in meinem Garten unter dem Nussbaum und verfassten gemeinsam die gut 40 Seiten Text für „Beas Hundehörbuch“. Es war eine schöne Zeit, Beas Hunde, Vickys „Lotti“ und meine, es waren insgesamt sieben, genossen diese Zeit. Keiner nervte oder lenkte uns von der Arbeit ab, nicht einmal die junge „Hera“. Sie stand später bei heißer Sommerhitze geduldig mit Bea Modell für das Coverfoto. Da ich bisher noch keinen Text für ein Hörbuch verfasst hatte, musste ich im Tonstudio, wo unser versierter Tonmann Markus im Dialog mit Bea die Rolle des Hundebesitzers übernahm, einige Passagen ändern. Dann konnte es mit den Aufnahmen losgehen.

„Dann geh mal nach unten ins Tonstudio“, sagte ich und drückte der überraschten Bea das Manuskript in die Hand.

„Was soll ich da?“

„Na, sprechen. Wie du in deiner Hundeschule sprichst“, meinte Vicky.

„Das kann ich nicht. Kann das nicht Maria? Ich habe das noch nie gemacht.“

„Ich bin nicht die Trainerin. Das Ganze soll authentisch sein. Außerdem sollen die Hörer deine Stimmlage übernehmen, wenn du einen Hund lobst. Das kann keiner so gut wie du“, erklärte ich.

Und dann saß Bea im Tonstudio, hatte feuchte Hände, versprach sich am Anfang einige Male, bis sie eine neue Sicherheit fand und ihren Part im Wechsel mit Markus gut meisterte. Viel Zeit für die Folgearbeiten blieb uns nicht, denn bis zur Frankfurter Buchmesse sollte das Hörbuch fertig sein, mit Musikeinspielung, Tonmischung, Covergestaltung, Drucken und Vervielfältigen. Genau zwei Tage vor der Messe bekamen wir die Lieferung unserer fertigen Hörbücher und – fast gleichzeitig die Nachricht, dass der Verlag, der uns die Zusage gemacht hatte, das Hörbuch zu präsentieren, doch keinen Messestand hatte. Sollten die arbeitsreichen Monate vergebens gewesen sein?

„Warum stellt ihr das Hörbuch nicht selber vor?“, meinte Vicky, und das taten Bea und ich. Mit den frisch gebrannten CDs fuhren wir zur Buchmesse nach Frankfurt und kamen uns auf dem riesigen Ausstellungsgelände mit vielen renommierten Verlagen anfangs ein wenig verloren vor. Im Pressezentrum fragte ich nach einer Möglichkeit der Präsentation, und es gelang uns für den nächsten Tag, eine halbe Stunde für eine Pressekonferenz zu bekommen, weil ein Verlag kurzfristig abgesagt hatte. So organisierten wir einen Lautsprecher, einen Beamer und sogar die Blumendekoration aus der Toilette. Außerdem verteilten wir Ankündigungen und Presseinfos, die Vicky uns gefaxt hatte, und hängten Plakate von Bea und Hera auf. Dann saßen wir beide am nächsten Morgen vor einigen Kollegen im Presseraum, und als Bea mir zutuschelte: „Ich weiß gar nicht, was ich sagen soll“, zischte ich zurück: „Hör auf. Du schaffst das!“ Und Bea bewies Mut, wie beim Sprechen im Tonstudio.

In den darauf folgenden Wochen organisierten wir gemeinsame Hundetalks in verschiedenen Städten vor interessierten Hundebesitzern, und wir hatten mit „Hera“ einen Auftritt im Frühstücksfernsehen. Ich hatte kein Lampenfieber, aber war übernervös aus Angst, „Hera“ könnte eine Kamera umreißen und irgendetwas im Studio anrichten. „Du musst einfach Vertrauen haben. Hera macht das schon“, beruhigte mich Bea vor unserem Auftritt.

Nach jeder Veranstaltung meinte Bea, dass sie sich das nie zugetraut hätte, und sie wurde dadurch in ihrer Arbeit als Hundetrainerin so selbstbewusst, dass sie ihren Beruf als Schwester aufgab und sich ganz der Hundeausbildung, vor allem der speziellen von Retrievern, widmete, was sie sich schon als kleines Mädchen im Forsthaus ihres Großvaters erträumt hatte.

Durch unsere unterschiedlichen Aufgabenbereiche trafen wir uns nicht mehr so häufig, doch jedes Mal, wenn wir uns sahen, meinte Bea: „Wann schreiben wir die zweite Folge, das hat so viel Spaß gemacht.“ Irgendwann werden wir die Zeit dafür finden. „Hera“ ist inzwischen erwachsen, fast so groß wie ein Kalb und manchmal so tollpatschig wie ein Elefant, wenn sie durch die Beete rennt oder fast auf die Küken tritt, aber ebenso entwickelt sie eine elegante Dynamik, vor allem beim Dunkelwerden, wenn sie den Zaun abläuft und mit tiefer Stimme verkündet, dass sie hier aufpasst.

Doch nicht nur durch die Anwesenheit des Hundes erfuhr ich eine neue Sicherheit und befreite mich langsam von der Angst, mein Leben ohne Klaus nicht meistern zu können; denn: Ich war nicht allein, das wurde mir endlich bewusst. Meine Mutter zeigte mitfühlend und interessiert – wenn auch aus der Entfernung – Anteil an meinem Leben, und wir reden oft lange am Telefon. Vicky[11]) wurde nicht nur beruflich eine zuverlässige Partnerin. Uns verbindet eine enge Vertrautheit und gegenseitige Hilfsbereitschaft. Ebenso hätte ich ohne meine Freundinnen und Freunde diesen Weg nicht allein geschafft, und manchmal wunderte ich mich, womit ich dieses Geschenk verdient hatte.

Doch da gab es noch etwas, was mich beschützte, weit über mir und was ich eines Abends zu erkennen begann, während ich vor dem Einschlafen in den Himmel über mein Bett schaute. Ich war angenehm müde, überdachte den Tag und überlegte, was ich am nächsten Morgen erledigen musste. Ein oder zwei Sterne sah ich; sie wirkten durch die Begrenzung des Fensterrahmens wie ein Bild. Einer der Sterne wechselte seine Helligkeit und blinkte wie ein Leuchtturm, der den Seefahrern mit seinem Licht Orientierung gibt. In der Dunkelheit dieser Nacht war ich einer der sechs Milliarden Menschen, und doch gab es eine Verbundenheit mit einem Ganzen. Das gab mir eine neue Sicherheit; ich war dankbar auch für den Stern, der mir zublinzelte.

16. Mutgedanke

Es ist mutig, seine Ängste und Bedenken zu überwinden, weil sie unsere Lebensfreude beeinträchtigen und unsere Energien verbrauchen. Wir sollten Vertrauen haben in eine gute Macht, die uns beschützt, und gelegentlich kleine Vorkehrungen treffen, die uns im Alltag helfen, unsere Angst abzubauen.

Kapitel 12

Der Konflikt

Am nächsten Morgen war das „Sterneblinzel-Gefühl" beim Aufwachen noch vorhanden und ich wünschte, es würde mich eine Weile begleiten. Doch ähnlich, wie es sich mit der Liebe verhält, verzehrt der Alltag mit seinen Pflichten und Sorgen oft unsere guten Gefühle. So fehlten mir Zeit und Muße, die Harmonie und Sicherheit, die erste Wurzeln schlug, im täglichen Trubel zu pflegen. Manchmal war ich mir auch selbst im Weg, weil ich alles sofort erledigen wollte und mehrere Dinge gleichzeitig begann. Diese Ungeduld ruft Konflikte hervor, gerade am Morgen. Wie gern würde ich einen gemütlichen Morgenauftakt im Bad genießen zu klassischer Musik und einer Tasse Tee. Auch fände ich es wohltuend, gleich nach dem Aufstehen barfuß in den Garten zu gehen. Dann könnte es weitergehen mit den Fünf Tibeterübungen vor dem Kaminofen – in dem das Feuer brennt – oder bei schönem Wetter im Freien mit einer anschließenden Morgenmeditation, in die ich alle meine Lieben, die schon von dieser Welt gegangen sind, einbeziehe und sie bitte, mich an diesem Tag zu begleiten. Zum Schluss, inzwischen wäre etwa eine Stunde vergangen, gönnte ich mir ein Frühstück.

Manchmal, wenn ich Zeit habe, Johanna nicht zur Schule geht, sieht mein Tagesbeginn so aus. Aber das bleibt die seltene Ausnahme. Da ich an keine feste Arbeitszeit gebunden bin, muss ich die Organisation des Ablaufs täglich neu regeln. Das Feuer zünde ich fast jeden Morgen an, manchmal sogar im Sommer, da das Haus durch die hohen Bäume viel Schatten hat und über Nacht auskühlt. So ist es gemütlich warm, wenn wir frühstücken. Der Kater, der inzwischen laut miauend Einlass von draußen verlangt, wuselt so lange zwischen meinen Beinen herum, bis er sein Futter bekommt. Jedes Mal ist mir der Geruch des Dosenfutters morgens eklig. Das Frühstück, wie das Zubereiten des Müslis, steht unter Zeitdruck, und es fehlt mir dann die Muße zum ruhigen Genießen. Inzwischen strecken und recken sich die Hunde laut gähnend im Flur und erwarten eine Begrüßung, während Johanna, die meist mit dem Fahrrad zur Schule fährt, verabschiedet wird.

Danach müssen die Tiere versorgt werden, die auch schon erwartungsvoll zum Haus herüberblicken und auf mich warten. Das Krähen des Hahnes in immer kürzeren Abständen klingt eindringlich aus dem Hühnerstall. Inzwischen habe ich zwar einen Rhythmus, aber der wechselt öfter. Denn die Küken zum Beispiel, als Kleinste, haben eine Weile Vorrang mit dem Versorgen, was den immer ausgehungert scheinenden Ziegen überhaupt nicht gefällt. Die rumpeln im Stall, steigen ungeduldig mit den Vorderhufen in die Tröge oder blöken penetrant im Dauerton über die halb offene Stalltür. „Fatima“ und „Sancho“ beobachten vom Auslauf vor dem Stall jede meiner Bewegungen. Da sie sonst als erste ihr Futter bekommen, verstehen sie eine Benachteiligung nicht. Manchmal macht sich „Sancho“ auch schon frustriert auf den Weg zur Weide, kommt dann aber bald wieder zurück. Lamas neigen ohnehin zum überheblichen oder beleidigten Gesichtsausdruck, aus unserer Sicht. Im Sommer erscheint auch noch „Harry“, der Eber, in dem recht engen Auslauf vor dem Stall und kippt den Wassereimer um, nicht aus Durst, sondern aus Ungeduld. Bei diesem Andrang komme ich mir vor wie eine Jugendherbergsmutter, die zu den Essenszeiten leicht überfordert ist.

Dennoch gibt mir dieser Auftakt jeden Morgen Gelegenheit, zu bedenken, was ich schreiben werde oder welche Termine anliegen und ob ich noch einkaufen muss. Lästig, schon wegen der eingeschränkten Möglichkeiten, mich nicht mit beiden Händen frei zu bewegen, wird manchmal das Telefonieren mit dem Handy, wobei ich nur wichtige Gespräche beim Füttern annehme. Wer freiberuflich tätig ist, kann sich jedoch nicht zu oft ausklinken und nicht erreichbar sein. „Dann haben wir ja alles besprochen“, meinte einmal ein Gesprächspartner am anderen Ende der Leitung, nachdem wir die Zeilenzahl und den Inhalt für ein Interview geklärt hatten, „aber sagen Sie, sind Sie gerade beim Joggen?“

„Ja, so ähnlich, ich bin gerade unterwegs“, meinte ich und hatte beim Telefonieren die Lamas, Ziegen, zwei Schweine und 20 Hühner versorgt. Es ist schon praktisch dank der modernen Technik, was wir alles gleichzeitig erledigen können.

Die Küken, die morgens ausgehungert laut piepen – dabei könnte man nicht telefonieren – bekommen meine besondere Futtermischung aus gekochtem Eigelb, Hüttenkäse und Haferflocken, und meist werde ich, da ich noch nicht gefrühstückt habe, selbst hungrig, weil es so appetitlich aussieht. Das Wichtigste beim Füttern einer so großen Tierschar ist das „Tricksen", dass jedes Tier auch das bekommt, was ihm zusteht, und der Hahn zum Beispiel die Körner und nicht die Kükenkost verspeist. Nach den Hühnern bekommen die Lamas ihr spezielles Guanakofutter, eine leicht feuchte Mischung aus verschiedenen Körnern und Flocken, was auch die Ziegen gern mögen. Ist aber auch nur eins ihrer kaffeebohnengroßen Köttelchen im Trog, rühren sie das Futter nicht mehr an, oder gelangt auch nur der Hauch von Hundefutter in ihre Nase, wenden sie sich angewidert ab und stoßen schnaubend die Luft durch ihre Nasen aus. Wenn man bedenkt, dass auch andere Weidetiere, wie zum Beispiel die Rinder, von den Menschen zu Pulver oder Pellets gepresste Kadaver zu fressen bekommen und sie in den Ställen eingesperrt keine Alternative haben, etwas anderes zu fressen, was ihrer Art entspricht, ist der Rinderwahnsinn als Reaktion verständlich.

Das Füttern morgens muss schnell gehen, was schwierig ist, weil „Marie" mir mit irgendeinem Spielzeug ständig den Weg blockiert. Beim Fressen zeigen die Tiere, obwohl sie alle wohl genährt sind, wenig Geduld und Gelassenheit untereinander.

Massiven Streit gab es anfangs zwischen den beiden Lamas, weil „Sancho" schnell sein Futter aufnimmt und dann die kleinere „Fatima" von ihrem Trog wegdrängt. Durch diesen Futterneid lernte ich auch die typische Eigenart der Lamas, das Spucken, kennen, was sie sonst selten tun, vor allem nicht gegenüber uns Menschen. Wütend spuckte die zierliche „Fatima" mit zurückgelegtem Kopf in „Sanchos" Richtung, was der heftig erwiderte. Dabei stießen sie nicht nur ungeheuer laute Zischgeräusche aus, sondern mit dem Speichel schleuderten sie die gerade verschluckten Körner in die Richtung des anderen. Wenn die beiden richtig wütend werden, kann nach diesem feuchten Austausch keiner mehr von ihnen fressen, da ihre Mäuler eine Weile offen stehen bleiben, angeblich zum Entlüften. Das sieht ausgesprochen unschön aus, wenn nicht sogar dümmlich, und entstellt meine schönen Lamas sehr. Inzwischen ist die Stimmung beim Füttern besser, denn ich habe zusätzlich eine dritte Futterschüssel aufgestellt.

Nach der ersten Fütterungsaktion bringe ich Heu und Wasser in die Ställe. Erst zum Schluss bekommen die Schweine ihr Futter, wobei „Harry" am Stall liegend mich ständig leise angrunzt, als wolle er sagen:

„Vergiss mich nicht.“ Da in unserem Zweipersonen-Haushalt kaum Reste von den Mahlzeiten abfallen, mische ich für die Schweine Gerstenschrot, Hafer und Maisflocken, Milch, Wasser und Obst mit ein wenig Öl meist schon am Abend zuvor an. Als „Susi“ noch lebte, brachte ich das Futter zum Stall auf die Weide. Ich vermute, dass sie Diabetes hatte, denn sie mochte besonders gern Süßes und hatte ständig Durst. Das tägliche Tragen der vielen Wassereimer wurde im Winter zur Schwerstarbeit, und im Frühjahr litt ich anfangs ein wenig unter Rückenschmerzen.

Bei Frost tauchten auch Probleme mit der Versorgung der Gänse auf, da sie nicht mehr auf dem Teich schlafen konnten, aber auch nicht zu ihrer Sicherheit vor dem Fuchs im Stall übernachten wollten. Ich musste sie abends mühsam mit Ursel hineintreiben, bis sie sich endlich daran gewöhnten. Solange die Eisdecke nicht zu dick war, brach ich jeden Morgen mit der Schaufel ein Loch im Teich für sie auf, damit sie schwimmen konnten.

Wie froh bin ich in jedem Jahr, wenn es warm wird, das Gras auf der Weide wächst und die Tiere hier frisches Futter finden. Doch ihr Ritual, zu den Fütterungszeiten gegen Abend zum Haus zu kommen, halten alle ein. Eine kleine Ration bekommen sie, bevor sie zur Nacht in ihren Stall gehen. Die Ziegen sperre ich vorsichtshalber ein, weil sie jede Gelegenheit zum Ausbrechen nutzen und in kurzer Zeit alles Blühende und Wachsende im Garten wegknabbern und eine Wüste hinterlassen würden. Im offenen Stall schlafen die Schweine und die Lamas eng nebeneinander liegend, wobei die Schweine laut schnarchen und ich nicht verstehe, wie der sensible „Sancho“ das ertragen kann.

Die Anhänglichkeit der Tiere, was auch mit dem Füttern verbunden ist, zeigte mir, dass sie nach der Zeit der Eingewöhnung Vertrauen hatten. Sie mögen es, bis auf „Fatima“, die wahrscheinlich sehr schlechte Erfahrungen mit Menschen gemacht hat, wenn sie gebürstet und gestreichelt werden. Dabei rede ich mit ihnen, und jeder Stress und jede Disharmonie in mir schwindet. Ich mag ihre verschiedenen Fellstrukturen, ihre Wärme und ihre unterschiedlichen Verhaltensweisen, auch mir gegenüber. Diese Momente bei den Tieren, wenn sie auf der Wiese grasen oder ruhen, bei sich sind, führen mich nahe zu dem, was ich suche, und geben mir Kraft.

Die Ziegen überlegen nicht, ob sie am nächsten Tag Gras finden werden; das Lama erinnert sich nicht an die Zeit, als es im Zirkus war; das Schwein denkt nicht darüber nach, ob es zu dick ist; die Küken wundern sich nicht, dass sie gerade noch in der Schale waren. Dieses „Dasein" überträgt sich auf mich. Es hilft mir, nicht alles, was ich wahrnehme, fühle und betrachte, ständig zu beurteilen oder mit alten Erfahrungen zu vergleichen.

„Du gehörst dazu. Alles ist eins. Du musst es nur zulassen." Das ist es, was die Lamas und Ziegen mir vermitteln, wenn sie im Gras ruhen und – sogar beim Wiederkäuen – eins mit dem Universum sind.

Wie soll ich einigen Bekannten und Freunden erklären, die nicht verstehen, warum ich mich mit der Haltung der Tiere als Frau belaste, dass gerade sie mir diese Botschaft geben, die ich immer wieder, tag-täglich, brauche, um mich nicht zu verlieren zwischen den Welten als konfliktbeladener Mensch.

Als Arbeit sehe ich die Versorgung der Tiere ohnehin nicht an, da sie, wie das Schreiben, für mich mit Freude verbunden ist. Die ständige Betätigung hat mich inzwischen körperlich stark gemacht und ist sogar etwas wie „Ausgleichsport". Wenn ich einmal keine Zeit habe oder verreist bin, übernehmen zwei Freundinnen, Ewa und Lüdi, oder meine Töchter das Füttern; das einzig Schwere bleibt das Heben der 25 Kilo-Säcke aus dem Kofferraum meines Autos.

Wenn ich glaubte, nun könnte ich mich auf der Gartenbank für alle Zeiten ausruhen und meinen Hof mit den pickenden Hühnern, dem schlafenden Hund vor dem Haus und dem grasenden Lama ungestört genießen, hatte ich mich geirrt. Die glücklichen Momente und die Idylle genoss ich und wuchs daran, doch diese innere Ruhe reichte noch nicht, wenn sich erneut ein Abgrund auftat, denn ich rutschte ab, immer wieder, bis ich zu verstehen begann: Außerhalb des Hofes mit den Tieren musste es etwas geben, was mir in jeder Situation Kraft und Vertrauen geben konnte, auch wenn zum Beispiel wieder einmal eine neue Gewitterwolke an meinem Gedankenhimmel in Form eines Briefes vom Finanzamt durch den bisher nicht geregelten Nachlass auftauchte. Vielleicht mag das „Sorgenpaket" für Klaus zu schwer geworden sein, das er verschlossen zurückließ, als er von uns ging. Fast immer wird ein Mensch durch eine Disharmonie von Körper, Geist und Seele krank. Das erfuhr ich in den vergangenen Jahren an vielen Beispielen. Das Lebenswerk des Arztes Dr. Paul Bernhard [12]), über den ich beruflich berichtete, beschreibt die Erkenntnis von der „alleinigen Beeinflussung des Unterbewusstseins auf den Körper". So besitzt die Kraft des Geistes die Macht über Gesundheit und Krankheit. „Der kranke Mensch wird in unterschiedlichen Graden sein eigener Feind und wendet sich gegen sich selbst, gegen seine Interessen, gegen sein Wohlergehen und gegen sein Glück. Kranke sabotieren sich selbst, beschädigen und zerstören sich“, schreibt Dr. Bernard in seinem Buch „Mit Worten heilen“. Gleichzeitig macht er mit folgender These Mut: „Wenn der menschliche Geist mächtig genug ist, durch falsches Denken dem Körper Schaden zuzufügen, so ist er auch imstande, ihn zu heilen.“

Die Probleme meines Mannes, die er in sich verschlossen hielt und nur mit seinem Unterbewusstsein ausfocht, hatten sicher mit zu seiner schweren Krankheit geführt. Bis zu seinem Tod gab es in unserem turbulenten Leben nicht die Chance und auch nicht den Wunsch von seiner Seite, darüber zu reden. Wie einsam muss Klaus tief innen gewesen sein?

In dem grauen Umschlag vom Finanzamt, den ich aus dem Briefkasten holte, ging es um eine alte Steuerschuld von vor zehn Jahren in einer fünfstelligen Höhe. Ich las diese Zahl vom Briefkasten zum Haus, und es wurde ein weiter Weg. Das Ausmaß von schlechten Nachrichten sickert erst langsam durch, wenn man in Ruhe darüber nachdenkt. Ich blieb an der Pforte stehen, sah das Haus und den Hof wie eine Fremde und stellte in diesem Moment alles in Frage.

In den vergangenen sieben Jahren hatte ich daran gearbeitet, nach etwa einem Jahr Pause durch Klaus’ Krankheit in meinem Beruf neue Wege und Verdienstmöglichkeiten zu finden. Als Journalistin und Autorin sind die Möglichkeiten, nachdem es immer mehr arbeitslose Kollegen gibt und die Medien an Honorar sparen, geringer geworden. Viel hat sich in den 30 Jahren seit meinem Berufsbeginn im Medienbereich verändert, vor allem die Tendenz zur Horrorberichterstattung. Immer blutiger, brutaler und auch perverser werden Vergehen, Skandale, Morde, Kriegsgeschehen und Katastrophen dargestellt. Von dieser Art des Journalismus habe ich mich lange distanziert. Was ich morgens beim Wecken durch das Radio, sogar auf dem Klassik-Sender, nicht ertragen kann, will ich selbst nicht weitergeben. Von schönen Berichten und Filmen, das hatte ich schon als junge Volontärin erfahren, kann man nicht leben. Warum, frage ich mich oft beim Hören der Nachrichten im Auto, kommt nicht ein Sender auf die Idee, die News mit einer guten Meldung zu beginnen? Mit einem Bericht über einen Menschen, der irgendwo auf der Welt einem anderen geholfen hat, der etwas bewegt hat, oder über ein kleines Geschehen, z. B., wenn eine Blume gefunden wurde, die schon als ausgerottet galt, gewissermaßen als Polster für alles dann folgende Schreckliche. Der kleine Eisbär Knut im Berliner Zoo kann doch nicht der Einzige sein, der durch den Medientrubel angeregt die Menschenmassen zu Tränen und Freude rührt? Die ungeheure Teilnahme der Menschen an seinem Schicksal zeigt den Wunsch nach Schönem. Aber: Haben wir denn nichts anderes mehr auf der großen Welt als diesen kleinen Teddybären?

Das alte Sprichwort „Schuster, bleib bei deinen Leisten" fiel mir irgendwann ein, während ich nach einem neuen Aufgabenbereich in meinem Beruf suchte. Das Schreiben war immer für mich Beruf und Leidenschaft, wobei es viele Varianten gibt, vom Briefeschreiben über das Texten für Filme, Hörbücher, Zeitungs- oder Werbeartikel bis zum Schreiben von Büchern. Der Bekanntschaft mit einigen Experten der deutschen Sprache, vor allem mit dem Österreicher Ernst Alexander Rauter[13]), einem Schriftsteller und Lehrer für Schreibende, verdanke ich ein neues Verständnis für das „einfache" Schreiben und der Bedeutung des geschriebenen Wortes. Er prägte den Satz „Adjektive raus" und vertrat eine klare Sprache, die die Aussage auf den Punkt bringt, einfach ohne überflüssige Worte, und die dennoch einen Hintergrund und tiefen Sinn ergibt. „Überflüssige Worte sind nicht überflüssig, sondern falsch", behauptete der Sprachkünstler. Für die Gespräche mit ihm bin ich dankbar, und ich vermisse nach seinem Tod die Rundschreiben mit den „Schreibweisheiten" sehr. Dann gibt es einige schreibende Vorbilder für mich wie die chilenische Schriftstellerin Isabel Allende und Hermann Hesse. Ihr besonderes Talent im Umgang mit der Sprache bewundere ich und ihre Worte berühren mich immer wieder. Bei ihnen und auch anderen Autoren sehe ich Schreiben nicht nur als Kunst und Können, sondern sie teilen dem Leser Wahres mit, geben ihm seelischen Halt durch das, was sie selber fühlen, empfinden und vor allem wagen darzustellen.

Einige Wochen nach Klaus' Tod war mir bei einem einsamen Spaziergang, als forderte mich eine Stimme auf, die sagte „ Schreib!" So begann ich mein erstes Buch zu schreiben und hatte das Glück, gleich einen Verlag zu finden. Später beim Korrigieren wunderte ich mich bei einigen Zeilen, welcher Eingebung ich manchmal gefolgt war. Mir selbst ging es weniger darum, die Begegnung mit dem Tod zu verarbeiten, als den Weg aus der schweren Zeit während der Krankheit und des Abschieds zu beschreiben und wie in mir ein neuer Lebensmut und die

Chance für einen Neubeginn gewachsen waren. Das wollte ich anderen Trauernden vermitteln wie eine Mut machende Nachricht oder Information, was ich seit vielen Jahren in meinem Beruf gewohnt war, nur brauchte ich dafür nicht einige Spalten in der Zeitung, sondern die vielen Seiten eines Buches.

Das Schreiben, wozu ich mich ins Häuschen zurückzog, wurde ein tiefes Erlebnis. Ich fühlte ein zweites Mal, was passiert war, als sei es gegenwärtig. Einige Male weinte ich die Tränen, die ich damals zurückgehalten hatte. Nach der unruhigen Zeit voller Ungewissheit, wie die Krankheit verlaufen würde, und der ständigen Sorge um meinen Mann versank ich in den langen Stunden des Schreibens, die ich bis in den November hinein im Garten am Feuer verbrachte, für eine Weile in einer anderen, innere Welt. Den Satz „Es ist kein Geheimnis, entscheidend ist die Hingabe“, fand ich später in einer Zeitung unter dem Foto eines in sein Spiel versunkenen Klarinettisten. Ich stellte es in einem Rahmen auf meinen Schreibtisch, wo es mich erinnern sollte, nicht mehrere Dinge gleichzeitig zu tun.

Wieder aufgetaucht nach dem Schreiben arbeitete ich weiter für das BIO-Magazin über Themen zur Umwelt, Naturheilkunde und ähnlichem. Einige besondere Themen, wie die ungewöhnliche Geschichte von Herbert, dem Vater einer Freundin, der sich als Blinder und Gehörloser mit 90 Jahren allein versorgt und sogar seinen Garten bestellt, fand trotz hervorragender Fotos kein Interesse in anderen Medien. Für alte, behinderte Menschen, auch wenn sie wie Herbert „Helden des Alltags“ sind und ihr Leben bewundernswert meistern, scheint kein Platz. Von dieser Tendenz im Mediengeschäft ließ ich mich nicht entmutigen. Zudem bekam ich den Auftrag für den Heidefilm, was mein Team und mich viele Monate beschäftigte. Gleichzeitig übernahm ich die Pressearbeit im Heideland und stand dadurch zum ersten Mal auf der anderen Seite, schrieb also Berichte für die Kollegen. Gemeinsam mit Vicky, die sich im Webdesign selbstständig gemacht hatte, übernahm ich in unserer kleinen Medienfirma das Texten für unterschiedlichste Bereiche.

Meinen Wunsch, ein Buch über Bäume mit dem Titel „Himmelhoch“ zu veröffentlichen, musste ich aus Kostengründen verschieben, da der Verlag einen zu hohen Vorschuss forderte. Gleichzeitig freute ich mich über den Auftrag von B.A.U.M.[14]), dem Bundesdeutschen Arbeitskreis für Umweltbewusstes Management, wo ich das Buchprojekt vorgeschlagen hatte, mit an der Herausgabe eines neuen Umweltratgebers zu schreiben. Als ich ein Jahr für den Herausgeber, der durch eine Chinareise verhindert war, in einer Ratgebersendung des SWR ein Interview zu dem Buch geben sollte, hatte ich spontan zugesagt. Da ich Probleme habe, wenn es um die Darstellung von Zahlen oder Statistiken geht, was bei einem Gespräch über das Buch notwendig war, kamen mir während der Zugfahrt immer mehr Bedenken. Durch eine Verspätung des Zuges kam ich abgehetzt nach sieben Stunden Fahrt im Studio an, musste sofort nach der Maske ins Studio und bekam plötzlich Lampenfieber. Das Redaktionsteam und die Moderatorin halfen mir, der „Expertin im Studio“, gekonnt über einige Schwächen hinweg. Auf der Rückfahrt wunderte ich mich selbst über meinen Mut, da ich im Thema „Umweltschutz“ nicht annähernd so kompetent bin wie der Umweltprofessor und Herausgeber. So fehlte es auch später beim Ansehen der Aufzeichnung nicht an Selbstkritik, doch hoffte ich gleichzeitig, dass die Botschaft, Energie zu sparen und damit die Umwelt zu entlasten, einige Menschen erreicht hat. Dann hatte sich die weite Reise zumindest gelohnt.

Nach den guten Erfahrungen bei der Herstellung von „Beas Hundehörbuch“ schrieb ich ein zweites Hörbuch zur nächsten Buchmesse in Frankfurt über Mut. Das Erlebte der vergangenen Jahre ließ mich erkennen, dass wir Mut brauchen, wenn wir unser Leben zum Positiven verändern wollen. Nur mit der Überwindung unserer Ängste, Strukturen, Vorbehalte und Blockaden schaffen wir einen Neuanfang und ein Umdenken, wobei jeder Tag mit einem Neuanfang beginnt.

Obwohl ich mich ausgiebig mit dem Thema Mut beschäftigt und darüber geschrieben hatte, schien mich mein eigener Mut zu verlassen, als ich vom Briefkasten ins Haus ging und dabei lesend erfuhr, dass der Einspruch des Steuerberaters abgelehnt worden war und bei Nichtzahlung eine Zwangsvollstreckung angekündigt wurde.

Zum ersten Mal nach längerer Zeit fühlte ich mich kraftlos, und was das Schlimmste war, ich hatte keine Erklärung, warum mir das gerade jetzt passierte. In den vergangenen zehn Jahren hatte ich viel Schlimmes, was an Härte diesen Brief noch übertraf, überwunden, und nun schien ich den Boden unter meinen Füßen zu verlieren. Meine Energie entwich mit jedem Ausatmen. Ich kam mir vor wie eine Marathonläuferin, die als erste durchs Ziel läuft und erfährt, dass der Lauf ungültig war. Endlich glaubte ich mich angekommen, sehnte mich danach, das Haus, den Garten und die Tiere zu genießen, als dieser Brief mich aus dem Gleichgewicht zu werfen drohte. Sollten alle die Mühen der letzten Jahre vergebens gewesen sein? Nicht einmal den Steuerberater konnte ich anrufen, da er im Urlaub war.

Vielleicht war die Schwäche auf die ständige Arbeit zurückzuführen, vielleicht fehlte mir einfach mal Urlaub oder eine Schulter zum Anlehnen? Wie sollte es weitergehen? Nicht einmal Walli konnte ich anrufen und mich bei ihr ausweinen und trösten lassen. Wie oft hatte ich zu ihr in der schweren Zeit gesagt: „Wenn gar nichts mehr geht und hier alles zusammenbricht, komme ich mit Johanna zu dir ins Allgäu."

„Das ist toll. Ihr könnt gleich kommen", war ihre Antwort. Und so gab es immer eine Perspektive, eine Insel. Walli lebte nicht mehr, und wieder einmal litt ich darunter, dass meine Freundin nicht mehr direkt ansprechbar war. Als ich mit Vicky telefonierte, wurde sie immer stiller, weniger über die Nachricht als über meine Reaktion.

„Du hast doch sonst immer so viel Mut", meinte sie.

„Jetzt nicht mehr. Irgendwann kann auch ich nicht mehr, und was viel schlimmer ist, ich mag auch nicht mehr", entgegnete ich und begann zu weinen. Mit dieser mutlosen Stimmung ging ich ins Bett und wachte am nächsten Tag damit auf. Johanna saß mir beim Frühstück still gegenüber; ich wollte sie nicht mit meinen Sorgen belasten, dennoch deutete ich ihr den Grund meiner Stimmung an, was sie nicht einordnen konnte oder auch wollte. Sie schwieg, streichelte mir beim Weggehen über den Kopf, wie eine Mutter, die ihr Kind tröstete, und meinte: „Du schaffst das schon, Mama."

Lustlos ging ich zu den Tieren und fütterte sie, wobei ich jeden Handgriff mechanisch ausführte, ohne die sonstige Zuwendung für die Tiere. Sie verhielten sich nicht anders als sonst, warum auch, ihre Welt war in Ordnung. Anschließend ging ich mit den Hunden in den Wald und dachte daran, wie viel leichter es Klaus und Walli hatten. Sie brauchten sich nicht mehr um Alltäglichkeiten wie Post vom Finanzamt zu kümmern. Sie hatten alle Probleme hinter sich. Bei diesen Gedanken geriet ich in ein innerliches Labyrinth und stellte inmitten meiner Ausweglosigkeit alles in Frage, mein ganzes Leben, meine Ideen, meine Träume, meine Zukunft. Nie zuvor war ich in einen Strudel so vernichtender Gedanken geraten, die mich überlegen ließen, wer wohl leiden würde, wenn ich nicht mehr hier wäre. War das Leben ohne Klaus nicht auch weitergegangen? Zum ersten Mal war mir angst vor der ausweglosen Dunkelheit in mir, und ich grübelte, wie das passiert war, wie nach einem Virus, der mich nun auch erwischt hatte. Ich war überzeugt davon gewesen, dass es in meinem neuen Paradies keine Dornen und Disteln gäbe, keine Altlasten der Vergangenheit, die nicht einmal mit mir zu tun hatten. Diese Ungerechtigkeit und die über viele Jahre andauernden Probleme hatten wohl die Resignation ausgelöst.

Zwei Tage später rief mich ein guter Freund aus Frankfurt an: „Bist du krank?“, fragte er mich, „du klingst nicht so fröhlich wie sonst.“ Ich schilderte ihm, der ein weltweit gefragter Finanzexperte ist, meine aktuellen Sorgen.

„In Nachlassangelegenheiten kenne ich mich leider nicht aus, aber…“, er schien einen Moment zu überlegen, „es geht doch um dich und deine Tochter, warum sprichst du nicht selbst mit dem Finanzamt?“

„Ich?“ Diese Idee hatte ich auch schon gehabt, aber nicht den Mut gefunden. Das Finanzamt erschien mir bisher als ein großes, bedrohliches Gebäude, in das man nicht hineingeht und mit dem man höchstens auf dem Postweg verkehrt. Die Aufmunterung des Freundes war der erste Schritt aus meinem Loch, in das ich gefallen war. Nichts tun und abwarten, bis sich etwas tut, schien keine Lösung. Hatte sich nicht erst vor kurzem meine bisher immer unselbstständige Mutter, die alles meinem Vater überlassen hatte, auf den Weg zu den Stadtwerken gemacht, um gegen ihre extrem hohe Stromnachzahlung etwas zu unternehmen, und Erfolg gehabt? Nun konnte ich von ihr lernen. Einen Termin beim Finanzamt zu bekommen, war nicht so einfach, weil der zuständige Sachbearbeiter kaum zu erreichen ist. Doch ich gab nicht auf und versuchte es immer wieder, und ein paar Tage später saß ich mit kalten Händen vor dem Schreibtisch des Finanzbeamten.

„Sie haben von hier aus einen schönen Ausblick“, überbrückte ich meine Beklommenheit und blickte durch das geöffnete Fenster. Gemeinsam schauten wir in eine schöne Landschaft. Mein Gegenüber war offensichtlich ein Naturfreund, wie auch an den Fotos an den Wänden zu erkennen war. Er nahm sich Zeit, meinen ausführlichen Bericht und die Entwicklung seit Klaus’ Tod anzuhören, und verpasste sogar seine Kaffeepause. Mit einer Entscheidung konnte ich nicht rechnen, aber mit Ratschlägen, wie weiter zu verfahren sei. Allein die Tatsache, über das Problem zu reden, der Situation nicht mehr ausgeliefert sein, veränderte schlagartig meine Stimmung. Fast heiter verließ ich das Finanzamt und schämte mich über meine düsteren Gedanken, die mich beherrscht hatten. Immer gibt es eine Lösung, und das Leben geht weiter. Irgendwie.

Wie dumm war es von mir zu glauben, ich hätte meinen Traum erreicht und könnte mich nun ausruhen; dabei hatte ich nicht bedacht, dass wir in diesem Leben nie ankommen. Die Nähe zur Natur, zu den Tieren und das Schreiben entsprachen den Vorstellungen von meinem Leben. Ich hatte mich eingerichtet. In einem seiner letzten Briefe hatte mir Klaus aus der Reha-Klinik geschrieben, wie schwer es ihm falle, sich einzuleben. „Du hättest es da viel leichter als ich, du richtest es dir immer schnell ein." Er hatte Recht. Wo immer ich einige Tage war, ob im Hotel oder im Krankenhaus, stellte ich meine Bilder, Fotos oder Sprüche auf, ein Glas mit Blumen, eine Kerze. Wenn ich länger blieb, richtete ich an meinem Wohnort eine Feuerstelle ein, hängte eine antike Uhr an die Wand, die die Stunden schlug, und war schnell zu Hause, aber bei alledem blieb ich doch ein Gast im Haus der Zeit.

Kaum ein anderer Dichter wie Hermann Hesse hat meiner Meinung nach so genial beschrieben, dass unser Leben ein ständiges Wandern ist. So heißt es in seinem Gedicht Stufen: „Es muss das Herz bei jedem Lebensrufe bereit zum Abschied sein und Neubeginne, um sich in Tapferkeit und ohne Trauern in andre, neue Bindungen zu geben. Und jedem Anfang wohnt ein Zauber inne, der uns beschützt und der uns hilft, zu leben…"

Auf dem Hof mit den Tieren und in dem Haus, wo ich mich eingerichtet hatte, lebte ich anders, als man vielleicht von mir erwartete, und erfuhr dabei viele glückliche Momente. Doch was geschah in der Zwischenzeit, während des Balancierens durch dieses Leben? Noch immer war ich auf der Suche, und dabei sollte es eines Tages ein zweites Mal mein Lama „Sancho" sein, das mir die Richtung zeigte.

17. Mutgedanke

Es ist mutig zu erkennen, dass alles, was wir erreicht haben, alle schönen Dinge, aller Besitz und jeder Erfolg nicht von Dauer sind. Wenn wir uns darüber freuen und sie als Geschenke, die uns nur eine Weile gehören, annehmen, werden wir einen Verlust leichter verkraften und nach dem suchen, was bleibt.

Kapitel 13

Die Begegnung

Das Gespräch mit dem Mitarbeiter des Finanzamtes hatte zwar keine sofortige Klärung gebracht, eher das Überdenken weiterer Möglichkeiten, aber es löste einen Knoten in mir. Ich übernahm wieder das Ruder in meinem Lebensboot und vergeudete meine Zeit nicht länger mit ratloser Orientierungslosigkeit. Außerdem hatte ich eine wichtige Erfahrung gemacht: Wenn wir Fassaden überwinden, ob sichtbare wie die Mauer eines Finanzamtes oder unsichtbare wie Unnahbarkeit, Ablehnung oder Scheu, begegnen wir den Lebewesen, zu denen wir alle gehören: Menschen. Je weiter wir uns von uns selbst entfernen, umso größer wird auch der Abstand zu anderen Menschen. Wie können wir ihre Nähe zulassen, wenn wir uns selbst nicht nahe stehen?

Beim flüchtigen „Küsschen links, Küsschen rechts“ huschen wir aneinander vorbei ohne wirkliche Berührung und Nähe. Unser Leben spielt sich wie auf einer großen Tanzfläche ab, wo alle ihren Spaß haben wollen, jeder seinen eigenen Tanz tanzt, dennoch suchend nach einem, der zu einem passen könnte, und doch voller Misstrauen vor jeder Berührung. Sich berühren, anfassen, festhalten oder umarmen ist fast eine Peinlichkeit, oft sogar zwischen Eltern und Kindern.

Wie schwer es uns fällt, Berührungen zuzulassen, wurde mir deutlich, als Johanna von einem ihrer Vorbereitungswochenenden für das Austauschjahr in Panama zurückkehrte; sie berichtete, dass sie mit geschlossenen Augen durch das gegenseitige Berühren der Hände dem Gegenüber Gefühle wie Freude, Trauer oder Zärtlichkeit vermitteln sollte.

„Das war auch noch ein Junge. Du glaubst nicht, wie furchtbar das war.“ Ich versuchte es mir vorzustellen, und konnte verstehen, dass sich meine Tochter, die sich mit 15 gern cool gibt, überwinden musste. Gleichzeitig freute ich mich für sie, dass sie nicht nur erfährt, wie das Klima, das Essen und die Menschen in dem fremden Land sein werden; sie lernt, Mut zu haben, Gefühle zuzulassen und zu zeigen, was ein Problem dieser Zeit ist und zu vielen Missverständnissen zwischen Menschen führt. Laut Umfrage in einer Frauenzeitung sollen die meisten Beziehungen an der „Sprachlosigkeit“ scheitern.

Wie Begegnungen und Berührungen auch Negatives auslösen können und Folgen haben, erfuhr ich, als ich im Auftrag einer Redaktion mit Vivien, unserer Fotografin[15]), für ein Interview zu einem Geistheiler nach Hannover gefahren war. Kaum saßen wir in dem niedrigen, dunklen Raum mit den vielen Dekorationen an den Wänden und auf den Tischen, kamen wir auf die Bedeutung der Hände zu sprechen und wie in ihren Linien das Schicksal eines Menschen zu erkennen ist. Auch die Form gebe Auskunft über den Charakter, meinte der Gastgeber. Darauf hob Vivien eine Hand beobachtend vor die Augen und erfuhr als Interpretation, dass sie gehässig sei. Erstaunt meinte sie: „Ich und gehässig? Diese Eigenschaft habe ich wirklich nicht“, was ich bestätigen kann. „Dann wissen Sie es vielleicht nur nicht“, beharrte der Heiler. Vivien schien ein wenig verletzt.

Nach dem Interview über die unterschiedlichen Heilmethoden, wobei ich wiederholt kritisch nachgefragt hatte, sollte Vivien fotografieren. Da kein Patient anwesend war, erklärte ich mich bereit, bei einer Behandlung und ebenso beim Handlesen zur Verfügung – nicht erkennbar – zu stehen. Beim Blick in meine Hand wirkte der Heiler leicht erschreckt und fragte, ob ich Probleme mit dem Herzen habe. Eigentlich nicht, bis auf die Zeit nach Klaus' Tod, als es mir nicht gut ging, was inzwischen aber wieder in Ordnung sei, antwortete ich. Dennoch blieb der Mann bei seiner Meinung, bei mir einen gesundheitlichen Schwachpunkt im Herzbereich zu sehen. Zudem, fügte er hinzu, sei meine Lebenszeit absehbar. Ich lachte ihn daraufhin an und wollte mich nicht einschüchtern lassen. Dennoch: Tief in meinem Unterbewusstsein hatte sich seine Ankündigung von einem baldigen Ableben manifestiert. Der Gesprächsstoff über diesen ungewöhnlichen Termin ging Vivien und mir auf der Rückfahrt nicht aus, und dabei dachte ich immer wieder an die Prophezeiungen. Als ich meiner Mutter später davon erzählte, war sie entsetzt und begann fast zu weinen. Gleichzeitig schimpfte sie über den Mann, der ihrer Tochter so etwas Schlimmes in Aussicht gestellt hatte. Ich beruhigte meine Mutter, dass niemand so etwas vorhersagen könne, doch sollte ich die Macht des Unterbewusstseins und die Folgen dieser Begegnung bald kennen lernen.

Ich begann mich zu beobachten, fand, dass ich bei Anstrengungen leicht außer Atem geriet. Auch nachts hörte ich mein Herz heftiger als gewohnt schlagen. Kurz nach der vernichtenden Lebensprognose hatte sich

Johanna entschieden, ein Jahr ins Ausland zu gehen, und bat mich, dem zuzustimmen. Bisher hatte ich nicht empfunden, dass ich meine Töchter besonders behütet hatte oder extrem an ihnen hing. Warum machte mir ihre Entscheidung so zu schaffen, überlegte ich. Als ich das künftige Gastland Panama auf dem Globus suchte, bereitet mit der Anblick des großen Abstandes zu Deutschland beinahe so etwas wie Herzschmerzen.

Sollte mir entgangen sein, dass meine kleine Tochter kein Kind mehr war und sich auf den Weg ins Leben machte? In ein paar Jahren, aber nicht schon in wenigen Monaten hatte ich damit gerechnet, dass sie aus dem Haus gehen würde. War sie nicht vor kurzem noch im Kindergarten gewesen? Wo war nur die Zeit geblieben? Oder hatte ich nach dem Abschied von meinem Vater, Klaus, Walli und einigen anderen lieben Menschen und Tieren Angst, wieder – wenn auch für eine überschaubare Zeit – verlassen zu werden? In manchen Situationen können wir uns selbst nicht einschätzen und haben keine Erklärung für unsere Empfindungen. Das Herzklopfen war nun keine Einbildung mehr, sondern wurde so schnell, dass ich schlecht schlief. Ich versuchte, mich zu beruhigen, und sagte mir, der Heiler wollte mich nur ein wenig einschüchtern, weil ich zu kritisch gewesen war. Zudem stellte ich für mich in Aussicht, während Johanna ihre Zeit in Panama sicher genießen und interessante Eindrücke gewinnen würde, dass ich selbst weniger Verpflichtungen und mehr Zeit für mich haben würde. Mein eigenes gutes Zureden nützte nichts. Mein Blutdruck stieg, und meine Angst wuchs. Einmal rief ich sogar spät abends Marek an, der auch als Notarzt arbeitet, und bat ihn um Hilfe. Er beruhigte mich und meinte, ich sollte einen Arzt aufsuchen, am besten einen Herzspezialisten.

Der Arzt, den ich aufsuchte, konnte nichts Konkretes im Herzbereich und bei einer Untersuchung der Schilddrüse feststellen, doch riet er mir zu weiteren Untersuchungen. Während ich am Tresen in der Praxis wartete, um die Termine zu bekommen, sah ich mich um und erkannte, dass ich genau hier – zwischen den vielen kranken Menschen – nicht sein und ebenso wenig in die medizinischen Untersuchungsserie und spätere Tabletteneinnahme geraten wollte. Mit der Bemerkung, ich würde mich noch mal melden, verließ ich schnell die Praxis. Draußen überlegte ich, was ich tun könnte, damit es mir gesundheitlich besser gehen könnte. Als erstes rief ich meine Heilpraktikerin in Gifhorn an, die im Urlaub gewesen war. Bevor ich eine Woche später zu ihr fuhr, hatte ich ein wichtiges

Gespräch über ein Buchprojekt bei meinem Verlag. Beim anschließenden Essen sprachen wir über private Dinge. So berichtete ich von mir und ließ dabei auch nicht die aktuellen Sorgen aus, wie die Belastung durch die Voraussage des Heilers. Mein Gesprächspartner, ein lebenserfahrener, weiser Mann, sah mich fast mitleidig an. „Da haben Sie ja einiges mitgemacht, aber ich kann Ihnen helfen, davon frei zu kommen, wenn Sie wollen." Natürlich wollte ich. Nach einem kurzen Ritual, bei dem ich einige Worte nachsprechen sollte, war ich befreiter.

Als ich dann einige Tage später bei meiner Heilpraktikerin nach einer Dunkelfelduntersuchung einige Mittel gegen Bakterien in der Schilddrüse und Niere bekam, ging es mir täglich besser. Das Herzrasen ließ nach. Ich konnte mich mit Johanna auf ihr bevorstehendes Abenteuer freuen, mich wieder auf meine Arbeit konzentrieren und entspannt schlafen. Mein Unterbewusstsein war offensichtlich befreit von der negativen Prophezeiung. Künftig würde ich vorsichtiger sein und bedächtiger anderen Menschen begegnen, denn jede Begegnung hinterlässt Spuren, die sich auf unser Leben auswirken, positiv oder negativ. Sich von Menschen fern zu halten und ein Einsiedlerleben zu führen, ist keine Lösung und soll sogar krank machen. „Freunde sind der beste Jungbrunnen" schreibt mein Freund, der Gesundheitswissenschaftler Prof. Dr. Peter Axt[16]) in seinem Buch „Die Kunst länger zu leben". So heißt es in dem Buch unter anderem: „Wer mit anderen Menschen regelmäßig freundschaftliche Kontakte pflegt, der hat laut einer Studie, bei der 20 000 Menschen über einen längeren Zeitraum beobachtet wurden, ein bis zu dreimal geringeres Risiko, vorzeitig zu sterben, als Personen, die in sozialer Isolation lebten oder sich isoliert fühlten. Dabei, so scheint es, kommt es weniger auf die Zahl der Bekannten, sondern mehr auf die Qualität der Beziehungen an. Oberflächliche Beziehungen scheinen das Gefühl der Vereinsamung noch zu verstärken."

Zu unserem Leben gehören die ständigen Kontakte mit Menschen, die Gespräche, Blicke, Gefühle. Es gibt Regeln, wie wir uns zu verhalten haben; den richtigen Umgang miteinander können wir nicht lernen, den erfahren wir durch das Leben. Eine Hilfe können jedoch die Weisheiten von Desiderata vermitteln, wo es heißt:

„Stehe soweit ohne Selbstaufgabe wie möglich in freundlicher Beziehung zu allen Menschen. Äußere deine Wahrheit ruhig & klar und höre anderen zu, auch den Geistlosen & Unwissenden; auch sie haben ihre

Geschichte. Meide laute & aggressive Menschen; sie sind eine Qual für den Geist. Wenn du dich mit anderen vergleichst, könntest du bitter werden und dir nichtig vorkommen, denn immer wird es jemanden geben, der größer oder geringer ist als du … Sei du selbst, vor allem heuchle keine Zuneigung.“

Mein Beruf und ein neugieriges Interesse am Leben haben mich mit vielen Menschen in meinem Zeit- und Raumradius zusammengeführt. Die Spuren und Botschaften besonderer Erdenbewohner, die lange vor uns gelebt haben, gehen – uns berührend – auch durch unsere Zeit bis in eine Zukunft, die wir nicht mehr erfahren werden. Wie aufregend wäre es, ihnen gegenüberzustehen, und wie wunderbar die Hoffnung auf ein Zusammenkommen auf einer anderen Ebene.

Dass jeder Mensch einmalig ist und seine eigene spannende Lebensgeschichte hat, erfahre ich oft bei Interviews; beginnt es auch manchmal langweilig, so entwickelt sich im Gespräch und beim Hinterfragen viel Interessantes; welche Wünsche, Träume oder Gefühle zu dem Menschen gehören und seine Persönlichkeit formen. Oft ist es auch die Aura oder Ausstrahlung, die mehr ausdrückt als Worte des Gegenübers. Manche Situationen und Begegnungen führen uns zu Geheimnissen tief in uns, die nachdenklich stimmen, ob wir irgendwann ein anderes Leben geführt haben könnten. So sollen 90 Prozent aller Menschen den Moment eines „Déjé-vu“ – „schon einmal gesehen“ – kennen. Die Frage, ob es sich dabei um die Erinnerung an ein früheres Leben handelt oder nur um eine Täuschung des Gehirns, ist bis heute nicht geklärt und wird Wissenschaft und Esoterik noch lange beschäftigen.

Ein besonderes Erlebnis dieser Art hatte ich während einer umfangreichen Reportage über einen belgischen Künstler, mit dem ich einige Gespräche führte. Dabei erzählte Johannes, ein Maler und Bildhauer, eines Tages in seinem Atelier auch von seinen hellseherischen und heilenden Fähigkeiten. „Das passt ja gut“, meinte ich, „vielleicht werde ich so von meinen Kopfschmerzen befreit. Die habe ich wahrscheinlich durch den momentanen Stress seit fast einer Woche.“ „Kein Problem“, meinte Johannes, und während ich auf einem mit Farbklecksen übersäten Stuhl zwischen seinen Malutensilien Platz nahm, stellte er sich hinter mich, legte mir erst die Hände auf die Schultern, hielt sie dann eine Weile über meinem Kopf, während ich eine angenehme Wärme zu spüren glaubte. Dann setzte er sich neben mich, legte die Hände leicht auf Rücken und

Bauch, anschließend auf die Beine, die ich auf einen Hocker legen sollte. Abschließend strich Johannes mit wischender Bewegung von oben nach unten über meinen Körper und schüttelte dabei seine Hände mit Daumen und Mittelfinger schnipsend aus, damit, wie Johannes mir später erklärte, nichts von den Schmerzen oder einer Krankheit bei ihm bleibe. Etwa zehn Minuten dauerte diese Anwendung, wobei ich ihn anfangs beobachtet hatte, bis mich eine wohltuende Entspannung die Augen schließen ließ. Der kräftige, markant aussehende Mann, der aus einer belgischen Bauernfamilie stammt, erschien mir verändert. Er wirkte versunken und fast ein wenig der Gegenwart entrückt, was nicht mit seinem Gesichtausdruck während des Malens zu vergleichen war.

Als ich mich nach einer Weile verabschiedete, waren meine Kopfschmerzen allerdings nicht verschwunden. Ich hatte auch nicht damit gerechnet, und doch war ich ein wenig enttäuscht. Hatte Johannes nicht gesagt, dieses Übel zu beseitigen, sei kein Problem für ihn?

Am nächsten Morgen fiel mir erst nach einer Weile auf, dass ich mich leichter fühlte. Dann wurde es mir bewusst: Ich hatte keine Kopfschmerzen mehr. Sofort rief ich Johannes an und berichtete ihm davon und bedankte mich. „Ich hatte es dir doch gesagt“, entgegnete er. Der nächste Termin, diesmal mit einem Fotografen, weil wir einige Naturaufnahmen machen wollten, fand in der Heide statt. Wieder wurden Johannes heilende Fähigkeiten gefragt, da der Fotograf seit Jahren unter Rückenschmerzen und besonders an diesem kühlen Tag bei jeder Bewegung litt. Er bekam in meinem Wohnzimmer dieselbe Behandlung wie ich vor einiger Zeit. Danach stand dem Heiler der Schweiß auf der Stirn, und er wirkte für einige Minuten deutlich erschöpft. Er riet dem Fotografen, sich noch einige weitere Male behandeln zu lassen, damit er nachhaltig von den Schmerzen befreit würde. Ein erster Erfolg war offensichtlich schon einige Stunden später eingetreten, wie mir der Fotograf erfreut berichtete.

Es ist bekannt, dass es schon zu allen Zeiten Menschen mit heilenden Fähigkeiten gab, dennoch – als ich das nun selbst erlebte, kamen Zweifel auf. Vielleicht war alles nur ein Zufall, und die Schmerzen hätten auch ohne Johannes` Handauflegen nachgelassen? Doch als zwei Freundinnen des Künstlers, die beim folgenden Treffen anwesend waren, ebenfalls von seinen Heilerfolgen erzählten, die er bei ihnen und einigen anderen bewirkt hatte, begann ich an diese besondere Begabung zu glauben. Johannes erzählte mir von seinem Weg dahin. In den fast 60 Jahren seines Lebens hatte er viel erlebt, alle Höhen und Tiefen eines Künstlers sowie vor vielen Jahren einen schweren Motorradunfall in Italien; danach musste er viele Monate liegen, in der Angst, gelähmt zu sein. „In dieser Zeit, es war die schlimmste in meinem Leben, und dennoch möchte ich sie nicht missen, hatte ich merkwürdige, fast übersinnliche Erlebnisse und Eingebungen gehabt. Immer wieder hörte ich Ermahnungen und Stimmen, vielleicht von meinen Vorfahren, mein Leben endlich zu ändern. Manchmal hatte ich das Gefühl, aus dem Bett in eine andere Dimension gehoben zu werden oder in einen Strudel zu geraten, der mich nach unten zog. Ich hatte keine Erklärung dafür und wollte es niemanden erzählen, damit andere nicht an meinem Verstand zweifeln."

Nachdem Johannes gesund geworden war, stellte er zum ersten Mal seine heilenden Fähigkeiten fest, als er ein kleines Mädchen porträtieren sollte. Sie mussten die Arbeiten abbrechen, weil das Kind über heftige Kopfschmerzen und Übelkeit klagte. Seine Mutter legte es besorgt auf das Sofa in dem Atelier und Johannes strich ihm behutsam über den Kopf. Kurz darauf schlief das Kind eine kurze Zeit, schlug dann die Augen auf, und es ging ihm gut.

Nach diesem Vorfall passierte es einige Male, dass Johannes anderen Menschen helfen konnte. „Warum hast du nicht daran gedacht, Heiler zu werden. Du könntest mit deinen Fähigkeiten Menschen helfen und vielleicht auch besser verdienen als durch die Kunst", fragte ich bei unserem letzten Zusammenkommen, das für mich mit einer Überraschung enden sollte. Daran gedacht hatte Johannes einige Male, sich dann aber doch für die Kunst entschieden. Die Möglichkeiten, Menschen zu behandeln, ergäben sich oft nebenbei. Die Kraft, die er besitze, so erklärte der Künstler, sei nicht von ihm, sondern er gebe sie nur weiter. So will er sie mit in seine Bilder und Skulpturen fließen lassen.

Bei einem Tee in meinem kleinen Gartenhaus beendeten wir die Aufzeichnungen des Gesprächs und redeten noch eine Weile über unterschiedlichste Themen. Dabei blickte Johannes auf ein Bild von einem unbekannten Künstler an der Wand, das ich vor vielen Jahren von einem russischen Bekannten geschenkt bekommen hatte. Es zeigt eine Landschaft in Georgien mit einer Kapelle an einem See. Im Hintergrund ist ein kleines Dorf zu erkennen und daneben auf einer Wiese – angedeutet – eine Art Zirkuszelt. Eine zeitlose Ruhe geht von dem in Erdtönen gemalten Bild aus, darum habe ich es neben den Tisch gehängt, an dem ich arbeite. Auch mein Blick fiel auf das Bild, während ich meine Teetasse leerte. In das Schweigen meinte Johannes: „Kennst du Olga Bretnowski oder so ähnlich?“

„Nein, ich wüsste nicht. Warum fragst du das? Ist das die Malerin des Bildes?“

„Nein, der Name fiel mir in diesem Moment ohne Zusammenhang ein. Ich weiß selbst nicht, warum.“

Ich dachte nach. Olga, woher kannte ich nur eine Olga? Plötzlich wusste ich es. Ich hatte mir, wenn ich mit Walli zusammen war, vor mehr als vier Jahrzehnten den Namen Olga Breitenbach gegeben. Bis zuletzt hatte ich unter den Briefen an Walli „Deine Olga“ geschrieben und auch als Absender auf den Umschlag. Warum nur? Noch immer schaute ich auf das Bild, und es war, als tauchte ich hinein in eine andere Welt, in ein anderes Leben. Und ich hörte mich sagen: „Ich bin Olga“, und es liefen mir Tränen über die Wangen. Warum? Ich hatte keine Erklärung dafür. Aber vielleicht fand ich an diesem Spätnachmittag den Grund dafür, warum ich, solange ich zurückdenken kann, an keinem Zirkus vorbei gehe oder fahre, ohne anzuhalten; weshalb ich beim Betreten der Zirkuswelt mit den Wohnwagen, Tieren und Zelten ein Gefühl von Heimat habe, obwohl ich Mitleid mit den eingesperrten, dressierten Tieren habe und ich mich sogar manches Mal mit den Männern deshalb anlege, auch wenn sie mich nicht verstehen. Dabei interessieren mich auch nicht die Zirkusvorführungen, die ich nur besuchte, als Johanna klein war und sie mich darum bat.

Olga? Hatte sie, habe ich irgendwann einmal im Zirkus gelebt? Könnte das die Sehnsucht sein, die mich immer wieder dort hinzieht? Weshalb ich vielleicht auch „Sancho“ zu mir geholt habe? Johannes sah mich erstaunt an und legte den Arm um mich, als wollte er mich trösten. Das tat mir gut in dem Moment, aber ich war eher heiter, erleichtert, als hätte ich endlich etwas gefunden, wonach ich lange gesucht hatte.

18. Mutgedanke

Es ist mutig, sich auf die Begegnungen mit Menschen einzulassen, auch wenn wir von einigen enttäuscht wurden. Jedes Treffen ist eine Bereicherung, wenn wir ehrlich und offen aufeinander zugehen und bereit sind, von dem anderen nicht nur zu nehmen, sondern ihm auch von uns zu geben.

Kapitel 14

Die Reise

Nach diesem Ausflug in mögliche Stätten außerhalb meines jetzigen Lebens beschäftigte ich mich in Gedanken noch eine Weile mit Olga und kam zu dem Schluss: Wenn ich je im Zirkus gelebt hatte, dann war ich dort als Seiltänzerin aufgetreten. Viel lieber wäre ich auf einem hübschen, vollblütigen Schimmel oder Rappen durch die Manage geritten, die hohe Schule der Dressur vorführend. Das hätte – aus heutiger Sicht – viel besser zu mir gepasst. Da ich nicht schwindelfrei bin, sehe ich mich nicht gern hoch oben auf dem Seil unter der Zeltkuppel balancierend. Aber diese Vorstellung ist vorhanden und passt ein wenig zu meinem jetzigen Leben, das oft einem Balanceakt gleicht.

Neben der Zirkussehnsucht habe ich, wie viele Menschen, seit jeher Fernweh und reise gern, vor allem nach Frankreich oder Italien. Nach dem Umzug in das neue Haus nahm der Wunsch wegzufahren ab, vor allem im Frühjahr, da ich das erste Grün, die Blütenpracht, die Düfte und den Frühlingswind nicht nur einen Tag lang versäumen wollte. Vielleicht war ich nach den anstrengenden Urlauben während Klaus' Krankheit für eine Weile auch reisemüde geworden. Es wundert mich, warum gerade diese Fahrten in den Jahr seiner Krankheit, wie in die Dolomiten und dann – nur wenige Tage vor seinem Tod – nach Portugal, mit allen Einzelheiten in meiner Erinnerung geblieben sind. Gerade die letzte gemeinsame Fahrt, zu der wir neben seinen Infusionsflaschen auch mit seiner Golftasche beladen waren, die er nie mehr auspacken sollte, spielt sich wie ein Film ab. Ich sehe noch den Haken an der Zimmerdecke vor mir, an der der Drahtkleiderbügel als Befestigung für die Infusionsflasche hing, durch die Klaus flüssig ernährt wurde. Ebenso erinnere ich mich genau daran, wie ich während meines Geburtstages, der in diese Zeit fiel, mit Johanna im Sand sitzend die haushohen Wellen beobachtete. Nie zuvor hatte ich so hoch aufbäumende Meereswogen gesehen; ich schmecke fast noch die salzige Gischt auf meinen Lippen. Während wir die ungeheure Kraft des Meeres als Naturschauspiel mit vielen anderen Feriengästen erlebten, war Klaus zu schwach, das Bett zu verlassen.

Auch fühle ich den trockenen, feinen Staub der Specksteine, der sich beim Schleifen der Figuren als weiße Schicht auf meine sonnengebräunten Arme und Hände legte. Johanna hatte mich wiederholt gebeten, sie mit in den Kidsclub zu begleiten, wo andere Eltern mit ihren Kindern öfter gemeinsam bastelten. Da ich nicht viel Sinn für handwerkliches Fertigen habe und zudem ständig unruhig zwischen dem sonnigen Ferienterritorium mit den vergnügten Urlaubern und dem abgedunkelten Schlafzimmer wechselte, wo Klaus unter seiner Übelkeit und seiner Schwäche litt, fehlte mir die Muße. „Morgen sind wir alle Bildhauer und wollen aus Specksteinen Figuren machen. Das wäre doch etwas für dich", meinte Johanna, und ich ließ mich überreden, da es ihr offensichtlich wichtig war, begleitet zu werden. Aus einigen prall gefüllten Säcken, die in Brasilien mit weißen, grauen oder marmorierten Steinen gepackt und nach Portugal transportiert worden waren, durften wir Ferienkünstler einige aussuchen. Die Entscheidung fiel mir schwer. Jeder Stein war besonders. Ich drehte und wendete die Stücke, die ich nie in diesem Rohzustand gesehen hatte, in meinen Händen. Später las ich einige Informationen über die Natursteine und erfuhr, dass sie seit Jahrtausenden zur Herstellung von Gebrauchsgegenständen in aller Welt verwendet wurden und inzwischen heute neben dem Kunsthandwerk vielseitig in der Industrie bei der Verarbeitung bzw. Herstellung von Glas, Farben, Schmiermitteln, Keramik, Porzellan und sogar Autos benutzt werden. Das Talkum, weshalb der Stein auch Talkschiefer heißt, bildet auch den Grundstoff für Kosmetika und Körperpuder. Beim Betrachten der Steinbrocken konnte man bereits Formen deuten, die es nur nachzuarbeiten galt. Meine Wahl fiel schließlich auf einen weißen, halbrunden Stein, der leicht grünlich schimmerte. Daraus wollte ich einen Fisch entstehen lassen. Mit Spachteln, Reiben, Messern und anderen spitzen Werkzeugen war es einfach, den weichen Stein zu verändern. Ich raspelte und schabte, pustete zwischendurch den feinen Staub auf die feuchte Stoffunterlage zu meinen Füßen, wo langsam die Reste des Steins zu Puderbergen wuchsen.

„Du kannst das toll, Mama! Das sieht richtig aus wie ein Fisch", sagte Johanna, die mir eine Weile, ohne dass es ich es bemerkt hatte, zugeschaut hatte. Sie holte mich aus meiner Versunkenheit. „Mein Onkel war auch Bildhauer", sagte ich, freute mich über das Lob meiner Tochter und wandte dabei keinen Blick von meiner Arbeit, während ich weiter an dem Stein raspelte. Ich war zu weit weg, um ihr zu sagen, was ich später beim Betrachten der Formen, von denen ich auch zu Hause noch etliche herstellte, empfand: Es war nicht das künstlerische Talent des Onkels, das an diesem Ferientag in Portugal bei mir durchgebrochen war. Jeder Mensch kann aus Materialien, die die Erde ihm schenkt, ob Ton, Stein, Holz, Wolle oder Farben, Dinge formen oder herstellen, nur – er tut es meist nicht mehr, weil er es seit der Kindheit verlernt hat und seine Hände für andere Dinge benutzt: wie zum Arbeiten am Computer, Festhalten oder Geldzählen. Durch einen Zufall war der Stein in dieser schlimmen Phase meines Lebens in meine Hände gelangt. Das Bearbeiten dieses Naturgegenstandes wurde eins mit mir. Ich vergaß Zeit und Raum und fand dafür das Geschenk der Hingabe, was vielen Künstlern eigen ist. Jeder andere Mensch kann es bekommen, auch wenn er kein Meister im Musizieren, Basteln, Bauen, Pflanzen, Schreiben, Malen oder Singen wird. Wer sich ohne den Anspruch, perfekt zu sein, kreativ beschäftigt, dem gelingt der Schritt aus dem Raum der ständigen Gedankenwelt, der Zweifel und Fragen, auf die fast vergessene Insel der tiefen Ruhe in uns.

Mein Steinfisch bekam ein immer deutlicheres Aussehen mit Flossen und einem Schwanz, der sich der Form des Steines folgend leicht, wie bei einem schwimmenden Fisch, in eine Richtung bog. Mit einer Messerspitze ritzte ich Maul und Augen ein, hielt ihn dann erst kritisch beobachtend nahe, dann weiter entfernt vor mein Gesicht in Augenhöhe und war zufrieden. Schließlich polierte ich ihn intensiv mit Stahlwolle, bis die Oberfläche glatt war wie die eines Fischkörpers mit eng anliegenden Schuppen.

Die Sonne hatte sich inzwischen in ein Abendrot verwandelt. Ich war die Letzte im Kidsclub. Johanna war mit den anderen Kindern zum Schwimmen gegangen. Sie hatte mir ihren Stein zurückgelassen, der die Form einer leicht geöffneten Hand hatte: „Für deinen Schreibtisch. Da kannst du deinen Füller und Stifte hineinlegen", hatte sie beim Weggehen gesagt. Mira, die Kinderbetreuerin, kam, um aufzuräumen und die Tür zu schließen.

„Kann ich morgen wiederkommen?", fragte ich.

„Natürlich, wir machen Kartoffeldrucke."

„Könnte ich lieber wieder einen Stein bearbeiten?"

„So viele du willst, wenn es dir Spaß macht."

Meinen Fisch sollte ich nicht mitnehmen, da er mit den Arbeiten der anderen abends beim Dinner neben dem Büffet ausgestellt werden sollte. Eilig wischte ich den Staub von den Armen und Händen und lief mit schlechtem Gewissen zu unserer Wohnung. Klaus lag mit geschlossenen Augen auf dem Bett. Ich setzte mich neben ihn. „Du warst lange weg. Hast du Spaß gehabt?", fragte er matt.

„Ich war mit Johanna im Kidsclub. Wir haben Specksteine bearbeitet. Ich habe einen Fisch gemacht. Den bringe ich nach dem Essen mit", berichtete ich und streckte mich dabei neben Klaus auf meiner Betthälfte aus. Wir schwiegen. Ich schaute aus dem Fenster auf die Wolken, die an diesem Abend wie ein Schwarm großer Fische aussahen, die meinem Specksteinfisch ähnelten. Entspannt und müde, wie seit langem nicht, sah ich den Wolken nach und ich überlegte, was ich morgen aus den Steinen entstehen lassen würde.

Auch an den nächsten Tagen ging ich nicht an den Strand, sondern zu den Steinen und bearbeitete sie; ich vergaß nicht mehr die Zeit, doch für eine Weile meine Sorgen und Ängste. Für Klaus raspelte ich aus einem weißen Stein ein Herz und ritzte die Umrisse eines zweiten kleineren tief in die Oberfläche. Ich polierte es besonders lange und rieb es anschließend mit meinem Rosenöl ein, bevor ich es Klaus gab. Er nahm es in eine Hand, strich mit der anderen, die so dünn und kraftlos geworden war, darüber. „Das fühlt sich gut an", sagte er. An Klaus' Beerdigung wenige Wochen später legte ich ihm das Doppelherz zum Abschied mit in die Erde.

Aus der Isolation nach Klaus' Krankheit und der Konfrontation mit dem Tod wieder ins Leben zurückzufinden, half mir eine Pressereise nach Australien mit einem fünftägigen Aufenthalt auf einer einsamen Insel. Durch diese räumliche Distanz gelang es mir, meine Ausweglosigkeit zu überwinden und mich danach mit anderer Sichtweise dem Leben wieder zuzuwenden. Der Abflugtermin dieser seit längerer Zeit geplanten Reise war wenige Wochen nach der Beerdigung, und es schien mir fast unmöglich, nach alledem, was passiert war, mitzufahren. Schon der Gedanke des Kofferpackens war mir zu viel. Doch überredeten mich zur Reise Ursel und meine Töchter, die meinten, ich brauchte dringend Erholung und Ablenkung. So ließ ich mich, da ich zu diesem Zeitpunkt ohne Gewohnheit und Zukunftsplanung war, von Vicky zum Flughafen fahren, wo ich ohne besondere Emotionen die Reise auf die andere Seite der Erdkugel antrat. Nach dem Umsteigen in London flogen wir endlose Stunden, in denen ich las oder dahindämmerte. Als ich einmal durch das Fenster nach unten sah, überquerten wir eine triste, farblose Wüstenlandschaft, die keinen Anfang und kein Ende zu haben schien. Ich glaubte plötzlich, auf den Grund meiner trostlosen Seelenlandschaft zu blicken, und geriet in Panik. Verloren. Ich war verloren zwischen Himmel und Erde, Leben und Tod. Alle Gefühle, die ich in den drei letzten Tagen und Nächten im Krankenhaus empfunden hatte, während mein Mann sich dem anderen Ufer näherte, wie die Angst vor dem fremden, sich nahenden Tod, die Furcht vor dem letzten Atemzug, das Ahnen des Verlorenseins, schienen plötzlich mit aller Wucht von mir Besitz zu nehmen. Ich umklammerte die Lehnen mit kalten Händen, hielt mich daran fest, um nicht aufzustehen und hinauszulaufen. Aber wohin sollte ich fliehen? Ich lehnte den Kopf mit den wirren Gedanken zurück, spannte den Rücken, blickte ängstlich um mich. Mein Nachbar schlief, wie viele andere Passagiere. Als ich keinen Ausweg sah, legte ich die Finger auf dem Schoß ineinander und betete:

„Lieber Vater im Himmel, bitte hilf mir, steh mir bei. Lass mich nicht allein mit meiner Angst.“ Ich wiederholte diese Bitte, immer und immer wieder, und ich fand zurück zu mir, entspannte mich und schlief ein.

Von einem leichten Rütteln der Maschine wurde ich wach, ein wenig steif von der ungewohnten Sitzhaltung und eingeengt in der Kleidung, doch – die Angst war verflogen. Beim Hochziehen des Rollos vor dem Fenster öffnete sich mir ein weiter blauer Horizont, der in einem graublauen Meer verschwamm. Statt der Einöde der Wüste sah ich nun in die lichte Grenzenlosigkeit des Universums ohne irdische Abgrenzungen, und mein Körper und mein Geist entfernten sich von jeder Enge und jeder Angst in eine andere Dimension. Die Zeit und ich schienen schwerelos zwischen den Kontinenten, zwischen der Vergangenheit und der Zukunft dahinzugleiten.

Die „blaue Blume“, das Ende der Sehnsucht, von der Novalis, der Schriftsteller der Frühromantik, geschrieben hatte, ich hatte sie gefunden und behielt sie während der Zeit in Australien in mir. Wie jede Blume welkt, verblasste im Alltag zu Hause ihre Kraft, aber ein wenig davon blieb in mir und stärkte mich in den schweren Jahren, die bevorstehen sollten, auf dem Weg in das neue Leben. Manchmal halfen mir meine „Gedächtnisstützen“, wenn es wieder einmal „eng“ wurde, wie damals im Flugzeug: Da gibt es im Bad einige Korallenstücke und auf meinen Schreibtisch eine blaue Postkarte. Es ist eine Luftaufnahme von der kleinen australischen Insel, wo ich einige Tage die Zeit vergaß, inmitten eines riesigen, türkisfarbenen Meeres, dessen Grenzen sich mit dem Himmel vereinen.

Erinnerungen an etwas Schönes helfen uns dunkle Stunden, Einsamkeit oder Verluste zu überstehen. Das scheint der Grund, dass wir von Reisen die unterschiedlichsten Andenken mitbringen und sie zu Hause aufstellen. Einige Dinge bei mir zu Hause führen mich, wenn der Blick darauf fällt, in Gedanken zurück an Orte, die ich besuchen und wo ich Ungewöhnliches erleben durfte. So gibt es in meinem Häuschen eine Trennung zwischen Flur und Wohnbereich durch einen Vorhang, der tagsüber durch ein Band zusammengehalten wird, das eher einem Strick ähnelt. Dabei handelt es sich um eine Peitsche mit einem sehr langen, gedrehten Riemen aus einer Naturfaser, der sich von dem kurzen Holzstiel ausgehend verjüngt und in einem Knoten endet. Wenn diese Peitschen nicht als Gardinenhalter, sondern beim Eintreiben der jungen Hengste in Lipizza als akustische Befehle benutzt werden, entstehen dabei so laute Geräusche wie Schüsse aus einer Pistole. Ich hatte es mir wiederholt von den Männern bei einem Besuch auf dem Gestüt zeigen lassen, doch konnte ich es nicht nachahmen. Stattdessen flog mir die Kordel um die Ohren, dass ich mich fast verletzt hätte.

Johanna war drei Jahre alt, als ich mit ihr nach Lipizza in Slowenien fuhr. Uns begleitete eine Freundin mit ihrem gleichaltrigen Sohn. In den Stunden, während ich für Film- und Fotoaufnahmen über die „Wiege der weißen Perlen, der Lipizzaner Hengste in Slowenien“ arbeitete, würde sie beide Kinder betreuen. Die Autofahrt war endlos, und die Kinder langweilten sich. Zwei Stunden vor unserem Ziel hielten wir an einer blühenden Wiese. Ein klarer Bach schlängelte sich hindurch. Wir legten eine Decke ins Gras, machten Picknick und waren glücklich. Die Kinder zogen sich aus und erfrischten sich nach der langen Autofahrt in dem Bächlein. Beim Umzug fand ich ein Foto von den beiden nackten Kindern, das sogar Johanna nicht peinlich fand, sondern sie freute sich über dieses Bild.

Lipizza erschien mir bei unserer Ankunft nicht so romantisch, wie ich es mir vorgestellt hatte. Den Reiz dieser Landschaft mit den endlosen

Baumalleen entdeckte ich erst in den nächsten Tagen. Für jeden Hengst, der auf dem Gestüt geboren worden war, wurde ein neuer Baum gepflanzt. Ein großes, nüchternes Gebäude war das Gästehaus, das heute, nach mehr als zehn Jahren, sicher zu einem modernen Hotel umgebaut ist. Ich bekam das größere Zimmer, weil dort ein Schreibtisch vor dem Fenster stand, von wo aus ich den Ausblick auf die Stutenweide mit den Fohlen genoss.

Mein kroatisches Kamerateam, mit dem ich die nächsten Tage verbringen würde, reiste einen Tag später aus Zagreb an, wo wir uns im Jahr zuvor bei etlichen Drehterminen im Kinderkrankenhaus kennen gelernt hatten. Durch all das Traurige, was wir im Rahmen einer Spendenaktion für den Norddeutschen Rundfunk gefilmt und erlebt hatten, waren wir enge Freunde geworden. Branimir, mein Kameramann, deutete während der Dreharbeiten jeden meiner Blicke und wusste, welche Motive ich haben wollte. Diese Kinder im ehemaligen Jugoslawien waren, wie bei allen Kriegen dieser Welt, die unschuldigen Opfer. Viele hatten nicht nur ihre Gesundheit, ihre Mütter und Väter, sondern vor allem ihre Fröhlichkeit und ihre Kindheit verloren; Wer diesen und anderen in aller Welt leidenden Kindern nicht persönlich begegnet ist, kann die Pein nicht ermessen. Bis heute sehe ich ihre Gesichter vor mir und kenne noch viele ihrer Namen. Als ich Freunden vor einiger Zeit die Filme zeigen wollte, stimmten mich die Bilder und die Erinnerung so traurig, dass ich den Videorecorder abstellen musste.

Dennoch wurden diese Dreharbeiten zu meiner wertvollsten Arbeit. Die Aufnahmen veranlassten die Zuschauer, fast 500.000 Euro für das Krankenhaus, wo die verletzten und kranken Kinder aus allen Regionen des ehemaligen Jugoslawien zusammengekommen waren, zu spenden. Am Abend beim gemeinsamen Essen planten wir, irgendwann gemeinsam einen Film zu realisieren. So kamen wir auf die Idee, eine Dokumentation über die Lipizzaner in Slowenien zu drehen. Durch die spanische Hofreitschule in Wien sind die weißen Hengste weltbekannt. In Lipizza hatte Branimir schon einmal Aufnahmen für einen anderen Sender gemacht, und so stellte er den Kontakt her. Die „Windrose“, eine Sendung des Mitteldeutschen Rundfunks über Auslandsthemen, hatte mein Exposé angenommen und den Auftrag erteilt. Zudem konnte ich Text und Fotos für eine Veröffentlichung im Hamburger Abendblatt nutzen und die schönsten Aufnahmen für eine Fotoausstellung verwenden. Klaus, der immer Interesse an meiner Arbeit zeigte, hatte so diese einwöchige Reise akzeptiert.

Durch Stanislav, einen begnadeten Pferdeexperten, der uns in dieser Woche begleitete, lernten wir dieses Gestüt und seine Geschichte genau kennen. Gleich am ersten Tag führte er uns in das „Herz des Gestüts", die uralten Stallungen mit den Deckhengsten. Nie zuvor war ich, obwohl ich viele Pferde gesehen habe, so hochedlen Pferden begegnet. Mit ihrem schimmernden Fell, der durchscheinenden schwarzen Haut und ihrem stolzen, gelassenen Gehabe glichen sie Denkmälern aus Mamor. Abends, beim Eintreiben der Stuten mit ihren dunklen Fohlen von der Weide in den Stall half ich mit und fühlte mich fast heimisch. Fasziniert sahen wir mit der Kamera und allen Sinnen dem Spiel der halbwüchsigen Junghengste zu, die nicht nachließen, auf den Hinterbeinen stehend mit wehenden Mähnen und Schweifen und wildem, tiefen Wiehern ihre Kräfte zu messen. Erst beim Knallen der besagten Peitschen beendeten sie ihr Spiel, und die Herde galoppierte schnaubend über die weiten, grünen Weiden.

In den Zeitraum unseres Besuches fiel die erste künstliche Besamung, die vor allem für die Gestütsleute ein besonderes Ereignis war. Für mich war die Aktion auf dem Innenhof vor den Stutenställen, wie einer der Hengste an eine rossige Stute geführt und sein Samen, während er sie bestieg, in ein Gefäß abgeleitet und sofort in einen Kühlbehälter gestellt wurde, eher eine Peinlichkeit; auch, weil ich die einzige Frau unter den Gestütsleuten, Tierärzten der medizinischen Hochschule, den Helfern und in meinem Team war. So stellte ich mich ein wenig abseits und gab Branimir leise Regieanweisungen. Der Fortschritt, wozu die künstliche Besamung seit langem zählt, hatte nun auch Einzug in Lipizza gehalten, was sicher zeitgemäß ist; doch empfand ich dies als einen Eingriff in die Natur und irgendwie entwürdigend für diese herrlichen Tiere.

Als letztes drehten wir eine Quadrille, die eigens für uns veranstaltet wurde und die ich bisher nie so gekonnt und akkurat, dabei schwungvoll und leicht, gesehen hatte. Stanislav fragte mich anschließend, ob ich einen der edlen Hengste reiten wollte, was ich mich nicht zu fragen gewagt hätte. Gern stimmte ich zu und bekam für den Nachmittag den Termin für eine Reitstunde.

In den Stallungen standen den Urlaubsgästen, die hier ihre Reiterferien verbrachten, zahlreiche Pferde zur Verfügung, doch nicht die Hengste, von denen ich einen reiten durfte. Ich war froh, dass ich meine Reitstiefel und -hose eingepackt hatte, und zog zu diesem besonderen Anlass eine weiße Bluse dazu an. In Jeans und T-Shirt hätte ich nicht zu diesem Pferd gepasst. Als mir der Hengst geputzt und gesattelt vorgeführt wurde, was ich sonst immer selber erledigte, nahm ich vorsichtig die Zügel in die linke Hand, stieg in den Steigbügel und nahm Platz in dem Sattel, der auch von guter Qualität war und, wie jedes Lederzeug auf dem Gestüt, vom vielen Putzen geschmeidig. Wie oft war ich seit meiner Kindheit durch Felder, Wälder und durch die Heide geritten, hatte an einer Jagd in der ungarischen Puszta teilgenommen, war mit den Guardians in der Camargue durch Schilf und Wasser gestreift. Wo immer ich lebte, kannte ich an dem Ort auch den Reitverein und hatte in der Halle am Reitunterricht teilgenommen als Grundlage für den Umgang mit einem Pferd. Doch dieser Ritt unterschied sich von allen: Ich schwebte bei den wiegenden Bewegungen auf dem Lipizzaner in dem antiken hohen Tattersaal mit den Kronleuchtern unter der Stuckdecke dahin; wie einfach waren die fliegenden Galoppwechsel unter Anleitung von Stanislav und bei einer leisen Marschmusik, die aus einem Lautsprecher klang. Ich wünschte, dieser Ausflug in die hohe Schule der Reitkunst würde lange andauern. Weniger lag es an meinem reiterlichen Können, das ich für durchschnittlich halte, als an dem exzellent ausgebildeten Hengst mit seinen vollendeten Gängen, dass dieses Reiterlebnis zum schönsten im meinem Leben wurde.

Nach Abschluss der Dreharbeiten wollten wir unser Treffen mit einer gemeinsamen Kutschfahrt und einem Picknick ausklingen lassen, aber es kam wieder einmal alles anders. Branimir hatte in den Nachrichten gehört, dass im Zentrum von Zagreb eine Bombe explodiert war, obwohl der Krieg seit mehr als zwei Jahren vorbei war. Angespannt saß er in seinem Auto, verfolgte die Neuigkeiten aus dem Radio und drängte nach kurzem Abschied zum vorzeitigen Aufbruch. Wie ich später erfuhr, war die Explosion zum Glück weniger dramatisch als anfangs angenommen.

Die Kinder und meine Freundin hatten sich, während ich arbeitete, die Zeit mit Kutschfahrten, Ponyreiten oder Besuchen auf dem Spielplatz vergnügt. Beim Abendessen planten wir am letzten Tag einen Besuch in eine der nahe gelegenen Höhlen. So standen wir am nächsten Morgen zwischen einigen Feriengästen vor einer niedrigen Holztür, die in einen Berg führte. Hätte ich geahnt, was uns hinter dieser Tür erwarten würde, wäre ich umgekehrt. Zumindest hätte ich darauf bestanden, feste Schuhe und warme Jacken anzuziehen sowie eine Taschenlampe mitzunehmen. Vielleicht hätte ich zuvor noch einen Schluck von den Obstbränden aus dieser Gegend zu mir genommen, um gelassener die nächsten Stunden zu überstehen. Niemand hatte uns vorgewarnt. So gingen wir anfangs noch fröhlich plaudernd durch eine Art Tunnel in eine feuchte Halle und folgten im Gänsemarsch unserem Führer, der einen Helm mit einer Lampe trug. Fast drei Stunden dauerte diese Wanderung über schmale Pfade, die in die Bergwand gehauen und nur mit einem Drahtseil gesichert waren. Wir gingen immer tiefer in die Höhle über schwankende Hängebrücken, die über tiefe Abgründe mit Wasserläufen führten, und durchquerten gigantische, kathedralenähnliche Gewölbe. Es war wie in einem Traum, der nicht endet, bis plötzlich der Strom ausfiel und alle Lämpchen an den Wänden, die ein schwaches Licht gegeben hatten, erloschen. Der Führer sagte etwas in Slowenisch, was wir nicht verstanden, und verließ uns, um die Sicherung zu suchen. Mit ihm schwand die einzige Lichtquelle. Eine Nacht mag dunkel sein, aber nicht so tiefschwarz wie jene unterirdische Finsternis. Ich hielt Johannas kleine, kalte Hand fest, umfasste ihre Schultern. Das war mein Halt in dieser Dunkelheit, die mich zu erdrücken drohte, weil ich nichts tun konnte, als blind abzuwarten. Dann funktionierte das Licht wieder. Wie lange es gedauert hatte, weiß ich nicht, die Zeit war stehen geblieben. Als wir etwa eine weitere Stunde gegangen waren, schien uns auf einmal wie durch ein Fenster das Tageslicht entgegen. Innerlich flog ich ihm entgegen wie eine Schwalbe dem Himmel. Wir kamen zu einem riesigen Felsentor, vor dem sich ein klarer, blauer See befand. An dessen Ufer wuchs – fast wie ein Lebewesen aus einer anderen Welt – ungewöhnlich leuchtend grün im Gegensonnenlicht ein Baum. Offensichtlich hatten wir einen Rundgang unternommen, denn gleich neben der Höhlenöffnung hinter einem Felsen lag der Eingang. Hier fand ich auch meine Freundin und ihren Sohn wieder, die wir in der riesigen Höhle aus den Augen verloren hatten. „Das war einmalig“, sagte sie strahlend, allerdings mit blauen Lippen von der Kälte. Mir wurde wieder einmal bewusst, wie unterschiedlich wir Menschen empfinden, denn ich war nur erleichtert, dass wir vier diese Höhle unbeschadet verlassen hatten.

Am Kiosk kaufte ich eine Kassette, die Musiker aus Lipizza in der Höhle aufgenommen hatten. Einige der Stücke legte ich später unter die Filmpassagen als ungewöhnliche akustische Untermalung.

Auf der Rückfahrt nach Deutschland spürte ich die Anspannung der vergangenen Tage. Als wir im Brennertunnel in einen Stau gerieten, empfand ich die Lebhaftigkeit der Kinder auf den Rücksitzen als sehr anstrengend und hatte Mühe, mich auf das Fahren zu konzentrieren. „Lasst uns eine Pause machen“, schlug ich vor. So fuhren wir nach der Tunneldurchfahrt in ein Dorf und blieben zwei Stunden in einem Gasthof. In dem Garten fanden die Kinder unzählig viele Maikäfer, die sie bisher nur von Bildern kannten. „Die bringe ich für Papa und Vicky mit“, freute sich Johanna und setzte sie vorsichtig mit einigen Blättern und Erde in einen Behälter.

Etwa fünf Jahre nach dieser Reise wollten Johanna und ich das erste Weihnachtsfest nach Klaus' Tod nicht zu Hause verbringen. Meine Mutter und auch Ursel, wo wir die nächsten Jahre als Nachbarn noch blieben, hatten Verständnis dafür, und so fuhren wir nach Süddeutschland zu Walli. Doch stellte sich hier nicht die gewohnte Weihnachtsstimmung ein. Anschließend waren wir mit einem befreundeten Ehepaar in einem kleinen Ort in der Nähe der Alpen verabredet, wo Johanna Skilaufen sollte. Da es keinen Schnee gab, kam sie enttäuscht von dem Ausflug in die Berge zurück. Meine Tochter und ich blieben noch zwei Tage allein in einem Hotel, und zum ersten Mal nach sieben Monaten überkam mich ein Gefühl von Alleinsein oder Verlassenheit, während wir abends im Hotelrestaurant an einem kleinen Tisch zwischen einigen fröhlichen Familien saßen. Ich schluckte, und es gelang mir nicht, die Tränen zurückzuhalten. Johanna aß schweigend weiter und sah mich nicht an. Beim Einschlafen ärgerte ich mich, dass ich in diese Situation geraten war. Künftig würde ich besser planen, schon aus Rücksicht auf Johanna, die sicher nicht gern mit einer weinenden Mutter und ohne Vater am Tisch sitzt.

Uns war die Sicherheit der Gewohnheit in unserer kleinen Familie verloren gegangen, weniger im täglichen Leben, das recht unregelmäßig verlaufen war, als im Urlaub, den wir immer mit Klaus gemeinsam verlebt hatten. Auch hatte er immer die Organisation übernommen. Diese Rolle musste ich erst lernen. Auf unseren Reisen, die zwischen drei und sieben Tage dauerten, begleitete uns künftig Johannas Schulfreundin Anneliese, die wegen der Trennung ihrer Eltern oft bei uns war und in dieser Zeit fast wie eine Schwester für Johanna wurde. Da dieses halbkolumbianische Mädchen mit den Wuschelhaaren von einer ansteckenden Fröhlichkeit war, lachten wir viel und hatten trotz unserer unterschiedlichen familiären Probleme viel Spaß miteinander, vor allem, wenn wir mit Walli zusammenkamen. Am Gardasee genossen wir die dünnsten und schmackhaftesten Pizzas, die wir je gegessen hatten, schwammen im See um die Wette, schliefen zu viert im Doppelbett und konnten vor Lachen und Kichern oft nicht einschlafen.

Hätte ich nur jeden Moment, jedes Lachen noch mehr genossen, denn drei Jahre danach starb Anneliese, zwei weitere Jahre später Walli, wobei Annelieses Tod für uns immer unerklärlich bleiben wird, da sie freiwillig aus diesem Leben ging. Zurückblickend denke ich jetzt auch an die „andere Seite" von Annelieses Wesen, der ich damals keine Bedeutung schenkte, die jedoch eines Tages von ihr Besitz genommen haben muss und sie ratlos werden ließ. So passierte es zum Beispiel bei einem gemeinsamen Wochenende zu dritt in Timmendorf an der Ostssee, dass Annelieses Fröhlichkeit während des Essens in einem Chinarestaurant erst in eine Gereiztheit und dann fast in eine Unverschämtheit umschlug, die dem Kellner galt. Sie lästerte laut über sein Aussehen. Ich ermahnte das Mädchen, doch es hörte nicht auf, sodass ich mich beeilte zu zahlen und wir das Lokal bald verließen. „Was sollte das? Es ist unmöglich, wenn du im Beisein des Kellners schlecht über ihn redest", sagte ich draußen ärgerlich. „Aber der war doof." „Er war nicht doof, und wenn du das meinst, behalte es für dich." Wir gingen anschließend in unsere Hotelbar, wo die Kinder einen großen, bunt dekorierten Begrüßungscocktail ausgiebig genossen, bis Anneliese begann, die Erdnüsse aus der Schale auf unserem Tisch nicht nur zu essen, sondern damit auf die Lampen zielte, obwohl ich ihr das untersagte.

„Du verdirbst uns den ganzen Abend", sagte ich auf dem Zimmer und fragte sie, warum sie sich so verhalten habe. Sie sah mich an und sagte ernst: „Ich weiß es nicht. Manchmal bin ich so, wie ich nicht sein will."

Nach der vierten Klasse besuchten die beiden Mädchen unterschiedliche Schulen, und Anneliese kam seltener zu uns. Wir trafen sie beim Hockey, wo sie mit Johanna in einer Altersgruppe spielte. Als sie einige Male nicht zum Training gekommen war, drängte Johanna ihre Freundin, doch wieder teilzunehmen. Sie bat mich, Anneliese auf dem Weg zum Training von der Wohnung abzuholen. Doch sie war nicht zu Hause, verbrachte ihre Zeit mit anderen Freundinnen in der Stadt. Einmal traf ich Anneliese auf dem Schulweg und hätte sie fast nicht erkannt, denn sie hatte sich ihre schwarzen Haare weißblond gefärbt. Die standen wie

Stroh spröde vom Kopf ab. „Anneliese, wie siehst du denn aus? Was hast du mit deinen schönen Haaren gemacht? Komm doch mal wieder zu uns. Du fehlst uns“, lud ich sie ein, und sie kam einige Tage später. Wie früher saß sie neben Johanna auf der Holzbank in der Küche. Sie fragte nach Ursel, die sich zu uns gesellte, und die Mädchen erzählten und lachten. Doch etwas war anders. Annelieses Augen hatten ihre Fröhlichkeit verloren, und sie wich meinem Blick aus. „Was ist mit dir, kleine Anneliese?“, dachte ich.

Es waren einige Wochen oder Monate vergangen – zum Hockeytraining war sie nicht mehr erschienen – als ihre Mutter Elly mittags anrief und mich eindringlich bat zu kommen. Da sie mit Akzent spricht und ich sie nicht verstand, fragte ich einige Male nach, warum ich sie besuchen sollte. Etwas sei mit Anneliese geschehen, meinte sie. Also fuhr ich hin, ging nachdenklich die drei Treppen hoch. Die Wohnungstür war angelehnt. Elly umarmte mich, sie war blass unter ihrer dunklen Haut; wirkte fahrig, fast verwirrt. In der Küche sah ich einen Nachbarn Kaffee kochen. „Was ist mit Anneliese?“ „Die Polizei war hier“, sagte Elli ohne Tränen schluchzend. Sie stöhnte und begann, einige Gegenstände sinnlos hin und her zu rücken, als wollte sie aufräumen.

„Was ist mit der Polizei? Ist Anneliese weggelaufen?“

Elly konnte es nicht aussprechen, flüsterte nur unentwegt den Namen ihrer Tochter und dass wir ihre besten Freunde seien. Der Nachbar sagte es mir dann endlich in kurzen Sätzen, dass Annliese tot sei, vom Zug überrollt, vor den sie gelaufen sei. Nein. Etwas krallte sich in mein Inneres. Schmerz. Wut. Und ein unendliches Mitleid mit der Mutter. In der Nacht war Anneliese nicht nach Hause gekommen. Morgens war sie dann in der Nähe der Schule vor einen Zug gelaufen. Warum? Warum hatte sie mit knapp 14 Jahren diesen Schritt vom Leben in den Tod getan? Wer oder was mag sie dazu veranlasst haben? Vermutungen gab es einige, aber keine Antwort für Johanna und für mich. Als ich ihr die Nachricht mitteilte, sagte sie nur weinend: „Nicht Anneliese!“ Wenn ich zum Friedhof gehe und das Grab von Klaus besuche, kann ich von da aus das Grab von Anneliese sehen. Johanna möchte mich nicht begleiten. Wir haben bisher nie über Klaus’ Tod sprechen können und ebenso wenig über Annelieses Schicksal. Worte gibt es dafür nicht, aber einen Schmerz, der bleibt. Ebenso aber auch die Erinnerung an unsere Fröhlichkeit, vor allem während unserer gemeinsamen Reisen.

Inzwischen hat unser Leben ohne Klaus, ohne Anneliese und etlichen anderen geliebten Menschen, die von uns gegangen sind, eine Gewohnheit bekommen, wozu auch das Reisen gehört, was wir unsere „Mädel-Touren“ nennen; sie dauern zwischen drei und sieben Tage und sind für Johanna, ihre Freundin Elisabeth, Vicky und mich ein großes Vergnügen. Eine Ausnahme war die Romreise, die ich als Bereicherung für Johanna geplant hatte, da sie seit einigen Jahren Lateinunterricht in der Schule hat. Der 15jährigen stand beim Besichtigen der Kulturstätten ständig die Frage im Gesicht: Was soll ich hier eigentlich? Ein Streik der öffentlichen Verkehrsmittel zwang uns zu endlosen Fußmärschen durch die Stadt, zudem lag unser Hotel 20 Kilometer außerhalb von Rom und die Taxifahrer verlangten Wucherpreise. Dagegen hatten wir wunderbare Erlebnisse in Paris, Berlin und in Südfrankreich. Ich erfreute mich beim Aufwachen an dem Anblick der jungen Mädchen. Wenn dann allerdings nach dem Frühstück eine shoppen, die andere lieber an den Strand gehen wollte und die dritte einen Museumsbesuch vorschlug, wünschte ich mir die Frage von meinen Reisebegleiterinnen: „Was möchtest du eigentlich?“ Dann wäre meine Antwort: Harmonie. Die stellte sich immer schnell ein, weil wir gemeinsam eine Lösung fanden: Erst ging es, falls vorhanden, an den Strand, dann ins Museum und anschließend shoppen und zwischendurch ins Cafe.

Eine Enttäuschung gab es während unseres letzten Frankreichurlaubs in meinem Traumhotel, wo ein Sandsturm die im Schilf versteckte Hofanlage in der Camargue bei unserer Ankunft fast zudeckte. Hier hatte ich vor vielen Jahren mit Klaus und Johanna einige Tage verbracht und mir gewünscht, einmal in diese malerische Idylle zurück zu kehren. Vicky sah mich mit Tränen in den Augen an, während wir die kleinen, aber urigen Zimmer bezogen, und meinte: „So habe ich es mir nicht vorgestellt. Aber ich hätte es mir ja denken können, dein Traumhotel kann nur am Ende der Welt liegen.“ Das tat mir leid, denn ich empfand es trotz des Sturms genauso schön wie damals, darum schwieg ich. Der Sandsturm legte sich am nächsten Morgen und die Sonne schien. Wir entdeckten eine Gruppe von Pelikanen vor dem Hotel und verbrachten drei wunderbare Tage. Vicky unternahm weite Ausritte mit den weißen Camarguepferden. Wir gingen gemeinsam in Saint Marie de la Mer shoppen und fanden einen schönen Strand zum Sonnenbaden und Schwimmen. Diese Reise lege ich zu den schönen Erinnerungen in meinem Leben. Sie hat mich in mein Traumhotel und auch mit meinen Töchtern und einer jungen Freundin zusammengeführt.

So ist jede Reise ein kleines Abenteuer. Wir nehmen für eine begrenzte Zeit ständig Neues auf, eine andere Umgebung, fremde Gerüche, andere Menschen, Sprachen und Essgewohnheiten. Einiges kann man im Bild mit dem Fotoapparat oder der Videokamera festhalten, aber einiges nur mit dem Herzen. Darum sollten wir uns den Eindrücken öffnen und später beim Anblick einer Muschel oder eines Steines, den wir gefunden haben, daran erinnern und uns freuen über diese Reise wie über ein Geschenk.

Manchmal erfüllen sich unsere Erwartungen nicht, und die Enttäuschung über ein zu kleines Hotelzimmer oder den fehlenden Meerblick oder Regen verdirbt uns die Freude. Ist das wirklich wichtig? Jeden Ausflug in die Welt sollten wir wie Perlen auf eine Kette aufreihen und glücklich darüber sein; sie ist nicht endlos, denn irgendwann treten wir unsere letzte Reise an.

19. Mutgedanke

Es ist mutig, mit Neugier und Freude auf Reisen zu gehen, die gewohnte Umgebung für eine Weile zu verlassen, ohne zu hohe Erwartungen zu haben. Jeder Ausflug ist ein Erlebnis, das uns bereichert. Kleinigkeiten, die uns nicht gefallen, sollten wir gelassen hinnehmen und uns nicht die Stimmung verderben lassen.

Kapitel 15

Die Katze

Der Grund, immer nur ein paar Tage und nicht länger als eine Woche zu verreisen, sind meine Tiere, die ich nicht zu lange zurücklassen möchte. Außerdem bekomme ich nach einer Weile Sehnsucht nach zu Hause. Oft werde ich gefragt, wer die vielen Tiere versorgt, wenn ich nicht da bin, und ob ich überhaupt wegfahren kann. Das lässt sich organisieren, ist meine Antwort, denn ich bin nicht Sklave meiner Tiere, und einen gewissen Freiraum gestehe ich mir zu.

Wenn ich gelegentlich von 30 Tieren abkommen kann, fällt es mir schwer zu glauben, wenn jemand erzählt, er könne keinen Hund halten, weil er niemanden habe, der ihn im Urlaub versorgt. In Wirklichkeit möchte er keinen Hund, oder er hat nicht den Mut. Einen Hund kann man für eine bestimmte Zeit immer unterbringen und sei es in Tierhotels oder -pensionen, von denen es etliche gute gibt.

Der wahre Grund, sich keinen Hund zu halten, ist bei vielen auch die schmerzhafte Vorstellung von dessen begrenzter Lebensdauer von höchstens 15 Jahren. Fünf Hunde haben mich bisher verlassen: „Ingo“, „Motte“, „Ronja“, „Max“ und „Puschkin“. Keinen von ihnen möchte ich missen, denn jeder hat mein Leben auf seine Art bereichert. Bei „Ingos“ Tod (Kapitel 1, Teil I) war ich 14 Jahre alt, und ich glaubte, mein Herz würde zerbrechen. Auch „Mottes“ Weggehen nach 14 Jahren gemeinsamer Zeit hatte mich mitgenommen. Obwohl der Boxer-Schäferhundmischling Probleme mit den Ohren hatte, nicht mehr hören und kaum sehen konnte, auf den Hinterbeinen lahm wurde und bis auf die wenigen Momente beim Sonnenbaden und Fressen nur noch eine geringe Lebensqualität hatte, ließ ich „Motte“ nicht gehen. Wie einfach wäre für sie der Abschied von dieser Welt mit der kompetenten Hilfe meines Tierarztes gewesen, wenn ich nicht egoistisch an der alten und kranken Hündin festgehalten hätte. Bis heute mache ich mir deshalb Vorwürfe und werde mich in ähnlicher Situation anders verhalten.

Das häufige Abschiednehmen von mehreren lieben Menschen und Tieren in den vergangenen Jahren hat mich gelehrt, trotz des Abschiedsschmerzes, loszulassen. Dennoch leide ich bei jedem Hühnchen, das stirbt, wenn ich wieder einmal ein kleines Grab ausheben und es hineinlegen muss. Als „Susi", eines der Hängebauchschweine, vor kurzem getötet werden musste, wurde mir bewusst, wie lieb mir dieses inzwischen riesengroße Tier geworden war, das ich anfangs abstoßend und hässlich fand.

Manchmal erstaunt es mich, wenn Erwachsene bei dem Verlust eines Haustieres untröstlich sind. Eine Weile hat sie ein Lebewesen, das wunderbar und einmalig, aber vergänglich ist wie alles auf dieser Welt, begleitet. Was für ein Geschenk! Dafür sollte man dankbar sein und sich daraufhin nicht verschließen. Wie viele Tiere gibt es in den Asylen hinter Gittern, deren Leben viel glücklicher wäre, wenn ein Mensch ihnen eine Chance gibt und eines davon zu sich nimmt.

Wenn ich eine Weile verreise, weiß ich, dass meine Tiere gut versorgt sind. Futtervorräte sind vorhanden, und an jedem Behälter in der Kammer hängt ein Zettel wie „Für die Schweine! Bitte noch Öl hinzufügen" oder „Kükenfutter – dreimal täglich" oder Ähnliches. Bis auf die drei Hunde schaut keines der Tiere hinter mir her, wenn ich aufbreche, und belastet mein Gewissen oder macht mir den Abschied schwer. Das tue ich selbst, indem ich mir ausmale, was alles passieren könnte: Den Habicht sehe ich die Hühner holen; die Ziegen könnten ausbrechen und den Garten vernichten und die Lamas die für sie giftigen Rhododendren fressen. Meine Phantasie hindert mich gedanklich wegzukommen, wenn ich nicht irgendwann den inneren Schalter umlege und ich mich auf den bevorstehenden beruflichen Termin oder die Reise konzentriere und freue.

Ich bin überzeugt, die Tiere vermissen mich während meiner Abwesenheit nicht und halten nicht ständig nach mir Ausschau. Sie bleiben auch ohne mich in der Zeit von meiner Abreise bis zur Ankunft dieselben. Doch glaube ich, dass sie durch meine Anwesenheit eine Sicherheit und Vertrautheit empfinden. Diese gehört inzwischen zu ihrer Gewohnheit wie die Gerüche und Geräusche ihrer Umgebung, der Geschmack der Grashalme und so vieles mehr, was ich als Mensch nicht wahrnehme. Wie ich mit einem Blick erkenne, wenn ich auf die Weide zu den grasenden Tieren gehe, wo sie gerade stehen, ob sie ruhen, es einem nicht gut geht, ihnen kalt ist oder sie sich in der Sonne wohl fühlen, haben sie ihre „Antennen" für mich. Dabei nehmen sie nicht wahr, ob ich in Eile bin, ob ich Sorgen oder Schnupfen habe, ob ich verärgert oder vielleicht verliebt bin. Meine Kleidung ist ihnen ebenfalls egal, wobei sie wegen ihres ausgeprägten Geruchssinns eine Aversion gegen Parfüm haben dürften, das manchmal an mir haftet. Für meine Tiere bin ich als ein ihnen vertrauter Mensch einfach nur „da". Dagegen reagieren sie mit Vorsicht auf fremde Besucher und ziehen sich dann ruhig zurück. Vielleicht bringen sie, wie vor allem „Sancho", die Begegnung mit Menschen noch immer in Verbindung mit Schmerz oder Zwängen und gehen ihnen deshalb aus dem Weg.

Beim Betrachten meiner Tiere gelange ich in einigen Momenten nahe an ihre Empfindungswelt, wobei mir bisher unser Kater „Filou" als einziger fremd und in seinem Verhalten oft unverständlich geblieben ist. Die elegante, leise Beweglichkeit einer Katze finde ich ebenso faszinierend wie ihren Eigensinn, ähnlich wie bei den frei lebenden Tieren. Ihre intensive, schmeichelnde Zuwendung und ihre geheimnisvollen Blicke bewegen mich, und das Schönste an jeder Katze ist für mich ihr Schnurren, dieser unvergleichliche Endloshörgenuss, der Geborgenheit, Gemütlichkeit und Liebe vermittelt.

Als Kind kannte ich Katzen lange nur aus der Entfernung, da meine Mutter sie nicht mochte und diese aus unserem Garten verscheucht wurden. „Von Katzenhaaren bekommt man Würmer", wurde uns Kindern eingeprägt. Dennoch verschaffte sich eine dreifarbige Katze, die ich „Minka" nannte, immer wieder Zutritt. „Minka" war klug und dreist, und ich liebte sie sehr. Heimlich, damit meine Eltern nichts bemerkten, brachte ich ihr hinter einem dichten Gebüsch in unserem Garten, Milch oder Essensreste, die ich auch aus dem Mülleimer sammelte. Bis heute erinnere ich mich an den Geruch von den Sprotten, der nach dem Waschen lange an meinen Händen haftete. Gerade diese Reste von unserem Abendbrot mochte „Minka" besonders gern. Wenn meine Mutter nachmittags in der Stadt einkaufen war, holte ich „Minka" in mein Zimmer, wo ich mit ihr schmuste. Zum ersten Mal hörte ich das Schnurren einer Katze und konnte dieses Geräusch nicht einordnen. Ich legte mein Ohr an ihren Bauch, doch der Ton kam eher aus dem Kopfbereich. Da „Minka" die Augen beim Schnurren schloss und sich gemütlich streckte, erkannte ich es als ein Zeichen von Behaglichkeit und genoss dieses Geräusch und das Zusammensein mit der Katze.

Meine Mutter bemerkte eines Tages die Katzenhaare an meinem Pullover und meinte, dass ich mich wegen der Würmer von der Katze fernhalten sollte. Das tat ich nicht, nur hatte ich jetzt ständig das Gefühl, wenn ich mit „Minka“ zusammen war, ein Katzenhaar im Mund zu haben, was sicher nicht der Fall war. „Minka“ fühlte sich inzwischen so wohl bei uns, dass sie eines Tages mit ihren vier Katzenkindern im Garten erschien und so tat, als wolle sie bleiben. Sie bekamen von meinen Eltern Milch, aber gleichzeitig entschieden sie, dass die Katze mit ihrem Nachwuchs weg müsste. Ich glaubte, sie wollten sie töten lassen, und war verzweifelt, weil ich keinen Rat wusste und noch zu jung war, um etwas zu unternehmen. Zwei Tage später kam ein Mitarbeiter meines Vaters, der als Jäger Erfahrung im Umgang mit Tieren hatte. Sie lockten die Katze mit ihren Kindern in die Garage und steckten sie nach einer aufwändigen Einfangaktion in einen Sack. Mein Vater hatte mir versichert, dass die Katzen auf dem großen Gelände eines Bauherrn, der sie auch versorgen wollte, freigelassen würden, was ich ihm auch glaubte, weil er nie log. Der Sack mit den wild zappelnden Katzen sollte im Kofferraum unseres Autos verladen werden. Während mein Vater ihn hineinpackte, schlug der Mitarbeiter die Klappe zu – auf den Kopf meines Vaters. Es gab ein dumpfes Geräusch, mein Vater hielt sich den Kopf, wo außer einer Beule keine schlimmere Verletzung entstanden war. Einen Moment waren alle erschrocken. Doch ich hatte kein Mitleid mit ihm, eher mit „Minka“ und ihren Kindern. In einem Buch über ungewöhnliche Tiergeschichten hatte ich gelesen, dass Katzen oft nach Hause zurückfinden. So wartete ich täglich auf „Minka“ und stellte immer wieder frische Milch in das Gebüsch, damit sie gleich bei ihrer Ankunft merken sollte, dass ich sie nicht vergessen hatte. Die Milch blieb unberührt.

Erst als junge Frau bekam ich wieder näheren Kontakt zu Katzen. Mein erster Mann war ein Katzenfreund, und so holten wir eines Tages einen schwarzen Kater zu uns. Als unser Kater „Puma“ inzwischen einige Jahre alt und dick geworden war, nahmen wir ihn bei unserem Umzug von einem Dorf in Niedersachsen mit nach Berlin, wo er sich im Gegensatz zu mir gut einlebte. Manchmal wünschte ich mir, mein Mann würde ebenso freundlich und sanft zu mir sein wie zu „Puma“. Als ich allein mit meiner kleinen Tochter für immer aus Berlin fort ging, ließ ich auch den Kater zurück.

Für keines der Tiere auf unserem kleinen Hof gibt es Regeln, weil sie alle harmonisch miteinander leben. Grenzen existieren nur durch Zäune oder geschlossene Pforten und Türen. Hätten wir Richtlinien, unser schwarzweißer Kater „Filou“ würde keine einhalten. Er lebt sein eigenes Leben, kommt und geht, wie und wann er will, schläft, wo es ihm gerade behaglich ist, nimmt sich zu fressen, was er möchte, und würde man ihn gewähren lassen, abwechselnd in Johannas oder in meinem Bett oder sogar auf dem Küchentisch schlafen. Er würde die Küken ebenso verzehren wie an unserem Essen naschen. Inzwischen versuche ich ihn nicht mehr zu erziehen, aber ich wehre mich, schließe die Türen zum Schlafzimmer, verstelle den Tisch mit Blumenvasen, verscheuche ihn laut schimpfend oder setze ihn nach draußen, wenn er zu dreist wird, und schütze die ganz kleinen Küken, indem ich sie in ein Gehege setze. Jeder wahre Katzenfreund hätte sicher Verständnis für unseren „Filou“, weil Katzen nun mal so sind. Während ich diese Zeilen schreibe, schläft er im Sessel vor dem Kaminofen, was der schönste Platz im Haus ist, und ich empfinde seine Gegenwart als angenehm. Ab und zu höre ich sein Schnurren, das er zwischendurch wie einen kleinen inneren Motor anstellt. Als er neulich zwei Tage verschwunden war, habe ich ihn vermisst und nach ihm gerufen; ich hatte nicht gedacht, dass er mir fehlen würde. Denn eigentlich ist es Johannas Kater. Für sie hatte ich den schwarzweißen „Filou“ vor zwei Jahren von einem Hof mitgebracht, weil sie Katzen sehr gern hat.

Es ist etwas Besonderes, das von Katzen ausgeht, und so zieht mich auch „Filou“ in seinen Bann; dennoch habe ich kein Verständnis, für sein Verlangen, Vögel zu töten, auch wenn er satt ist. „Das ist nun mal die Natur von Katzen“, habe ich von einigen Experten gehört.

„Aber wo kommt es in der Natur vor, dass Tiere andere nur aus Spaß umbringen?“, kontere ich dann wütend. Wenn ich dem Kater seine Futterschüssel gefüllt habe, meist noch mit einem kleinen Nachschlag, den er mit piepsigen Tönen wie ein Babykätzchen verlangt, und er darauf in den Garten marschiert, kann es passieren, dass ich kurz darauf das laute Schimpfen einer Amsel höre. Diesen angsterfüllten Hilferuf kann ich inzwischen von normalen Vogelrufen oder -gesang gut unterscheiden. Dann lasse ich alles stehen und liegen, rase in den Garten, sogar manchmal morgens um vier Uhr im Schlafanzug, wenn ich von dem Rufen geweckt werde, und klatsche laut in die Hände. Entweder fliegt aufgeschreckt ein Eichelhäher weg, manchmal mit einem Vogelkind im Schnabel, oder unser Kater hüpft davon. Oft bin ich schnell genug, und mein Auftauchen kann verhindern, dass einer der Jungvögel getötet wird.

Da ich mich oft draußen aufhalte und selbst einmal eine Schar kleiner Meisen aufgezogen habe, weiß ich, wie mühsam es ist, kleine Vögel großzuziehen. Unzählig oft müssen die Eltern, manchmal durchnässt vom Regen, mit Futter zu ihrem Nest fliegen, um ihre Kleinen satt zu bekommen, die von morgens fünf bis abends um sieben Uhr unentwegt nach Futter verlangen. Sind sie dann endlich flügge und unternehmen ihre ersten unsicheren Flugversuche, lauern nicht nur die natürlichen Feinde, sondern auch noch unser Kater und mehrere andere wohlgenährte Hauskatzen, von denen es in unserer Wohngegend etliche gibt, um ihren Jagdspieltrieb zu befriedigen.

Unser Kater hat sich inzwischen trotz allem einen Platz in meinem Herzen erschlichen. Ich verzeihe ihm manches und gebe ihm vielleicht stellvertretend für all die unzähligen Katzen dieser Welt, die schrecklich leiden müssen, meine Zuwendung. Die wenigsten leben satt und zufrieden. Die meisten streunen hungernd durch diese Welt, voller Leidenschaft, sich zu paaren und zu vermehren, werden brutal gequält, getötet und ihre Kinder ertränkt oder anders umgebracht. Krankheiten und Würmer zehren ihre Körper aus, und viele enden nach langem Sterben, weil sie am Leben hängen wie kaum ein anderes Tier. Auch wird ihnen, wie in China, am lebendigen Leib das Fell abgerissen, das dann, wie auch Hundefell, für irgendwelche Verzierungen an Kleidung genäht wird. Nachdem ich einen Film darüber gesehen habe, ekelt es mich vor jedem Kleidungsstück, an dem eine Fellverzierung genäht ist.

Das Leid, das wir Tieren zufügen, ist unermesslich und so anmaßend, dass es keine Worte dafür gibt. Wenn wir, wie es auch in Desiderata heißt, alle Kinder dieses Universums sind wie die Bäume und Tiere, wie können wir unsere Mitlebewesen misshandeln, ohne uns schuldig zu machen? Diese Vergehen, die wir gern verdrängen und die nicht nur die Katzen und Hunde in China betreffen, sondern jedes gefangene Huhn in einer Legebatterie, jedes sinnlos leidende Versuchstier, und sei es ein Kaninchen, dem beim Allergietest Haarwaschmittel in seine empfindlichen Augen geträufelt wird und das sich vor Schmerz fast wahnsinnig die Augen auskratzt, oder der Affe, der, im Urwald gefangen, sogar bei uns in der Nordheide in einer Versuchsanstalt landet, wo er beim Fixieren in einem Labor schon irre wird. Was tun wir Menschen nur? Wir stopfen uns voll mit Fleisch und Wurst, ohne darauf Wert zu legen, woher das alles stammt. Geboren und aufgezogen, um verzehrt zu werden. Nicht jeder kann und soll Vegetarier sein. Doch es gibt eine einfache Regel: Maß halten und auf Qualität[17]) achten. Dann kann Fleisch ein wertvolles Nahrungsmittel sein. Ein Unterschied der Fleischqualität liegt nicht nur in der artgerechten Haltung und der Fütterung, sondern entsteht auch beim Töten. Zu viel Angst verdirbt das Steak. So werden in den Schlachthöfen inzwischen Tötungsanlagen gebaut, durch die die Schlachttiere angeblich entspannt zum Töten geführt werden. Der Mensch ist erfinderisch.

Mich beeindruckt, was Terzani, der viele Jahrzehnte mit Genuss Fleisch verzehrte und dann Vegetarier wurde, in seinem Buch dazu schreibt:

„Mit der Zeit stellte ich fest, dass ich Tiere, da ich sie nicht mehr als Nahrung betrachtete, anders wahrnahm und sie mehr und mehr als Mitlebewesen empfand, als Teil desselben Lebens, das die Erde bevölkert und ihr Bild formt. Heute stößt mich allein schon der Anblick eines Steaks ab; beim Geruch von gegrilltem Fleisch wird mir übel. Und die Vorstellung, dass man Tiere aufzieht, um sie anschließend umzubringen und zu essen, tut mir weh."

„Was isst du eigentlich noch?", werde ich manchmal bei Diskussionen über gesundes Essen und meine eigene Ernährung gefragt. Ich wirke keineswegs halb verhungert, außerdem genieße ich das Essen, besonders in Gesellschaft. Es geht nicht darum, bei jedem Bissen fanatisch zu bedenken, was ich zu mir nehme, aber zwischen dem Verschlingen von Mastschweinnackensteak zum Sonderpreis und dem Knabbern einer Biowurzel ist die Auswahl groß für einen reich gedeckten Tisch mit delikaten, nahrhaften, köstlichen Nahrungsmitteln, die es zum Glück auf dieser Erde noch gibt, wobei ab und zu auch ein Stück Kuchen oder ein Croissant nicht fehlt.

20. Mutgedanke

Es ist mutig, ein Tier als einen Begleiter zu sich zu holen, gewissenhaft für sein Wohl zu sorgen, sich an ihm zu freuen, und wenn es unheilbar krank wird oder aus Altersgründen leidet, loszulassen. Auch sollten wir ihnen das gewähren, was ihrer Art und ihrem freiheitsliebenden Wesen entspricht. Uns sollte bewusst sein, Tiere sind, wie wir, Geschöpfe dieses Universum; so steht es uns nicht zu, dass auch nur ein Tier durch uns leidet.

Kapitel 16

Das Geschenk

Ein Gesetz des Lebens ist der Wechsel zwischen dem Wunderbaren und den Wunden, die unsere Seele und auch unser Köper hinnehmen müssen. Wenn wir das Schöne als Geschenke annehmen, ob ein harmonisches Essen mit der Familie oder Freunden, eine interessante Reise, ein Frühlingstag, eine Liebe, eine Begegnung, einen Erfolg oder eine Erkenntnis, und wir uns darüber ehrlich freuen, dann beherrschen wir Wesentliches, das zur Kunst des Lebens gehört. Einige Geschenke, die wir uns selber machen, wie der Kauf eines neues Kleidungs- oder Schmuckstückes, sind in ihrer positiven Wirkung für uns von unterschiedlicher Nachhaltigkeit. Denn oft ist diese bei der Erfüllung eines lang ersehnten Geschenkes geringer als die Vorfreude. Ebenso hat der Preis keinen Einfluss auf unser Glücksempfinden. Eine kleine Blume als Geschenk, irgendwo abgepflückt von einem Menschen, den wir lieben, kann eine ebenso große Freude auslösen wie ein üppiger Blumenstrauß, der gedankenlos überreicht wird. Die Einstellung des Schenkenden spielt eine wichtige Rolle, so spricht man nicht ohne Grund von Geschenken, die „von Herzen kommen".

In meiner Erinnerung habe ich einige besondere Geschenke wie auch unerfüllte Wünsche: So wünschte ich mir als Kind sehnlich eine gelbe Giraffe aus weichem Kunststoff, die so groß wie ein Schäferhund und biegsam war. Ich sehe sie heute noch vor mir, wie sie vor fast 50 Jahren in der Spielzeugabteilung eines Kaufhauses in Paderborn in dem Regal stand. Dagegen erfüllte sich an einem Weihnachtsfest mein „Herzenswunsch" nach einer Dampfmaschine, die ich mit Begeisterung in Betrieb setzte und an alle möglichen Zusatzteile, wie ein kleines Windrad und eine Säge, anschloss. An dieses Geschenk und meine Freude darüber erinnerte ich mich vor kurzem, als Marek mich nach einem Geburtstagswunsch fragte und ich mir ein Windrad von ihm und einigen anderen als Gemeinschaftsgeschenk wünschte. Da auf der Weide fast immer ein Wind weht, könnte ich mit einem relativ kleinen Rad, das es inzwischen auch gebraucht über eBay zu kaufen gibt, Strom für eine Beleuchtung im Ziegenstall erzeugen. Irgendwie schien dieser Wunsch in Vergessenheit geraten zu sein. Wir redeten nicht mehr darüber, und so wichtig war es dann auch nicht. Außerdem reichte mir auch das Licht meiner Lampe, die ich beim Füttern während der frühen Dunkelheit im Winter wie unser slowenischer Höhlenführer am Kopf befestige.

Einen Tag vor jenem Geburtstag fragte Marek, ob ich zu Hause sei, da etwas geliefert werden sollte; nun wurde ich neugierig. Sollte er doch ein Windrad aufgetrieben haben? Gegen Mittag rollte ein Lieferwagen auf den Hof, und ich konnte kaum erwarten zu sehen, was die beiden Männer ausladen würden. Im Halbdunkel der Ladefläche erkannte ich ein Rad, dann ein zweites. Aber die gehörten nicht zu einer Windanlage, sondern zu einem großen, alten Handkarren aus Holz. Ich meinte, es müsse ein Irrtum vorliegen, als sie den Karren vor mich hin stellten, und fragte die Männer nach dem Lieferschein. Sprachlos sah ich auf das Gefährt mit den beiden Speichenrädern und den langen Griffen. In südlichen Ländern wird so etwas auf dem Land noch benutzt. Bei uns schon lange nicht mehr.

„Ich wollte keinen Eselkarren, der nur herumsteht, ich wollte ein Windrad", sagte ich später.

Wir waren beide enttäuscht: Der Schenkende, dass ich keine Freude zeigte, obwohl ich alte Dinge besonders mag und auch sammele, und ich, weil meine Erwartungen sich nicht erfüllt hatten. Allerdings ärgerte ich mich auch, wieder zu spontan und dabei taktlos gewesen zu sein. Ein bisschen Freude hätte ich andeuten können. An den grauen Holzwagen habe ich mich inzwischen gewöhnt. Vor dem Ziegenstall stellt er eine rustikale Dekoration dar, den im Sommer ein großer blühender Blumentopf ziert.

Ein Geschenk, das mir dagegen unangenehm und sogar zuwider war, hatte ich viele Jahre zuvor bekommen. Nach der Trennung von meinem ersten Mann, der mir selten ein Geschenk gemacht hatte, fuhr ich zu einem letzten gemeinsamen Weihnachtsfest von Hamburg nach Berlin. Feierlich überreichte er mir einen länglichen weißen Karton. Ich öffnete den Deckel und fand unter einer Lage von Seidenpapier eine Silberfuchsjacke mit angenähten Tatzen. Ich fand keine Worte bei dem Anblick. Dieses Geschenk überstieg unseren finanziellen Spielraum bei weitem. Außerdem bin ich gegen das Tragen von Pelzmänteln, nachdem ich mit Walli eine Chinchilla-Farm im Allgäu besichtigt hatte und mich der Anblick dieser eng eingesperrten Tiere, die nach kurzer Lebenszeit vergast wurden, unendlich wütend und traurig machte. An diesem Heiligen Abend bestand mein Mann darauf, dass ich die Jacke anprobierte. Bis heute schreibe ich dem fehlenden Selbstbewusstsein meiner damaligen Jugend zu, dass ich es tat. Allerdings auch nur dieses eine Mal. Die Fuchsjacke passte, aber ich fühlte mich wie verkleidet in dem fülligen Kleidungsstück. Dieses Geschenk rettete nicht unsere Ehe, sondern bestätigte meinen Entschluss, meinen Weg allein zu gehen.

Manche Geschenke haben einen besonderen ideellen Wert wie ein Armband von Walli, das sie mir drei Jahre vor ihrem Tod von einer Indienreise mitbrachte. Bei manchen wichtigen Terminen trage ich es, weil es mir das Gefühl vermittelt, meine Freundin steht mir bei. Auch halte ich ein anderes Geschenk eines lieben Freundes in Ehren und freue mich fast täglich darüber. Nachdem ich einen Text für ihn geschrieben hatte, wollte er sich, da ich ein Honorar ablehnte, mit einem Geschenk bedanken.

„Hast du einen Wunsch?“, fragte er mich. Ich überlegte eine Weile und meinte dann:

„Ich könnte einen neuen Füller gebrauchen; meiner kleckst. Es muss kein besonderer sein, nur sollte er eine breite Feder haben.“ Wenige Tage später fand ich in der Post einen Umschlag mit einer kleinen Schachtel. Ein Füller befand sich darin, nicht irgendeiner, sondern der des Freundes, ein sehr edler mit einer goldenen Feder, den ich bei einem Besuch auf seinem Schreibtisch bewundert hatte. Er hatte sich von seinem Füller getrennt, um mir eine Freude zu machen. Sie war ihm gelungen.

Das Besondere an jedem Geschenk sind die Überlegungen des Schenkenden, wie er eine Freude bereiten kann und er sich dabei in den anderen hineinfühlt. Geschenke aus Berechnung entbehren dieser Herzlichkeit und fallen eher in den Bereich der Bestechung. Die Freude darüber ist meist geheuchelt.

Über ein außergewöhnliches Geschenk freute ich mich vor kurzem besonders. Vicky und unsere Freundin Vivien hatten viel Zeit und Mühe für die Beschaffung und den Transport dieser Überraschung auf sich genommen, an dessen Kosten sich einige Freunde beteiligt hatten. An meinem vorletzten Geburtstag saß ich mit einigen Gästen am frühen Nachmittag zusammen, schon ein wenig müde vom Erzählen und Sekt und enttäuscht, dass Vicky nicht gekommen war. Sie hatte morgens angerufen, mir gratuliert und sich entschuldigt, da sie an diesem Tag einen wichtigen Termin habe. Ich hatte mit ihrer Unterstützung beim Bewirten der Gäste gerechnet. Bei uns ist es an Geburtstagen üblich, wenn keine konkrete Einladung ausgesprochen wird, dass die Nachbarn und Freunde im Laufe des Tages zu Besuch kommen. So war es ein Kommen und Gehen, als plötzlich die Hunde aufgeregt bellten. Ich glaubte, sie kündigten einen weiteren Besucher an, blickte durch das Fenster zur Pforte und traute meinen Augen nicht: Mit wehenden bunten Bändern, wie ein Maibaum geschmückt, sah ich auf unserer Auffahrt ein lamaähnliches Wesen – von Vicky an einem viel zu großen Halfter geführt – tänzelnd auf das Haus zutrippeln. Ich sprang auf und glaubte nicht, dass es wahr war, was ich sah.

„Ein Lama! Wie toll! Das kann nicht wahr sein", oder Ähnliches sagte ich und rannte nach dem ersten Staunen und einer Riesenfreude den beiden entgegen. Hellbraun und schmal wie ein Reh kam das Tier auf mich zu. Wie oft hatte ich den Wunsch nach einem zweiten Lama als Gefährtin für „Sancho" geäußert, aber nie damit gerechnet, es eines Tages als Geburtstagsgeschenk zu bekommen. Seit gut einem Jahr war ich auf der Suche nach einer Lamastute gewesen. Einige Lamaexperten, die ich inzwischen kennen gelernt hatte, meinten, diese Herdentiere sollten nicht einzeln gehalten werden. Da alle meine Tiere mindestens einen Artgenossen haben, sollte „Sancho" auch nicht länger allein bleiben, obwohl er durch seine Zirkusgefährten, die drei Hängebauchschweine, und die Ziegen Gesellschaft hatte. Beim Lamaseminar wurde mir von einer Züchterin eine Stute angeboten. Doch mir war es wichtig, wieder ein Lama zu finden, dem es bisher nicht gut ergangen war, das endlich besser leben sollte. Bei etlichen Zirkussen hatte ich nachgefragt und kein Glück gehabt. Meist war ein Kauf an dem unangemessen hohen Kaufpreis gescheitert.

Die kleine Stute, eine Mischung aus Guanako und Lama, wie ich später von dem Scherer erfuhr, hatte Vicky im Internet gefunden. Ein Pferdehändler aus Oldenburg hatte sie dort angeboten. Auf seinem Hof stand sie mit drei anderen Lamas in einem engen Container. Einen Auslauf gab es nur im Sommer. Schon aus Mitleid mit dem abgemagerten Tier hatte sich meine Tochter mit dem Händler über den Preis geeinigt und es dann mit Vivien in deren Pferdehänger verladen. Bea hatte ihnen ihr Auto mit einer Hängerkupplung geliehen. Die Rückfahrt dauerte lange, weil die beiden auf der Autobahn an der Rettungsaktion eines entlaufenen Dackels beteiligt waren, der auf den Mittelstreifen geflüchtet war und schließlich zu seinen Besitzern zurückfand. So hatten sie nach ihrer Ankunft viel zu erzählen, wobei ich ihnen nicht zuhörte, da ich zu aufgeregt war. Zunächst befreite ich die kleine Stute von den Bändern, die noch zu ihrer Nervosität beitrugen, und führte sie auf die Weide zu „Sancho".

„Sancho" hatte schon von weitem den Neuzugang gewittert, hielt sich aber mit hoch erhobenem Kopf zurück und stand wie erstarrt auf einem Erdwall, von wo aus er alles mit Abstand beobachtete. Seitdem ich mit den Tieren lebe, überrascht mich immer wieder ihr Verhalten. Bei dieser ersten Begegnung auf der lindgrünen Frühlingswiese hatte ich mit einer Szene wie in Walt Disneys Trickfilmwelt gerechnet: „Fatima", wie wir die Stute nach längeren Diskussionen nannten, wird von dem doppelt so großen „Sancho" liebevoll begrüßt, der sie entzückt an der Mähne krault. Weit gefehlt. Lamas pflegen – außer bei der Paarung – keinen Körperkontakt, wie man es von Pferden oder anderen Herdentieren kennt. Ihre Distanz untereinander und zu Menschen ist der Grund, weshalb diese ruhigen Tiere in der Therapie mit traumatisierten Frauen und autistischen Kindern eine so heilsame Wirkung haben. Die erste Begegnung war für die Zuschauer und vor allem für mich enttäuschend. Ich führte „Fatima" ein Stück auf „Sancho" zu. Hier bekam sie seinen Geruch in ihre Nase und trabte ihm entgegen. Er drehte sich um und ging langsam in die entgegengesetzte Richtung. Orientierungslos schaute sich die kleine Stute mit großen Augen um. Sie tat mir leid. Erst jetzt, beim näheren Hinsehen, bemerkte ich den miserablen Zustand, in dem sie sich befand. Sie war nicht nur rappeldürr, sondern auch vom Schwanz bis zu den Hinterhufen mit Kot beschmutzt. Zudem war ihr Fell stumpf und an manchen Stellen verklebt.

„Hat sie auf der Fahrt Durchfall bekommen?", fragte ich Vicky. Der Händler, so erzählte sie, hätte mit den Tieren vor der Abfahrt eine Wurmkur gemacht, wobei er der Stute durch einen Schlauch eine Flüssigkeit in den Hals geflößt hatte. Arme „Fatima", was hatte sie alles erlebt? Es sollte auch einige Wochen dauern, bis sich ihre Verdauung regelte. Ihre Scheu vor Menschen hat sie bis heute nicht abgelegt. Kam ich ihr anfangs zu nah, zielte sie blitzschnell mit ihren Hinterhufen nach mir. Diese Tritte, denen ich auszuweichen verstand, konnte sie ungeheuer geschickt in alle Richtungen austeilen, wobei ich ihre Gelenkigkeit bewunderte. Inzwischen darf ich sie, wenn auch nur sanft, am Rücken berühren. Dann schaut sie mich überrascht an, dass ich das wage, aber sie schlägt nicht mehr nach mir aus.

An ihrem Ankunftstag wollte ich sie nicht unbeaufsichtigt auf dem für sie fremden Gelände lassen. Sie könnte gegen den Zaun laufen und sich verletzen. Gemeinsam bemühte ich mich mit meinen Geburtstagsgästen, die kleine Stute, die immer aufgeregter wurde, zum Stall zu treiben. Doch sie entwischte, weil alle zur Seite sprangen, sobald sie angerannt kam. „Haltet sie doch fest", rief ich von weitem.

„Wie denn?", fragte Vicky.

„Am Hals", meinte ich, da ich im Lamaeinfangen schon durch „Sancho" Erfahrung hatte. Als sich „Fatima" an mir vorbeidrängen wollte, lief ich ein paar Schritte mit und schlang meine Arme um ihren Hals. Ich war erschrocken, weil ich unter dem puscheligen Fell die einzelnen Knochenwirbel spürte. Ohne besondere Kraftanstrengung konnte ich die Stute nun in den Stall führen, dabei hörte ich, wie jemand sagte: „Deine Mutter ist ganz schön mutig. Wie alt ist sie eigentlich heute geworden?"

Gut ein Jahr ist „Fatima" inzwischen bei uns. Sie wiegt jetzt doppelt so viel, und ich könnte sie heute nicht mehr einfangen. Von Anfang an folgte sie „Sancho" wie ein Schatten, was mich ermutigte, sie, ohne sie anzubinden, beim Spazierengehen mitzunehmen. Der Versuch, ihr im Stall ein Halfter aufzulegen, scheiterte, weil sie sich geschickt wegdrehte, dabei mit den Hinterbeinen auskeilte und mir diese Aktionen zu gefährlich wurden. So band ich „Sancho" einen Strick um den Hals, führte ihn durch die Gartentür in den Wald, und „Fatima" folgte uns neugierig wie ein Fohlen seiner Mutter. Anfangs blieb sie erstaunt stehen, drehte und wendete den Hals in alle Richtungen und wurde immer mutiger, wich vom Weg ab und galoppierte in den Wald, tauchte überraschend vor oder hinter uns aus dem Gebüsch auf oder hüpfte dann wie ein übermütiges Kind wieder davon. Offensichtlich genoss sie diese Ausflüge, bei denen sie fröhlich schnalzte und auf allen vier Beinen gleichzeitig wie ein Gummiball mit der federnden Grazie einer Balletttänzerin hüpfte, was ungeheuer erheiternd wirkte und worüber ich laut lachte musste.

Wenn ich Zeit habe, nehme ich auch die Ziegen mit auf den Spaziergang, die nach kurzer Zeit wegen ihrer dicken Bäuche kurzatmig werden, aber mit großer Neugier die ungewohnte Umgebung wahrnehmen und an Kräutern und Gräsern naschen. „Sancho" und „Hera", die weglaufen würden, binde ich an einer langen Leine zusammen, die ich vor mich halte. Falls sie sich erschrecken und losstürmen, reißen sie mich nicht um. „Shirley" und „Marie" laufen im Abstand voraus. Diese Ausflüge sind für die Tiere eine angenehme Abwechslung, was ich am Spiel ihrer Ohren und ihrer wachen Aufmerksamkeit erkenne. Ich genieße dieses Zusammensein und fühle mich frei wie ein Lamero, ein Lamaführer, und für eine Weile bin ich nicht die Frau, die ich eigentlich bin, sondern mit meinen Tieren inmitten der Natur eng verbunden. Nur selten treffen wir andere Menschen, da wir am Wochenende, wenn viele Erholungssuchende unterwegs sind, nie ausgehen. Einmal begegnete uns eine Joggerin. Sie hielt in einiger Entfernung an, versuchte die Karawane einzuordnen und schwankte umzukehren.

„Sie brauchen keine Angst zu haben", rief ich, und sie kam langsam auf mich zu.

„Ich glaub's doch nicht", sagte sie, „sind das alles Ihre Tiere, mit denen Sie hier spazieren gehen?"

„Ja."

„Und die laufen nicht weg?"

„Nein, bis auf „Sancho". Mein Lama würde eigene Wege gehen, darum muss ich es anbinden. Und „Hera" erschreckt durch ihre Größe."

Die junge Frau wollte mehr von den Tieren erfahren, und ich erzählte in Kurzfassung ihre jeweiligen Geschichten, auch die von den Schweinen, Gänsen und Hühnern, die mit auf dem Hof leben.

„Darf ich Sie besuchen kommen? Mein Freund studiert Tiermedizin, den würde das sicher interessieren. Wir haben selbst eine Katze. Unser Traum ist es, auf einem ehemaligen Bauernhof zu leben, wo wir viele Tieren halten könnten. Wie schaffen Sie das mit den ganzen Tieren, auch zeitlich?"

Natürlich könne sie gern kommen, meinte ich. Und das mit dem Schaffen sei wie bei diesem Spaziergang, das klappt, weil sich alle wohl fühlen. Außerdem hätte ich keine anderen Hobbys. Dann meinte ich noch, sie sollten fest an ihren Traum glauben, dann würde er sich erfüllen, wie bei mir.

Beim Weitergehen wurde mir bewusst, wie lang und mühsam doch der Weg von dem Traum meiner Kindheit bis zur Verwirklichung, zu dem stillen Verstehen und gegenseitigen Vertrauen der Tiere gewesen war. Dennoch war ich nicht am Ziel meines Sehnens. Das begann ich zu erahnen. Meine Tiere zeigten mir die Richtung, aber den Weg musste ich selber finden. In Büchern und bei Gesprächen fand ich Anregungen, aber keine für mich passende Wegbeschreibung. Die Ruhe und Zeit für Meditationen ertrank im Lärm der täglichen Pflichten und Sorgen sowie einiger Zwischenfälle, die mich in Atem hielten, wie eines Tages „Sanchos“ Ausbruchversuch. Durch eine versehentlich offen stehende Pforte gelangte er in eine ungewohnte Freiheit und ließ sich nicht durch Rufen zum Anhalten oder Umkehren bewegen. Solche Überraschungen geschehen meist, wenn es gar nicht passt. Ich wollte an diesem Morgen, als sich „Sancho“ am Feld in Richtung Wald entfernte, nach Hamburg fahren und über einen Dermatologen-Kongress berichten. Schnell wechselte ich die Kleidung und lief mit einer halb gefüllten Futterschüssel hinter dem Lama her. Wenn ich sonst damit schüttelte, konnte ich ihn anlocken. Diesmal drehte er sich nicht einmal um. Meine Verfolgung gab ich bald auf, da der Abstand zu groß zwischen uns wurde. Ich lief nach Hause zurück, holte Halfter und Strick und schwang mich auf mein Fahrrad. Sehr schnell kam ich auf dem holperigen Feldweg nicht voran. „Sancho“ war längst außer Sichtweite. An der ersten Wegkreuzung entschied ich mich, nach links abzubiegen. Ich hatte Glück mit meiner Entscheidung. Das Lama sah ich weiter vor mir auf einem geraden Waldweg laufen. Auf mein Rufen reagierte es nicht. Es bog nach links ab, wo der Waldweg auf eine unbefestigte Wohnstraße führte, die nach einigen hundert Metern auf eine stark befahrene Straße stößt. Auf der Wohnstraße angekommen, sah ich einige Männer, die mit dem Verlegen von Rohren beschäftigt waren. Sie hatten ihre Arbeit unterbrochen und blickten in eine bestimmte Richtung. Ich ahnte, was ihre Aufmerksamkeit auf sich gezogen hatte.

„Haben Sie ein Lama gesehen?“, fragte ich außer Atem. Nun schauten alle mich an.

„Das läuft da hinten“, sagte einer von ihnen und zeigte in Richtung Straße.

„Gehört das Ihnen?“

„Ja, können Sie mir nicht helfen?“

„Was können wir denn tun?“

„Das weiß ich auch nicht“, meinte ich und musste beinahe lachen über diese Situation und fuhr schnell weiter. Vor der belebten Straße musste ich „Sancho“ aufhalten. Der Reitunfall aus meiner Kindheit kam mir in dem Moment vor Augen. Dann sah ich ihn. „Sancho“ war in eine Toreinfahrt eingebogen und in einen Garten gelaufen. Ich ließ mein Fahrrad fallen, stellte den Futterbehälter mit den Körnern daneben und ging hinter „Sancho“ her. Die wehende Wäsche auf einer Leine ließ ihn für einen

Moment anhalten. Das nutzte ich, schlang meine Arme um seinen Hals und hielt ihn fest. Plötzlich stand ein Mann vor mir und fragte barsch:

„Was machen Sie in unserem Garten?“

„Ich …, mein Lama ist entlaufen. Können Sie mir bitte die Futterschüssel holen? Sie steht an der Pforte.“ Vielleicht hatte der Besitzer Mitleid mit mir, wie ich das Lama versuchte festzuhalten, oder er war nur überrascht, jedenfalls holte er den Behälter und hielt ihn Sancho vor sein Maul, worauf er zu fressen begann. Nun streifte ich ihm das Halfter über den Kopf und konnte ihn führen. Ich war erleichtert und bedankte mich. Mein Fahrrad würde ich später abholen.

Ziemlich erschöpft kam ich nach Hause, während „Sancho“ nach diesem Ausflug eher entspannt wirkte. Als ich am nächsten Tag mein Fahrrad holte und mich für die Hilfe bedankte, meinte der Gartenbesitzer:

„Fremde Hunde kommen ja öfter zu uns, aber ein Lama hatten wir noch nie. Solche Tiere kennt man nicht. Es kann ja sein, dass sie spucken oder bösartig sind.“

Nach diesem Erlebnis, das gezeigt hatte, dass „Sancho“ nicht aufzuhalten ist, wenn er ohne Grenzen laufen kann, und mich wieder einmal ein Schutzengel begleitet hatte, sicherte ich die Pforten mit einem zusätzlichen Riegel. „Sancho“ lief nicht mehr weg, doch ähnlich wie bei unserer ersten Begegnung im Zirkuszelt öffnete sich durch das Lama eine neue Tür in meinem Leben.

21. Mutgedanke

Es ist mutig wahrzunehmen, dass jeder neue Tag ein Geschenk für uns bereithält. Wenn wir abends Bilanz ziehen, wird uns einfallen, was uns geschenkt wurde; zum Beispiel, dass wir gesund waren, keine Schmerzen hatten; uns etwas gelungen ist; wir jemanden getroffen; etwas gefunden haben oder in einen frischen, saftigen Apfel beißen durften. Mit diesen Geschenken ist es wie mit denen, die in Papier eingewickelt sind. Wir müssen sie „auspacken“, um sie zu erkennen.

Kapitel 17

Die Antwort

Die Tiere gehörten inzwischen zu meinem Leben. Ihre Versorgung wurde selbstverständlich wie all die anderen Dinge, die ich täglich verrichtete, und die körperliche Arbeit auf der Weide und im Stall tat mir als Ausgleich für das lange Sitzen am Schreibtisch gut. Nur wenn eines der 30 Tiere krank wurde, hatte ich zusätzliche Arbeit und Sorgen.

„Deine Tiere haben ziemlich oft irgendetwas“, meinte Marek, als ich ihn um Augentropfen aus seiner Praxis für eines der Hühner bat.

„In einer Schulklasse ist auch immer irgendein Kind krank“, konterte ich. Inzwischen hatte ich Erfahrung im Umgang mit den Tieren. Ich erkannte rechtzeitig, wenn sie sich nicht wohl fühlten, und behandelte sie ohne Hilfe des Tierarztes, den ich nur im Notfall anrief. Zecken, von denen wir in manchen Sommern eine Plage hatten, von Hunde und der Katze zu entfernen, Heras Wolfsklauen zu kürzen, den Ziegen die Hufe zu schneiden, Wurmkuren oder andere Mittel zu verabreichen, das gehörte zum Alltag. Schwierig war das Behandeln der Gänse, wenn eine ein entzündetes Auge hatte. Aber ich wurde so geschickt im Einfangen und Festhalten, dass sie mich nicht mehr zwickten. Wenn Ursel dabei in sicherer Entfernung zuschaute und meinte: „Du bist ganz schön mutig,“ tat mir dieses Lob gut.

Beim Zusammenstellen des Futters wurde ich langsam Expertin, so fühlten sich die Tiere auch meistens wohl und sahen gut aus.

Die Ruhe des Hofes fühlte ich jeden Tag – zu allen Jahrzeiten und bei jedem Wetter – schon beim ersten Blick am Morgen in dieses Wunderland, was sich Garten nennt und hinter dem Zaun am Feld und Wald nicht endet; doch vor allem, wenn Frühling und Sommer diesem durch die unterschiedlichsten Grüntöne, Düfte und immer neue Farben und Blüten, auch wildwachsende, einen Zauber geben und ständig Vögel zu hören und zu beobachten sind. Der Abend beginnt, wenn sie schweigen und die Fledermäuse flatternd ihre Kreise ziehen. Warum, fragte ich mich, gab es – bis auf die Momente der Versunkenheit beim Betrachten der Tiere und der Natur – diese Widersprüche in mir und eine Sehnsucht, die ich nicht ergründen konnte? Was fehlte? Wer könnte mir eine Antwort geben? Etliche Gelehrte, Meister und Propheten beschrieben ihren Weg zur Erkenntnis. Einiges las ich, doch ließen sich diese Lehren nicht auf mein Leben beziehen. Ein Kloster, ein Ashram oder eine Insel wären geeignetere Orte als mein unregelmäßiges Leben, wo sogar oft die Nachtruhe auf wenige Stunden begrenzt war, da ich bis in die Morgenstunden arbeitete. Tagsüber war es unruhig im Haus durch berufliche und private Kontakte, die über Telefon, Internet oder auch persönlich stattfanden. Beim Schreiben über die unterschiedlichsten Themen und Texte kreisten meine Gedanken ständig. Daneben musste ich Johanna, auch wenn sie immer selbstständiger wurde, wegen unserer abgelegenen Wohnlage oft fahren, und den Haushalt galt es auch zu versorgen.

Ein Problem, das mich ständig Energie und Gedanken kostete, blieb der verhängnisvolle Nachlass. „Die Kuh muss endlich vom Eis“, meinte ein in Finanzen versierter Bekannter, als wir über das Thema sprachen. War das Nachlassproblem die Kuh, so war ich ihr Hirte und lief ständig Gefahr, einzubrechen und mit der Kuh unterzugehen. Nein, ich war nicht bereit, das hinzunehmen, und mein fester Glaube, es zu schaffen, sowie die Beratung von zwei guten Freunden führten zu einer entspannteren Situation, und schließlich würde es eine Lösung geben. Ohne den Glauben daran hätte ich nicht die Kraft gehabt, dieses Leben zu meistern. Warum, fragte ich mich, verlief gerade mein Leben wie eine unruhige Seefahrt zwischen ständigen Unwettern? Hatte ich durch die Herausforderungen vielleicht die Kraft bekommen, das Ruder in die Hand zu nehmen, um an ein Ziel zu gelangen, das jener zeit- und grenzenlosen Insel im australischen Korallenriff gleicht mit einem Unterschied: Es ist auf keiner Landkarte verzeichnet.

Hilfe auf dem Weg, mich selbst in einer Ganzheit zu erkennen, dabei mit den Füßen auf der Erde zu bleiben und mein mir bestimmtes Leben zu führen, fand ich in Berührungen. Wenn ich auf die Kopie des berühmten Bildes von Michelangelo schaute, wo Adams Fingerspitze die von Gott berührt und das gegenüber von meinem Bett hängt, glaubte ich daran, vielleicht nicht berührt, aber doch geführt worden zu sein. In kleinen Schritten, die auf dieser Erde stattfanden, und dem Überwinden der täglichen Hindernisse kam ich dem näher, wonach sich jeder Mensch sehnt: Dem unendlichen Glück.

Hilfreich war der Besuch bei dem Hypnosearzt Dr. Paul Bernard in der Heide, der sich mit dem Unterbewusstsein beschäftigt. Ich führte ein langes Interview und kam, da mich das Thema interessierte, zu einem zweiten Gespräch zurück. Davon nahm ich eine Kassette mit, die ich wiederholt hörte, und nahm den Appell an mein Unterbewusstsein wahr, dass ich „freier und stärker sei, als ich denke". Wie eine Botschaft erreichten mich diese Worte und richteten mein Selbstbewusstsein auf. Ich wollte nicht länger klein bleiben.

Vielleicht hätte ich das nicht einmal bemerkt, wenn Vicky mich nicht eines Tages nach einem gemeinsam beruflichen Termin gefragt hätte: „Warum machst du dich so klein, obwohl du viel schaffst, wie kaum eine andere Frau?"

Für meine Eltern blieb ich als jüngstes Kind die Kleine. So übernahm ich auch in meinen beiden Ehen diese Rolle. Die Notwendigkeit, nach Klaus' Tod Hilfe anderer anzunehmen, ließ mich nicht gerade wachsen. Ich beobachtete, wie selbstbewusst andere Frauen durch einen finanziellen Spielraum sein konnten, und litt unter der Mühe, die ständigen Verpflichtungen zu erfüllen und anderen gegenüber, denen ich gern geholfen hätte, nicht großzügiger sein zu können. Das ärgerte mich. Dennoch war ich nicht mehr die Kleine. Aber wer war ich?

Um zu erkennen, wer er ist, reflektiert Tiziano Terzani, als er schwer krank nach einem bewegten Leben als Korrespondent an vielen Kriegsschauplätzen in aller Welt in einem Ashram lebte ohne Verbindung zur Außenwelt, ohne Radio, ohne Fernsehen, ohne Zeitung. Sollte er Recht haben mit seinem Resümee: Im dualistischen Wahrnehmen vom Ich und der Welt, vom Sehenden und Gesehenen, vom Erkennen und Erkannten wurzelt die latente Unzufriedenheit des Menschen – und seine Schwermut. Terzanis Wanderung bis zum letzten Stück seines Weges zu jenem Leiterchen, das auf das Dach führt, von wo aus man die Welt sieht oder auf dem man sich ausstrecken kann, um eine Wolke zu werden, führte ihn in kurzer Zeit von New York über Indien, Thailand, Hongkong auf den Himalaya durch viele Religionen und Erkenntnisse. Ich habe jede Seite seines Buches mit Spannung gelesen bis zur letzten Seite kurz vor seinem Tod. Hier beschreibt der Autor, wie er eine Fliege mit dem Taschentuch fängt, um sie dann freizulassen. Es machte ihm Spaß, nicht etwa, weil er glaubte, diese Fliege sei die Reinkarnation von jemand, sondern weil er darin eine Gelegenheit sah, in Harmonie mit anderen Lebewesen zu leben, eine Gelegenheit, dem Leben kein Leben zu nehmen. „Es ist nur eine Intuition, denn einen Glauben brauche ich nicht mehr, auch keine Gewissheiten. Ich lebe jetzt hier mit dem Gefühl, dass die Welt phantastisch ist, dass auf ihr nie etwas zufällig geschieht und dass es im Leben noch ständig Neues zu entdecken gibt. Und ich persönlich habe ganz besonderes Glück, denn für mich bedeutet mehr denn je jeder Tag – eine weitere Runde auf dem Karussell“.

Viele Menschen erfahren kurz vor ihrem Tod einen Wandel und eine andere Wahrnehmung ihres Lebens. Die Kostbarkeit jeder Stunde, jedes Moments wird zum Geschenk. Aber: Wie können wir, da wir nicht unser Ende kennen, unsere Zeitverschwendungssucht ablegen? Wie machen wir uns bewusst, dass jetzt und hier jeder unserer Atemzüge eins ist mit dem Odem des Universums? Wie schaffen wir es, das Glück jeden Tages mit allen Sinnen kraftvoll aufzunehmen? Nicht durchgängig und unentwegt, aber wie einen Goldfaden, eingewebt in das Geflecht unserer verschlungenen Lebenswege? Als ich nicht damit rechnete, wehte er mir zu, leicht wie ein Frühlingswind …

Die Sonne schien in dem dritten Frühjahr, seitdem wir in dem neuen Haus lebten, täglich wärmer. So überlegte ich mir, die Lamas scheren zu lassen, da sie unter ihrer dichten Wolle zu leiden schienen. Außerdem glaubte ich, sie mit dem Fell aus den alten Verletzungen ihres Lebens zu befreien. Von meinen Lamaleuten hatte ich die Telefonnummer eines Scherers bekommen, der sich darauf spezialisiert hat, im Frühsommer mit seinem mobilen Scherstand von Schweden bis Niedersachsen unterwegs zu sein, um Lamas und Alpacas zu scheren, von denen es inzwischen immer mehr gibt. Wir verabredeten einen Termin. Meine beiden Lamas beobachteten über die Stalltür interessiert das Aufstellen des Standes, das der Startbox auf einer Galopprennbahn ähnelt. „Sancho“ wurde als erster unwillig hineingeführt. Geschickt schnitt Heiko seine Wolle herunter. Immer wieder mussten die Messer geölt werden, da das Lamafell sehr trocken und fettfrei ist. „Sancho“ bekam einen Showcut, wie ihn Lamas auch für Ausstellungen bekommen. Das Rückenhaar wurde kurz geschnitten, am Hals und den Schenkeln bleibt die Wolle stehen. Anschließend wurden die Zehnägel gekürzt. Dann war „Fatima“ an der Reihe. Ich hatte nicht geahnt, welche Kräfte diese zierliche Stute entwickeln würde. Zu zweit schoben wir sie in den Stand, wo sie sich aufbäumte, hin und her drängte, dass ich Angst bekam, sie könnte sich an ihrem Halfter erdrosseln. Diese Wildheit, erklärte Heiko, zeigen viele Guanako-Lamamischlinge. Nachdem beide Tiere die aufregende Prozedur des Scherens hinter sich hatten, überraschte mich ihr Verhalten. Sie liefen nicht panikartig davon, wie ich es von Pferden kenne. Im Gegenteil, neugierig und gelassen beobachteten sie aus der Nähe das Abbauen des Standes.

Die Wolle gab ich einem bekannten Ehepaar, das mich einige Male danach gefragt hatte, da es noch mit dem Spinnrad umgehen kann und aus der Wolle Decken oder Tischläufer webt.

An den nächsten Tagen hatten wir fast sommerliche Temperaturen, und ich war froh, dass die Lamas geschoren waren. Sie sahen gepflegt aus und schienen sich wohl zu fühlen. Dann wechselte zu Pfingsten das Wetter. Es wurde über Nacht ungewöhnlich kalt und regnerisch. Am Sonntag ging ich früh zum Füttern hinaus. Es regnete, und ein frischer Wind wehte. Schon von weitem sah ich auf der Weide eine dunkle Erhebung, die ich nicht sofort einordnen konnte. Es war „Sancho“. Den Hals lang vor sich ausgestreckt lag er mit halb geschlossenen Augen auf dem feuchten Boden. Sein Fell war bis auf die Haut durchnässt; seinen Körper schüttelte ein leichtes Zittern.

„Sancho“, rief ich erschrocken, „steh auf.“

Das Lama blieb teilnahmslos liegen. Für einen Moment war ich ratlos. Ich rief Ursel vom Handy an und bat sie, Handtücher und Decken zur Weide zu bringen. Gleichzeitig lief ich zum Stall. Die Tür war vom heftigen Wind zugeweht und hatte den Lamas nachts den Zugang versperrt. Ein unglücklicher Zufall. Ich holte etwas Heu und den Strick und begann, „Sanchos“ Rücken kräftig zu reiben. Mit den Handtüchern, die Ursel gebracht hatte, setzte ich das Trocknen fort und legte dann zwei Wolldecken über „Sancho“. Er hatte inzwischen den Kopf gehoben, blieb aber liegen. Ich legte den Strick um seinen Hals, zog kräftig und aufmunternd rufend daran, während Ursel ihn von hinten antrieb. Er erhob sich langsam, zitternd, und stand geduckt unter den Decken. Mit Zureden und ständigem Ziehen schaffte ich es, ihn bis zum Stall am Haus zu bringen. Dort ließ er sich sofort im Heu nieder. Ich hockte mich zu ihm, trocknete nun auch seinen Kopf und die großen Ohren ab und redete sanft mit ihm. Das Futter, das ich brachte, rührte er nicht an. Unser Tierarzt teilte über seinen Anrufbeantworter mit, dass er im Urlaub sei, und nannte die Telefonnummer seiner Vertretung, die ich gleich erreichte. Ich schilderte die Situation, und wir einigten uns darauf, dass sie am nächsten Morgen kommen wollte. Der Regen hatte am folgenden Tag nachgelassen. „Sancho“ war während der Nacht aufgestanden und wollte hinaus. Erleichtert öffnete ich die Stalltür; er ging noch immer wackelig und unsicher auf die Weide. Die Tierärztin traf wie versprochen ein, schien ein wenig ratlos, da „Sancho“ sich wieder hinlegte und die Behandlung von Lamas nicht gerade Routine für sie war. Die Ärztin spritzte ein Schmerz- und Aufbaumittel. Inzwischen trafen auch meine befreundeten Lamaexperten ein, die ich um Rat gebeten hatte. Vergeblich versuchten sie, das Lama hochzutreiben.

„So etwas hatten wir noch nicht“, meinte Martina, „eine Kolik scheint es nicht zu sein. Vielleicht hat er etwas Giftiges gefressen oder Probleme mit den Nieren. Man kennt ja auch nicht seine Vergangenheit. Nur …“

Sie sah mich einen Moment an. „Lamas sind hart im Nehmen. Wenn sie sich hinlegen, ist das kein gutes Zeichen.“

„Warum?“, fragte ich und wusste die Antwort.

„Du kannst nur abwarten.“

Warten, untätig sein. Drei endlose Tage und drei Nächte hatte ich bei Klaus in seinem Sterbezimmer mit Warten verbracht. Ein Jahr lang war ich neben ihm durch das Leben gegangen, während er einem anderen Ufer zuging und wir durch Worte, auf die ich vergebens wartete, nicht zusammenfanden. Innerlich lehnte ich mich wieder auf, wütend, ratlos, dem Schicksal ausgeliefert. Doch welche Wahl blieb mir auch dieses Mal? Ich würde warten müssen.

Dann verabschiedeten sich alle und versprachen, am nächsten Tag anzurufen. Da der Regen aufgehört hatte, gaben sie mir beim Weggehen den Rat, das Lama draußen liegen zu lassen. Mutlos und langsam ging ich zum Haus zurück und stellte auf dem Weg meinen Traum und mein Leben in Frage. „Warum ist alles so schwer? Was ist nur der Sinn?“, dachte ich.

„Wie geht es „Sancho?“, fragte Johanna, die gerade eine Serie im Fernsehen guckte.

„Er hat eine Spritze bekommen. Jetzt muss man abwarten“, meinte ich knapp.

„Es wird sicher alles gut“, meinte Johanna, „du machst dir immer zu viel Sorgen.“ Wie gern wäre ich manchmal noch unbedarft wie ein Kind.

Das Telefon klingelte, und meine Mutter wirkte enttäuscht, dass ich mich an diesem Sonntag nicht gemeldet hatte. Es gibt Gespräche, die aus einer Stimmung heraus einen negativen Verlauf nehmen. Wir redeten über Johannas bevorstehenden Aufenthalt in Panama. Meine Sorgen konnte meine Mutter nicht zerstreuen. Sie bedauerte mich, dass ich ohne Johannas Vater vor der Verantwortung stände und bald für eine Weile allein leben würde. Da waren wir bei einem heiklen Thema angelangt. Seit mein Vater vor acht Jahren an einem Herzinfarkt gestorben ist, leidet meine Mutter unter dem Alleinsein.

„Wann“, meinte sie mehr traurig als vorwurfsvoll, „kommst du mich endlich besuchen? Seit Weihnachten haben wir uns nicht gesehen.“ Sie hatte Recht. Eine Fahrt nach Paderborn hatte ich immer wieder verschoben.

„Du weißt doch, dass ich viel zu tun habe, und die Tiere brauchen mich“, entschuldigte ich mich. „Spätestens zu deinem Geburtstag komme ich“, versprach ich, was ihre und meine Laune nicht hob. Der Austausch der Worte ging eine Weile wie eine müde Schaukel ohne neuen Aufschwung hin und her. Am Tiefpunkt beendeten wir das Gespräch, nachdem wir uns eine gute Nacht gewünscht hatten.

„Ich gehe noch mal zu „Sancho“, sagte ich beim Weggehen zu Johanna, zog den Poncho aus Lamawolle über, nahm eine Taschenlampe und eine Decke mit. Die farblose Dämmerung ähnelte an diesem Abend meiner Stimmung.

Auf dem Weg überlegte ich mir, was ich falsch gemacht haben könnte, dass „Sancho“ so schwer krank geworden war. Vielleicht hätte er nicht geschoren werden dürfen. Diese Gedankenkette führte zu Selbstzweifeln, ob alles, was ich tat, überhaupt richtig und sinnvoll sei, einschließlich der Tierhaltung. Sofort setzte eine innerliche Rechtfertigung ein, dass dies schon immer mein Traum gewesen sei. Wie beim Tauziehen riss es in mir: Das Für gegen das Wider, die Hoffnung gegen die Mutlosigkeit, der Glaube gegen den Zweifel, die Last der Abhängigkeit gegen den Wunsch nach Freiheit – ich erkannte: Dieser innere Kampf löste die Sehnsucht nach einer Harmonie aus, die losgelöst ist von der irdischen Enge, in der wir alle gefangen sind.

Statt sie zu suchen und zu erkennen, wenn sie auf uns wartet, lenken wir uns ab, hören nicht auf unsere innere Stimme, wenden uns mit angespannter Aufmerksamkeit der Außenwelt zu, die immer lauter und greller wird, achten nicht auf die liebevollen und klaren Zeichen der Natur und der Stille, vertrauen nicht der göttlichen Kraft des Universums, die alles zusammenhält, auch jeden von uns, und verlieren uns immer mehr.

Hatte nicht auch ich bei dem täglichen Trubel und der Geschäftigkeit versäumt, das zu erkennen? Bei meinen Tieren fühlte ich mich entspannt, frei und angekommen. Das war mein Garten Eden, meine Zuflucht, mein Halt, eine Quelle der Kraft, wie auch das Schreiben; aber was war in der übrigen Zeit? Was wäre ich ohne die Tiere; wie würde ich reagieren, wenn „Sancho“ sterben würde? Hatte ich mich nach diesem langen Weg im Kreis gedreht und stand am Anfang meiner Übungsstrecke durch dieses Leben? Sollte alle Mühe, meinen Traum zu verwirklichen, vergebens gewesen sein? Auf diese Fragen fand ich die Antwort.

„Sancho“ sah ich nicht auf der Weide. Er lag im Stall und kaute an einigen Halmen. „Fatima“ ruhte vor ihm. Als ich den Stall betrat, lief sie hinaus. Ich zog den Poncho aus und legte ihn über „Sanchos“ Rücken. Die Decke breitete ich auf dem Boden aus, setzte mich darauf und lehnte mich mit dem Rücken an die Stallwand.

Es war dunkel im Stall und still, fast bewegungslos, als atmete die Welt in dieser Nacht unendlich tief durch. Mein Gedankenpendel „Ich muss…, ich muss…“ blieb stehen.

Stille.

Der Mond schien durch die Tür; es spiegelte sich in einem von „Sanchos“ Augen, wie in einem fernen Meer. Das Licht ließ mich erkennen:

Ich darf sein. Ich bin.

Anhang

1) **Stufen** (von Hermann Hesse)

Wie jede Blüte welkt und jede Jugend dem Alter weicht, blüht jede Lebensstufe,
Blüht jede Weisheit auch und jede Tugend zu ihrer Zeit und darf nicht ewig dauern.
Es muß das Herz bei jedem Lebensrufe bereit zum Abschied sein und Neubeginne.
Um sich in Tapferkeit und ohne Trauern in andre, neue Bindungen zu geben.
Und jedem Anfang wohnt ein Zauber inne, der uns beschützt und der uns hilft, zu leben.
Wir sollen heiter Raum um Raum durchschreiten, an keinem wie an einer Heimat hängen.
Der Weltgeist will nicht fesseln uns und engen. Er will uns Stuf' um Stufe heben, weiten.
Kaum sind wir heimisch einem Lebenskreise und traulich eingewohnt, so droht Erschlaffen.
Nur wer bereit zu Aufbruch ist und Reise, mag lähmender Gewöhnung sich entraffen.
Es wird vielleicht auch noch die Todesstunde uns neuen Räumen jung entgegen senden.
Des Lebens Ruf an uns wird niemals enden … Wohlan denn, Herz, nimm Abschied und gesunde.

2) **Der Panther (**von Rainer Maria Rilke)

Sein Blick ist vom Vorübergehen der Stäbe
So müd geworden, dass er nichts mehr hält.
Ihm ist, als ob es tausend Stäbe gäbe
Und hinter tausend Stäben keine Welt.
Der weiche Gang geschmeidig starker Schritte,
der sich im allerkleinsten Kreise dreht,
ist wie ein Tanz von Kraft um eine Mitte,
in der betäubt ein großer Wille steht.
Nur manchmal schiebt der Vorhang der Pupille
sich lautlos auf –. Dann geht ein Bild hinein,
geht durch der Glieder angespannte Stille –
und hört im Herzen auf zu sein.

3) www.sabine-linek.de

4) www.verein-naturschutzpark.de

5) **Wäre ich Gott** (von Astrid Lindgren)

Wäre ich Gott, dann würde ich weinen über die Menschen, sie, die ich geschaffen zu meinem Ebenbild.

Wie ich weinen würde über ihre Bosheit und Gemeinheit und Rohheit und Dummheit und die armselige Güte und hilflose Verzweiflung und Trauer.

Und wie ich weinen würde über ihre Herzensangst und ihren ewigen Hunger, ihre Sorge und Todesfurcht und trostlose Einsamkeit und über ihre Schicksale, ihre erbärmlichen kleinen Schicksale, und ihr blindes Tasten nach jemand … irgendeinem! vielleicht nach mir!

Und wie ich weinen würde über alle Todesschreie und alles Blut, das so vergeblich fließt, so zutiefst vergeblich, und über den Hunger und die Hoffnungslosigkeit und die Not und alle wahnsinnigen Qualen und einsamen Tode und über die Gefolterten, die schreien und schreien, und über die Folterer noch mehr.

Und dann die Kinder, alle, alle Kinder, über sie würde ich am allermeisten weinen. Ja, wäre ich Gott, gewiss würde ich viel über die Kinder weinen, denn nie habe ich mir gedacht, dass sie es so wie jetzt haben sollten.

Ströme, Ströme würde ich weinen, damit sie ertrinken könnten in den gewaltigen Fluten meiner Tränen, alle meinen armen Menschen, und endlich Ruhe wäre.

6) www.umweltbundesamt.de

7) www.dieterkindlerband.de

8) **Achte auf Deine Gedanken,**
denn sie werden Deine Worte.
Achte auf Deine Worte,
denn sie werden Handlungen.
Achte auf Deine Handlungen,
denn sie werden Gewohnheiten.
Achte auf Deine Gewohnheiten,
denn sie werden Dein Charakter
Achte auf Deinen Charakter,
denn er wird Dein Schicksal.
Talmud

9) www.petra-hagedorn.de

10) DESIDERATA

Gehe ruhig & gelassen durch Lärm & Hast – und sei des Friedens eingedenk, den die Stille bergen kann.

Stehe – soweit ohne Selbstaufgabe möglich – in freundlicher Beziehung zu allen Menschen.

Äußere deine Wahrheit ruhig & klar und höre anderen zu, auch den Geistlosen & Unwissenden; auch sie haben ihre Geschichte.

Meide laute & aggressive Menschen; sie sind eine Qual für den Geist.

Wenn du dich mit anderen vergleichst, könntest du bitter werden und dir nichtig vorkommen; denn immer wird es jemanden geben, der größer (oder geringer) ist als du.

Freue dich deiner eigenen Leistungen wie auch deiner Pläne. Bleibe weiter an deiner eigenen Entwicklung interessiert, wie bescheiden auch immer. Sie ist ein echter Besitz im wechselnden Glück der Zeiten. In deinen geschäftlichen Angelegenheiten lass Vorsicht walten; denn die Welt ist voller Betrug. Aber dies soll dich nicht blind machen gegen gleichermaßen vorhandene Rechtschaffenheit. Viele Menschen ringen um hohe Ideale; und überall ist das Leben voller Heldentum.

Sei du selbst; vor allen Dingen heuchle keine Zuneigung. Noch sei zynisch, was die Liebe betrifft. Denn auch im Angesicht aller Dürre und Enttäuschung ist sie doch immerwährend – wie das Gras.

Ertrage freundlich-gelassen den Ratschluss der Jahre; gib die Dinge der Jugend mit Grazie auf. Stärke die Kraft des Geistes, damit sie dich in plötzlich hereinbrechendem Unglück schütze. Aber beunruhige dich nicht mit Einbildungen. Viele Befürchtungen sind Folge von Erschöpfung & Einsamkeit. Bei einem heilsamen Maß an Selbstdisziplin sei gut zu dir selbst.

Du bist ein Kind des Universums, nicht weniger als die Bäume & Sterne; du hast ein Recht, hier zu sein. Und ob es dir nun bewusst ist oder nicht: Zweifellos entfaltet sich das Universum wie vorgesehen.

Darum lebe in Frieden mit Gott, was für eine Vorstellung du auch von ihm hast und was immer dein Mühen & Sehnen sind. In der lärmenden Wirrnis des Lebens erhalte dir den Frieden deiner Seele.

Trotz all ihrem Schein, der Plackerei & den zerbrochenen Träumen ist diese Welt doch wunderschön. Sei vorsichtig. Strebe danach, glücklich zu sein.

Anonym aus Baltimore

11) www.byteeffect.de

12) www.gmu-mental.de

13) www.kfj.at

14) www.baumev.de

15) www.vv-art.de

16) www.bleibjung.de

17) www.food-detektiv.de

Weitere Bücher aus dem Verlag Via Nova:

Neuer Lebensmut in der Begegnung mit dem Tod

Die Trauer zulassen – aber das Leben nicht vergessen

Maria Köllner

Paperback, 192 Seiten, ISBN 978-3-86616-059-0

Unser Leben ist ein Geschenk, vielfältig und wunderbar. Das empfinden wir häufig nicht mehr, wenn uns der Tod eines nahe stehenden Menschen die Lebensfreude nimmt. Doch wenn wir dem Tod keine Herrschaft über uns und unser Leben einräumen, öffnen sich neue, ungeahnte Wege. Das zu erkennen und die Veränderung als Chance anzunehmen ist die Botschaft dieses Buches. Es beschreibt die Erfahrung der Autorin Maria Köllner, die ein Jahr lang ihren sterbenskranken Mann begleitet. Krankheit und Angst haben die Macht über ihr gemeinsames Leben ergriffen, bis sich ihre Wege trennen. Durch die Begegnung mit dem Tod öffnen sich nach einer Weile neue, ungeahnte Lebenswege für die Zurückgebliebene. So entsteht aus dem Schmerz die Kraft für einen Neubeginn. Das Fazit: Mit Mut und Glauben gewinnen wir unsere Lebensfreude auch nach Schicksalsschlägen zurück. Neben einer neuen Vielfalt der Gegenwart wächst das Gefühl von Dankbarkeit für die geliebten Menschen, die vor uns gegangen sind.

Wo Engel gehen auf leisen Sohlen

Wie Sie Beziehungen erfolgreich und harmonisch gestalten können

2. Auflage

Chuck Spezzano

Hardcover, 304 Seiten, ISBN 978-3-86616-056-9

„Narren stürmen blind voran, wo Engel gehen auf leisen Sohlen." Unter diesen von dem britischen Schriftsteller Alexander Pope geprägten Satz stellt Chuck Spezzano sein neues Buch. Wieder einmal geht es um menschliche Beziehungen, und wieder einmal ist es dem weltbekannten Lehrer und Experten in der Kunst von Beziehungen hervorragend gelungen, seine neuesten Erkenntnisse auf unterhaltsame, spannende und zugleich unnachahmlich humorvolle Weise zu Papier zu bringen. In 101 abgeschlossenen Kapiteln zeigt er anhand zahlreicher „wahrer Begebenheiten" aus seinem eigenen Leben und praktischer Beispiele aus den unzähligen Seminaren, die er seit vielen Jahren auf der ganzen Welt leitet, in welche Beziehungsfallen Menschen tappen und wie sie sich schnell und erfolgreich daraus lösen können, um ihre Beziehungen zu einem wahren „Kunstwerk" zu gestalten. Der „neue Spezzano" zeigt einmal mehr richtungweisende psychologische und spirituelle Wege auf, die uns zu glücklichen Beziehungen und damit auch zu einem glücklicheren Leben führen können.

Karten des Lebens

Lebensgeschichten erkennen und heilen

2. Auflage

Chuck Spezzano

100 künstlerisch gestaltete farbige Karten mit Begleitbuch, 224 Seiten
ISBN 978-3-86616-028-6

Die Drehbücher oder Geschichten, die unser Leben bestimmen, schreibt jeder Mensch selbst. Die Karten des Lebens – das neue Karten-Set des bekannten Lebenslehrers Chuck Spezzano – zeigen die Geschichten, die wir in unserem Leben erzählen, ganz gezielt auf. Es können fröhliche und kraftvolle, aber auch dunkle und zerstörerische Geschichten sein. Wir schreiben sie oft in Sekundenbruchteilen, tragen sie und ihre Folgen aber ein Leben lang mit uns. Negative Geschichten aus der Vergangenheit zu heilen und positive, lebensbejahende Geschichten zu stärken ist ein Herzensanliegen von Chuck Spezzano und ein Eckpfeiler seiner Arbeit. 100 wunderschöne, von der deutschen Künstlerin Petra Kühne einfühlsam gestaltete Karten sowie ein Begleitbuch, das die tiefere Bedeutung jeder einzelnen Karte erklärt und Beispiele für verschiedene Befragungsmöglichkeiten enthält, geben dem Leser ein ideales Werkzeug an die Hand, mit dessen Hilfe er seine Lebensmuster erkennen, negative und destruktive Muster heilen und dadurch zu mehr Glück und größerer Fülle im Leben gelangen kann.

Dein Seelenhaus

Ein direkter Weg mit der Seele zu sprechen

Peter Reiter

Hardcover, 200 Seiten, ISBN 978-3-86616-062-0

Spielerisch die eigene Seele erkunden, Vorzüge und Defizite seiner Persönlichkeit in wenigen Minuten erkennen lernen und dabei auch noch Spaß und Entdeckerfreude haben – geht das? Ja, mit der hier vorgestellten und neu entwickelten Methode von Dr. Peter Reiter ist dies einfach.
Nicht nur, dass Sie endlich wissen werden, welche Talente und Fähigkeiten in Ihnen schlummern, Sie erkennen in diesem Bild des Seelenhauses sofort, schnell und sicher Ihre Defizite oder Bereiche, die der Zuwendung, Entwicklung und Heilung bedürfen. Sie verändern mit dem Umbau des Seelenhauses auch Ihre Seelenmuster und von da ausgehend auch Ihre äußere Erscheinung und Ihr Verhalten zur Mitwelt. Dies funktioniert bei Ihnen selbst wie auch bei Ihren Freunden, Kindern, Partnern oder Klienten und Patienten – eine kurze Bildmeditation genügt, um das Innere zu erfassen. Es geschieht mühelos, nur über eine entsprechende Visualisation und Absicht, denn die Lebensenergie folgt den Gedanken oder Bildern.

Räum dein Leben auf!

2. Auflage

100 % mehr Lebensfreude

Matt Galan Abend

Hardcover, 144 Seiten, 56 z.T. ganzseitige Zeichnungen,
ISBN 978-3-86616-060-6

Der Mensch ist eingeschlossen in ein Gefängnis aus Konditionierungen, wie „man“ zu sein hat, was „man“ tut, was „man“ von ihm erwartet, was „man“ von ihm denkt usw. Der Mensch „kämpft“ um alles und jedes, um sein Ansehen, um sein Geld, um seine Gesundheit, seine Sicherheit, seinen Arbeitsplatz oder was auch immer. Leichtigkeit, Lebenslust und Lebensfreude bleiben dabei meist auf der Strecke. Wenn wir gründlich Hausputz halten, wenn wir uns aus dem Dickicht unserer Konditionierungen befreien, wenn wir endlich aufräumen und das berühmte „Man“ aus unserem Leben verbannen, wenn wir die Sorge darum verlieren, wie andere über uns denken, wenn wir die Angst überwinden, unseren Partner, unseren Job oder gar unser Geld zu verlieren, wenn wir den Maßstab in uns selbst und nicht im Außen finden, kann dies so etwas wie unsere zweite Geburt sein. Aber diese Änderung kann immer nur von innen nach außen, und niemals von außen nach innen erfolgen. Die vielen künstlerischen Zeichnungen von Annette Kramer unterstützen die eindringlichen Aussagen des Buches.

Von der Psychotherapie zu schamanischen Heilweisen

Feinstoffliche Heilung als Weg zum Kern des Bewusstseins

Carla Lamesch

Paperback, 192 Seiten, ISBN 978-3-86616-038-5

Das Buch zeigt auf, wie durch die Verbindung von Methoden der modernen Psychotherapie mit altem schamanischem Heilwissen auch schwer zugängliche Schichten im Unbewussten direkt erreicht werden können. Durch die auf diese Weise bewirkte Heilung kann der Weg zum innersten Kern des Bewusstseins erschlossen werden. In spannenden Protokollen beschreibt Carla Lamesch, wie blockierte Energien freigelegt werden und ein Heilungsprozess in Gang gesetzt wird. Sie macht deutlich, dass schamanische Traditionen nichts mit Magie oder Zauberei zu tun haben, sondern auf altem, überliefertem Wissen beruhen und sich der höchsten geistigen Ebenen bedienen, um Heilung zu bewirken. Dieses faszinierende und unkonventionelle Buch richtet sich nicht nur an Fachleute, sondern bietet auch interessierten Laien eine große Fülle an Anregungen und neuen Einsichten.

Reifejahre

Lebensfreude und Sinnfindung

Prof. Manfred Stöhr

Paperback, 240 Seiten, mit 50 Fotos
ISBN 978-3-86616-076-7

Dieses Buch gibt vor allem älteren Menschen umfangreiche Informationen zu ihrer Lebenswirklichkeit. Es regt sie an, über sich und ihre Situation nachzudenken, sich selbst und ihr Alter anzunehmen und ihr Leben selbstbewusst und möglichst eigenständig zu gestalten. Der Autor zeigt vielfältige Möglichkeiten sinnvoller Betätigung und Beispiele geglückten Altwerdens auf, aber auch Gefahren, die das Alter belasten. Das Buch regt die Leser an, ihre Neigungen, Fähigkeiten und Möglichkeiten zu erproben und zu nutzen, auch gegen heutige Modetrends nach ihrem Gewissen zu leben, ihre Lebensziele zu verwirklichen, Sterben und Tod anzunehmen und nicht zu fürchten. Der Autor bezieht sich in seinen Aussagen über das Alter auf Philosophen, Religionsgründer und Schriftsteller von der Antike bis zur Gegenwart, bietet damit einen reichen Erfahrungsschatz, der dem Leser Mut und Gelassenheit schenken kann.

Von der inneren Sehnsucht nach äußerem Wohlstand

Vom Umgang mit Geld aus der Sicht der Frau

Helga Mohrmann & Ilona Steinert

Hardcover, 128 Seiten
ISBN 978-3-86616-079-8

Die Autorinnen laden Sie in ihrem Buch zu einer geistigen Reise ein, um die innere Sehnsucht nach äußerem Wohlstand und Reichtum bewusst anzunehmen und zu verwirklichen. Durch Reflexionen, praktische Anleitungen zur Selbsterforschung sowie konkrete Fallbeispiele und Visualisierungsübungen aus ihrer Erfahrung regen sie die Leser an, sich selbst, ihre Fähigkeiten und Probleme zu erforschen, ihren Umgang mit Geld selbstverantwortlich wacher, bewusster und sensibler zu gestalten, sich von Vorurteilen, äußeren und inneren Zwängen zu befreien, die Realitäten zu erkennen und zu berücksichtigen, aus diesem Wissen Mut, Kraft und Freude zu schöpfen und dadurch reicher und glücklicher zu werden.
Das Buch gibt konkrete Hinweise zur Einrichtung und Führung von Geldkonten, wie man mit Ängsten, Neid, Eifersucht in sich und bei anderen umgeht und Probleme des Bittens und Schenkens, des Nehmens und Gebens lösen kann. Aus einer lebensbejahenden Grundhaltung heraus wird Geld positiv gesehen als Mittel zur eigenen Selbstverwirklichung und zur Verbesserung der mitmenschlichen Verhältnisse.

Goldene Äpfel – Spiegelbilder des Lebens

Lehrreiche und humorvolle Geschichten, Weisheiten und Aphorismen aus aller Welt

3. Auflage

Kambiz Poostchi (Hrsg.)

Hardcover, 264 Seiten, 12 ganzseitige Abbildungen –
ISBN 978-3-936486-51-3

Jede Kultur verfügt über einen literarischen Schatz, in dem sich deren Geschichte, Denkungsweise und Mentalität widerspiegeln. Viele Texte, die aus einer mündlichen Tradition in die Schriftlichkeit gesichert wurden, sind oft archetypisch, sprachlich poetisch-prägnant und zeitlos. Kambiz Poostchi versteht sich als Vermittler der Kulturen und hat ein multikulturelles Kompendium geschaffen. Lebensweisheiten verbergen sich darin, sie wollen wie Schätze geborgen und ins eigene Leben integriert werden. Die Lebenshaltung, die sich dahinter verbirgt, ist eine bejahende und dynamische. Wer beruflich gerne mit Lehrgeschichten und Texten arbeitet, kann hier gezielt suchen und wird fündig werden. Wer in seinem persönlichen Leben Denkanstöße liebt, wird in den *„Goldenen Äpfeln"* viele Spiegelbilder des Lebens finden, die zur Quelle geistiger wie seelischer Kraft werden können. Auch die handverlesenen Grafiken in diesem Buch repräsentieren unterschiedliche Kulturen und Regionen unserer Welt und widerspiegeln die bunte Mannigfaltigkeit der Ausdrucksformen menschlicher Kreativität.

Die Heilkraft der Mudras

Körperliche Gesundheit, geistiges Wohlbefinden und spirituelle Kraft durch Finger-Yoga

2. Auflage

Acharya Keshav Dev

Hardcover, 148 Seiten, 84 Fotos – ISBN 978-3-936486-78-0

Mudras sind Yoga-Haltungen, die mit den Fingern ausgeführt werden. Archarya Keshav Dev hat diese alte indische Wissenschaft als Schlüssel zu Gesundheit und Wohlbefinden für die moderne Welt von heute wieder neu entdeckt und durch eigene Mudras zusätzlich bereichert. In einer einfachen und leicht verständlichen Sprache beschreibt dieses Buch die wichtigsten Fingerhaltungen und erklärt ausführlich, welche erstaunlichen positiven Wirkungen Mudras auf die körperliche Gesundheit, das geistige Wohlbefinden und die spirituelle Tiefe des Übenden haben können. Auch die Rolle, die Mudras in der Meditation spielen, wird eingehend erläutert. Zahlreiche Fotos veranschaulichen die beschriebenen Mudras und machen es dem Leser leicht, sie eigenständig zu erlernen und zu üben.

Die Vision vom göttlichen Menschen

Eine spirituelle Weg-Begleitung in das neue Jahrtausend

Barbara Schenkbier

Paperback, 424 Seiten, 21 ganzseitige Bilder – ISBN 978-3-928632-68-3

Prachtband: Geb., 424 Seiten, Einband Kunstleder mit Goldaufdruck, 21 ganzseitige Bilder, Zweifarbendruck – ISBN 978-3-928632-18-8

Das Buch ist ein umfassendes Standardwerk, das den Durchbruch einer neuen Evolutionsstufe im Bewusstsein des Menschen vorbereiten hilft. Aufbauend auf wissenschaftlichen Erkenntnissen und der mystischen Tradition aller Religionen führt es zu einem tieferen Wissen über das menschliche Bewusstsein, um dann den Weg zum göttlichen Menschen zu beleuchten. Alle wichtigen Schritte werden beschrieben, wesentliche Übungen aus einer neuen Sicht heraus dargestellt und die Transformationsstufe zu einem neuen Bewusstsein geschildert. Beim Lesen und Anwenden der beschriebenen Wahrheiten eröffnet sich dem Leser eine neue Sicht auf den Sinn des Lebens. Alle, die den geistigen Weg beschreiten, werden ihn besser verstehen, ihn bewusster, mutiger und konsequenter weitergehen. Das Buch ist aus der eigenen spirituellen Erfahrung der Autorin heraus geschrieben und eröffnet den Blick in eine Zukunft, die die evolutionäre Schöpferkraft selbst schaffen wird.

Das Paradies ist in dir

Der Weisheit des Körpers vertrauen – Lebensfreude durch Aktivierung der Körperintelligenz

Maruscha Magyarosy

Paperback, 280 Seiten, 60 Grafiken – ISBN 978-3-936486-77-3

Nie zuvor war uns der Körper so wichtig wie heute. Wir trimmen ihn, stylen ihn, probieren Diäten aus. … Doch hören wir auch auf seine Stimme? Wie der Körper seine eigene Weisheit und Intelligenz aktivieren und entfalten kann, zeigt uns das leicht anwendbare und äußerst effektive Körper-, Atem- und Bewusstseinstraining der bekannten Autorin Maruscha Magyarosy.

Der Körper wird als Manifestation der höchsten Schöpferkraft zum weisen Ratgeber für ein gesundes, glückliches, erfolgreiches und erleuchtetes Leben, wenn wir auf seine Stimme hören und seiner Weisheit und Intelligenz lauschen.

Aus dem Inhalt: Hineinspüren in den Körper – die Energie wieder fließen lassen; den Atem als Puls des Lebens erfahren; durch Harmonisierung der Gehirnhälften die Vitalenergie steigern; die Kraft des Gedankens, die Macht des Wortes und die Magie der Vorstellung erleben; das verlorene Paradies im eigenen Herzen wiederfinden.